本书受到2021年度云南省哲学社会科学学术著作出版经费资助

公共服务视域下
农村人民调解供给

THE SUPPLY OF RURAL PEOPLE'S MEDIATION
FROM THE PERSPECTIVE OF PUBLIC SERVICE

何 阳 著

社会科学文献出版社
SOCIAL SCIENCES ACADEMIC PRESS (CHINA)

序 言

被誉为“东方一枝花”的人民调解充分彰显了中国特色，是我国基层社会的一道亮丽风景，在解决社会矛盾纠纷中发挥着重要作用。随着国家发展和社会环境变化，社会矛盾纠纷呈现多样性和复杂性特征，同时国家和民众对化解社会矛盾纠纷的观念与准据也随之变化，通过邻里乡亲说理解决社会矛盾的纠纷方式局限性凸显。而今在说理基础上，必须认真落实全面依法治国的顶层设计理念，这便对社会治理法治化或者基层治理法治化提出了新要求，在基层化解社会矛盾纠纷中应当实现情、理、法三者有机融合。因此，人民调解只有不断适应时代所需，自我创新与变革，才能更好地维护社会和谐，服务国家发展。

《公共服务视域下农村人民调解供给》是何阳副教授在其博士学位论文基础上不断完善而成的。该成果打破了从法学视角研究农村人民调解的传统，将农村人民调解视为一种社会性公共服务，继而从公共服务供给视角对农村人民调解服务供给问题展开研究，研究视角独具匠心。该成果针对不同内容体系选择合适的研究方法，综合运用文献分析法、历史研究法、内容分析法、案例分析法和比较分析法等回应农村人民调解服务供给问题，充分将志愿失灵理论、新公共管理理论和治理理论运用到研究中，实现理论与实践统一，研究方法科学先进。该成果主要从农村人民调解服务供给的历史变迁、供需现状、现存问题、诱因及解决方案入手，对农村人民调解服务供给问题展开研究，在梳理农村人民调解服务供给变迁规律的基础上，对标农村人民调解服务需求，审视农村人民调解服务供给现状，继而针对农村人民调解服务供给问题提出解决之策，形成了完整体系，可谓分析论证有理有据，研究结论合乎逻辑，研究内容自成体系。

诚然，《公共服务视域下农村人民调解供给》为从公共管理领域审视及解读农村人民调解问题开启了一扇窗，但此成果仅是从公共服务供给视角探讨了农村人民调解服务供给问题，在公共管理领域无疑还有很多更深层次的农村人民调解理论与实践问题有待进一步探索，希望其可以沿着研究方向、深入挖掘、勤奋作业，取得更为丰硕的高质量成果！

摘 要

人民调解是中国共产党充分吸收民间调解先进要素创造的非公权力矛盾纠纷解决机制，是化解民间纠纷的第一道防线，它凭借独特优势获得了可喜的社会反响，被西方社会赞誉为“东方一枝花”。人民调解具有非排他性、非竞争性、不可分割性和共享性特征，并始终追求可及性、公平性、公正性和均等化价值，符合公共服务本质属性，且不收取费用，可将其认定为免费公共服务。农村人民调解这项免费公共服务解纷实效在矛盾纠纷增加的社会转型期尚不及从前，诱发因素众多，供给缺乏科学性与合理性则是其中之一，但既有研究缺乏由此视角展开系统而深入的探讨，实属遗憾。党的十九大报告指出“加强预防和化解社会矛盾机制建设，正确处理人民内部矛盾”，中央全面深化改革领导小组第十七次会议要求“坚持人民调解、行政调解、司法调解联动，鼓励通过先行调解等方式解决问题”，《法治政府建设实施纲要（2015—2020 年）》提出“加强人民调解工作，健全人民调解组织网络，促使当事人平等协商，公平公正解决矛盾纠纷”，这足以表明创新发展人民调解具有重要现实意义。正是基于此，本书以农村人民调解服务为研究对象，以农村人民调解服务供给为视角，采用文献分析法、历史研究法、访谈法、内容分析法、比较分析法及案例分析法，对农村人民调解服务供给历史、现状、问题及诱因展开全景式深描与剖析，进而设计解决农村人民调解服务供给问题的方案，以期促进农村人民调解再创解纷辉煌。

全书分八章对农村人民调解服务供给问题展开探讨。首先，厘定农村人民调解服务供给问题研究的核心概念，论述志愿失灵理论、新公共管理理论和治理理论的主要内容及在本书中的运用；其次，考察农村人民调解服务供给历史，根据农村人民调解服务供给主体，将1954年以来农村人民调解服务供给阶段分为乡人民调解委员会供给期和村人民调解委员会供给期，进而探讨农村人民调解服务供给演变特征及驱动因素；再次，分析农村人民调解服务供给现实问题及诱因，基于对全国多个行政村农村人民调解服务供需现状实地调研访谈资料的分析发现，农村人民调解服务供给存在供给主体单一、供给经费缺乏、供给意愿偏低、供给能力有限和供给监督不力等问题，主要诱因为村民和政府参与组织构建意识不强，调解经费来源途径与落实程度有限，调解员激励制度的制定与执行不合理，农村人民调解员专业素质普遍偏低，农村人民调解监督体系设计存在局限；最后，设计农村人民调解服务供给问题解决方案，将解决原则确立为依法改革、因地制宜、循序渐进、风险规避和效益最优，将解决目标设立为：供给主体层面应向多元化方向发展，供给经费层面应确保服务有序运作，供给意愿层面应形成积极参与氛围，供给能力层面应满足解纷专业需要，供给监督层面应落实监督实际功效，进而制定解决对策。希望以激发村民内生动力和通过政府外部扶持方式构建新型调解组织，促进农村人民调解服务供给主体多元化发展，以针对不同群体开展募捐活动、将人民调解经费纳入财政预算并落实村委会对人民调解经费支持方式保障农村人民调解服务供给经费，以实施人民调解员物质奖励制度、制定人民调解员等级评审制度和扩大农村人民调解员表彰规模的方式增强农村人民调解服务供给意愿，以鼓励乡村贤能人士积极参与、跨区域配置专职农村人民调解员并落实农村人民调解员培训工作方式提高农村人民调解服务供给能力，以细化服务供给过程监督规则、公开人民调解委员会经费收支并引入政府评估服务供给实效方式落实农村人民调解服务供给监督。

总之，农村人民调解服务供给需要培育供给主体、保障供给经费、增强供给意愿、提高供给能力、落实供给监督，唯有此，才能更好地改善供给结构，提升供给质量。全书的创新之处有四点：一是以公共服务供给为视角研究农村人民调解，突破理论界主要从法学视角研究农村人民调解的学术惯习，将农村人民调解视作免费公共服务，审视农村人民调解服务供给历史与现状，分析农村人民调解服务供给面临的问题及诱因，继而提出解决方案，弥补既有研究视角的不足；二是设计了人民调解员等级评审制度，以人民调解员化解矛盾纠纷的数量、质量、复杂性及工作年限为标准，将人民调解员划分为助理调解员、初级调解员、中级调解员、高级调解员和特级调解员，并在等级评定基础上给予奖励，从而增强农村人民调解服务供给意愿；三是提出了跨区域配置专职农村人民调解员建议，引入专职人民调解员的目的是弥补推选人民调解员难以满足解纷专业性需要的不足，从而提高农村人民调解服务供给能力；四是构建了农村人民调解服务实效评估制度，审视农村人民调解服务结果是否符合法律规定及评估服务对象满意度，并将此作为政府调控支持力度的依据，从而落实农村人民调解服务供给监督。

目录

第一章　绪论

农村人民调解服务是具有中国特色的矛盾纠纷解决方式，在我国历史上发挥着重要作用，但整个发展历程呈现较为曲折的演进路径。诉讼时代初期，农村人民调解服务处于边缘化状态，但随着司法实践的发展，诉讼弊端日渐显现，诉讼除了暴露出程序复杂、耗时较长、执行落实困难等弊病外，还存在难以继续维系纠纷当事人情感等不足，纠纷当事人在采用诉讼方式解决纠纷后难以像往常般交流、互动，虽然诉讼在一定程度上保障了法、理的有机结合，但对情感的保护有所欠缺。正是基于这样的现实，主张以多元化纠纷解决方式应对日益复杂的社会矛盾纠纷成为各国共识，农村人民调解服务正是在此背景下被再次重视起来。本章主要从研究缘起、研究述评、研究思路与研究方法、村庄底色与资料处理等方面对农村人民调解服务供给问题做出探讨，详细介绍案例背景及调研资料处理，为后文奠定扎实基础。

第一节　公共服务视域下农村人民调解研究缘起

一　问题提出与研究目的

（一）问题提出

人民调解是一项非公权力矛盾纠纷解决方式，为解决我国民间纠纷贡献了重要力量，被誉为“东方经验”“东方一枝花”。梳理人民调解化解民间纠纷数量可以发现，每年通过人民调解解决了大量民间纠纷（见图 1.1），这些解纷数字足以彰显人民调解在中国特色社会主义新时代的重要价值，毕竟完全寄希望于公权力矛盾纠纷解决方式化解民间纠纷不具有现实可行性。当前利用人民调解方式解决民间纠纷数量与人民法院一审民事案件受理数量的比例基本持平，但此种情境下人民法院依然承受着巨大压力，人民法院工作人员人均每年需要处理成百上千起案件，且人民法院还存在不能及时有效化解涉诉纠纷的可能，有的诉讼案件从开始到结束需要历经几年时间，这无疑会给纠纷当事人造成诉累。如果极端地将利用人民调解方式化解的民间纠纷完全转移给人民法院，整个人民法院系统必然瘫痪。此外，人民法院化解民间纠纷的程序一般偏刚性，不如人民调解化解民间纠纷灵活、便捷，而且需要收取一定费用，并不是所有民间纠纷都适合通过司法途径解决，这便为人民调解的生存和发展留下了广阔空间。

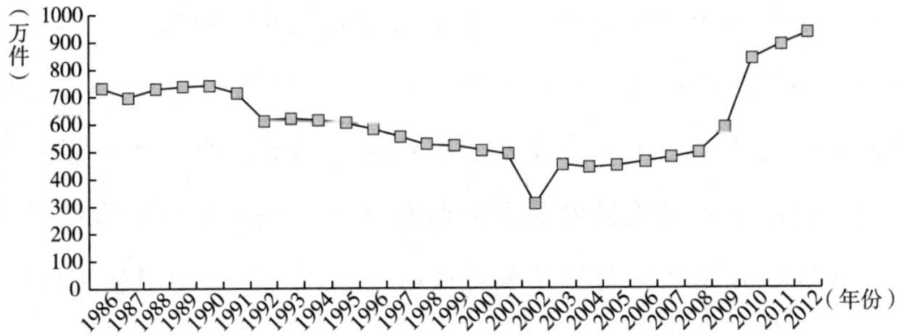

图 1.1　1986～2012 年人民调解化解民间纠纷数量

资料来源：1987～2013 年历年《中国司法年鉴》。

基于此，中央全面深化改革领导小组第十七次会议要求“坚持人民调解、行政调解、司法调解联动，鼓励通过先行调解等方式解决问题”[①]；国

① 《习近平主持召开中央全面深化改革领导小组第十七次会议强调　鼓励基层改革创新大胆探索推动改革落地生根造福群众》，新华网，2015 年 10 月 13 日。

务院在《法治政府建设实施纲要（2015—2020 年）》中提出“加强人民调解工作，健全人民调解组织网络，促使当事人平等协商，公平公正解决矛盾纠纷”①。这些政策设计足以表明党和国家高度重视人民调解，希望利用人民调解这种非公权力矛盾纠纷解决方式化解民间纠纷，对民间纠纷进行分流，从而缓解人民法院和政府在化解民间纠纷方面的压力。

遗憾的是人民调解受到诸多因素影响，整体解纷实效尚不及从前，主要判断依据是人民调解解纷数量与人民法院一审民事案件受理数量比例的变化，1986～2012 年最高比例为 5.57∶1，这意味着每 6.57 个民间纠纷中有 5.57 个纠纷采用人民调解方式解决，只有 1 个纠纷采用司法方式解决，而今这一比例几乎处于持平状态，以致有些民间纠纷无法得到及时、有效化解而最终引发社会问题，为公共危机事件的爆发埋下隐患，给社会稳定造成影响，尤其是农村地区，更易出现此类现象，因为生活在农村地区的村民相较于生活在城市地区的居民在矛盾纠纷解决上更热衷于采用人民调解方式。究其原因，一方面，人民调解解纷不收取任何费用，属于无偿性解纷，迎合了广大农村地区发展不平衡、不充分现状，部分村民不愿意在解纷上支付费用；另一方面，人民调解员常年与村民生活在一起，对村民的家庭环境、个人性格及行为习惯等比较了解，解纷过程会考虑情感要素，避免民间纠纷导致纠纷当事人关系出现裂痕，从而影响邻里和睦相处。

倘若农村人民调解不能有效地应对民间纠纷，极易使村民纠纷累加甚至沉积，一旦集中爆发，后果将不堪设想，这不利于农村和谐社会建设。而乡村振兴战略实施，中国梦实现必然都要以和谐的农村社会作为前提，这便凸显出创新发展农村人民调解的现实意义。通过梳

① 《法治政府建设实施纲要（2015—2020 年）》，《人民法院报》2015 年 12 月 28 日。

理既有文献，我们发现创新发展农村人民调解更多地受到法学界人士关注，虽然有学者陆续从不同学科视角研究农村人民调解，但都对人民调解的公共服务属性有所忽视，即至今尚未有学者从公共服务视角对农村人民调解展开系统性研究，实属遗憾。正是基于此，本书选择以农村人民调解作为研究对象，从研究视角上创新，将农村人民调解视为一项免费公共服务，探讨农村人民调解服务供给相关问题，考察农村人民调解服务供给历史，描绘农村人民调解服务供给现状，归纳农村人民调解服务供给问题，并针对既存问题积极寻找诱因与应对之策，以期优化农村人民调解服务供给结构，实现农村人民调解服务有效供给，提升农村人民调解服务供给质量，从而促进农村人民调解再创解纷辉煌，为实施乡村振兴战略和实现中国梦创造良好环境。

（二）研究目的

1. 丰富农村人民调解研究视角

国内学者对农村人民调解这一研究对象给予了高度关注，通过对既有文献进行梳理可以发现，21 世纪以来专门以农村人民调解为研究主题的成果已经数以百计，但学界更多的是从法学、社会学、历史学、政治学等角度对其展开研究，缺乏将农村人民调解作为公共服务展开研究的成果。不可否认，上述视角都不存在任何问题，毕竟农村人民调解的跨学科性较强，它不仅是一项矛盾纠纷解决机制，而且具有“非排他性”和“非竞争性”特征，并始终追求公平、公正、可及性、均等化价值的公共服务。而本书尝试从不同研究视角切入，将农村人民调解作为公共服务，以农村人民调解服务供给为议题谋篇布局，具体言之：首先，考察农村人民调解服务供给历史；其次，描绘农村人民调解服务供需概况，继而诊断农村人民调解服务供给问题及其诱因；再次，分析农村人民调解服务供给问题的解决原则与目标；最后，提出解决农村人民调解服务供给问题的对策建议。这便为研究农村人民调解提供了一种崭新视角，突出了农村人民调解的学科交叉属性。

2. 助推农村人民调解服务供需均衡

农村人民调解在本质上是一种公共服务，而且是一种免费公共服务，具有无偿性特征，而公共服务供给的好坏直接与解纷实效相关联，与“顾客”满意度紧密联系在一起，即能否提供使村民满意的农村人民调解服务在很大程度上取决于农村人民调解服务究竟如何供给及供给是否有效等，这体现出供给学派所提倡的“供给决定需求”的主张，比如“生产的增长取决于劳动力和资本等生产要素的供给和有效利用”[①]。故而本书以供给问题为议题研究农村人民调解服务，将农村人民调解服务作为研究对象，通过描绘和分析农村人民调解服务供需现状，以期审视并及时发现农村人民调解服务供给问题，而这些问题必然是导致农村人民调解服务解纷难以与以往相媲美的因素之一，继而针对这些既存问题有针对性地寻找诱因与解决之策，试图通过优化农村人民调解服务供给结构、创新农村人民调解服务有效供给方式提升农村人民调解服务供给质量，继而使整个服务可以更好地应对农村民间纠纷，满足农村解纷现实需要，助推农村人民调解服务供需均衡。

二 研究意义

本研究的意义主要包括理论意义和现实意义两个层面，主要内容将在下文展开详细探讨。

---

① 吴达：《我国煤炭产业供给侧改革与发展路径研究》，中国地质大学博士学位论文，2016。

（一）理论意义

1. 完善公共服务供给理论

从理论上看，目前尚没有从供给角度研究农村人民调解服务的成果，虽然农村人民调解从本质上看属于公共服务，关于公共服务供给的研究可谓汗牛充栋，但对公共服务供给研究只能说是对公共服务供给的一种普遍性探讨，是对众多公共服务供给既有问题和发展方向的集中概括。然而，回归到公共服务供给的众多领域，不仅应当考虑供给行为的普遍性，而且应当考虑供给行为的特殊性，努力做到普遍性与特殊性的有机统一，唯有此，才能更有针对性地深化公共服务供给理论，使之更好地指导实践活动。基于此逻辑思路，学界出现了针对各种具体公共服务供给的研究成果，比如公共体育服务供给、公共养老服务供给、公共文化服务供给，农村人民调解服务与上述服务相同，是公共服务的一个具体领域，但与上述公共服务之间存在不同之处，此公共服务供给责任在社会组织，而不在政府，即农村人民调解委员会是农村人民调解服务的供给主体，政府对于农村人民调解委员会供给人民调解服务需要承担支持和监管责任，促使人民调解服务更好地满足社会需要。因而，研究农村人民调解服务领域的供给也是对公共服务供给研究的一种细化，整个研究成果将从人民调解服务视域充实公共服务供给理论。

2. 完善人民调解理论

人民调解从诞生至今，已有百年历史，随着时间的推移，相关理论体系初步形成，对人民调解做到了全方位、多维度的解析与建构，如谁承担人民调解服务供给责任，应当如何供给人民调解服务等内容，并处于进一步的发展和完善阶段，而这套理论体系理应包含人民调解服务供给的相关内容。农村人民调解服务供给问题研究主要是从农村人民调解服务供给视角出发寻找问题，继而探索诱发农村人民调解服务供给问题的原因及应对之策，使农村人民调解服务可以更好地适应化解农村矛盾纠纷的现实需要。而对农村人民调解服务供给要素合理性的审视及调适都涉及对原有理论的发展和创新，即需要在改变原有理论基础上对农村人民调解服务供给做出合理优化，如调研中我们发现农村人民调解服务供给主体单一，仅有村人民调解委员会，这并不利于形成竞争机制，故本书提出农村人民调解服务供给主体多元化发展主张。由此，优化既有路径都可被视为对原有理论的突破，对原有理论的突破便完善了具有中国特色的人民调解理论，两者之间具有较强的耦合性。

（二）现实意义

1. 有助于优化农村人民调解服务供给结构

农村人民调解服务供给问题研究主要是将农村人民调解视为一种公共服务，并以农村人民调解服务供给为研究议题审视整个服务供给存在的现实问题，继而针对既有问题积极寻找诱因和解决之道。因此，寻找服务供给问题并提出解决之道会涉及对农村人民调解服务供给要素的调整，摒弃不合时宜的供给要素，以完善相关制度保障农村人民调解服务有序、有效供给，从而优化农村人民调解服务供给结构，健全农村人民调解服务供给制度，使农村人民调解服务在供给方面更为科学合理。就本书而言，主要是从供给主体、供给经费、供给意愿、供给能力和供给监督五个方面对农村人民调解服务供给现状展开审视，针对这五个方面的现实问题积极寻找诱因，并提出应对之道。

2. 有助于缓解人民法院和政府的解纷压力

优化农村人民调解服务供给，解决农村人民调解服务供给存在的现实问题，保障农村人民调解服务供给经费投入、人员素质及管理过程的合理性，建设一支高素质且工作积极性高的人民调解员队伍，使整个解纷过程和结果处于被监管状态，以制度形式规范人民调解员行为，确保农村人民调解解纷的及时、专业和权威，可以在一定程度上提升农村人民调解服务供给质量。而提升农村人民调解服务供给质量必然吸引更多村民选择采用农村人民调解服务方式解决民间纠纷，农村人民调解服务则可在化解民间纠纷上发挥更多分流作用，农村人民调解服务对化解民间纠纷的分流则有助于缓解人民法院和政府处理民间纠纷的压力。

3. 有助于实现农村社会和谐

和谐社会是人们孜孜以求的美好愿景，党和国家将此作为社会建设目标，以期给民众一个安定有序、民主法治、公平正义、充满活力、人与人及人与自然和谐相处的社会环境，充分彰显以人为本的执政理念。优化农村人民调解服务供给结构，保障服务供给与服务需要之间的有效衔接，充分发挥人民调解的优势将农村民间纠纷消除在初现端倪之际，有助于更好地解决农村民间纠纷，使更多农村民间纠纷通过人民调解方式正常解决。而随着农村民间纠纷有效解决，农村社会的不稳定因素必然减少，村民之间不会因为纠纷问题而关系破裂，甚至不会因为纠纷问题长期得不到解决而心存嫌隙，故有助于实现农村社会和谐，继而为乡村振兴和中国梦的实现创造条件。

第二节　农村人民调解服务研究述评

农村人民调解服务解纷实效难以与以往相提并论的影响因素众多，但服务供给是无法回避的重要因素。本书以农村人民调解服务为研究对象，以农村人民调解服务供给为研究议题，以期在审视农村人民调解服务供给现状基础上寻找其存在的问题，并积极提出对策建议。

2015年11月10日，习近平同志在中央财经领导小组会议上首次提出“供给侧结构性改革”，后期又在不同场合多次提到“供给侧改革”，该词瞬间传遍华夏大地，有关统计显示，“供给侧改革”是2015年末以来我国经济和社会生活中的热词。事实上，改革开放以来我国的需求侧改革和供给侧改革从未中断，纪念改革开放40周年系列选题研究中心等将改革开放以来需求侧和供给侧政策的演进过程划分为三个阶段，即1978～1992年、1992～2012年和2012年至今，并提出每个阶段内其实都包括两种改革，只是侧重点不同而已，1978～1992年和2012年至今以供给侧改革为主，1992～2012年以需求侧改革为主[①]。贾康、苏京春对2012年至今的供给侧改革做出高度评价，认为：“供给侧改革是理论密切联系实际的创新，是问题导向下引领新常态的动力体系再造创新，是通盘规划的系统工程式全局长远创新，是以改革为核心、以现代化为主轴攻坚克难的制度供给创新，”[②] 这也是多数学者对当前供给侧改革所持的态度，在学术界具有一定的代表性。

因此，本书对农村人民调解服务供给问题展开研究与国家顶层设计相契合，有助于复兴人民调解，是创新社会治理方式的积极实践。下文将对与此主题相关的国内外研究成果进行梳理。

一 国外文献综述

人民调解是具有中国特色的矛盾纠纷解决机制，被西方社会誉为“东方一枝花”“东方经验”，因此在西方社会存在一定影响力。但西方语境下没有人民调解的概念，人们通常把人民调解与替代性纠纷解决机制（Alternative Dispute Resolution）（以下简称“ADR”）置于同

① 纪念改革开放40周年系列选题研究中心：《重点领域改革节点研判：供给侧与需求侧》，《改革》2016年第1期。

② 贾康、苏京春：《论供给侧改革》，《管理世界》2016年第3期。

一层面进行理解，因为与诉讼等国家刚性矛盾纠纷解决机制相比，它更加亲切、便民、随和，处理方式更为灵活。

ADR运动兴起于20世纪六七十年代的美国社区，并在社区取得了良好效果，随着社区调解中心的建立与推广，其他领域如地方上的一些小型法院也逐渐开始被引入调解。过去的几十年里，美国的“社区纠纷解决中心获得长足发展。许多中心开始涉足严重案件的处理，绝大多数中心更名为‘纠纷解决中心’”①，像纽约州“州政府通过立法建立了协调办公室，其职责是协调本州的ADR项目，政府向法院提供部分资金，由该办公室公开向社会招标，经过评估最终确定竞标成功的调解机构，并通过订立合同方式将解纷工作委托给这些民间机构。调解机构均属于社会组织，就范围广泛的各类纠纷进行调解”②。ADR运动不仅出现在美国，加拿大、澳大利亚、英国、韩国、日本、新加坡等国家也在同时期内积极推进，可以说世界范围内掀起了一股ADR浪潮，并不断推进。以澳大利亚为例，早期的调解主要用于解决邻里纠纷，像故意杀人性质的纠纷必然交由司法机关，而且解纷不具有法律层面的约束力，似乎有点我国民间调解的味道。但从20世纪90年代开始，“全国非诉讼调解理事会”应运而生，该机构的职责是协助政府制定调解政策，指导调解工作。在该理事会推动下，调解所解决纠纷的领域不断拓宽，包括了现代意义上的商事领域，调解的规范化和专业化程度也随之提升③。需要说明的是，虽然人民调解与ADR具有一些相似性，都是相对于诉讼外的矛盾纠纷解决方式，但

① 〔澳〕娜嘉·亚历山大：《全球调解趋势》（第二版），王福华等译，中国法制出版社，2011。

② 范愉、史长青、邱星美：《调解制度与调解人行为规范——比较与借鉴》，清华大学出版社，2010。

③ 吴志明：《大调解——应对社会矛盾凸显的东方经验》，法律出版社，2010。

ADR 包括的对象范围更为宽泛，包括和解、调解、仲裁及行政裁决等，将人民调解直接等同于 ADR 有失偏颇，并且 ADR 语境下的调解又包括法院附设调解、社会组织调解和私力调解等不同类型。

相较于上述三种调解类型，人民调解与社会组织调解的含义更为接近，不过，二者之间也存在差异，如人民调解委员会的设立与以解纷为目的的社会组织的设立截然不同，人民调解委员会是每个行政村依照法律设立的，即每个行政村依法都应当拥有人民调解委员会，调处本村管辖范围内纠纷事件，而社会组织更多的是一种基于公益心理和兴趣爱好成立的社会团体，其服务地域并不一定是以行政村为界，可能是一个或者几个行政村，也可能是一个县、一个地区；人民调解在功能上也与社会组织调解不完全相同，人民调解除具有解纷的基本功能外，历史上还具有政治传播与传承传统法律文化等西方国家社会组织调解所不具有的其他功能。与其将人民调解等同于西方的社会组织调解，不如把西方的社会组织调解和我国的行业组织调解置于同一个层面，它们之间的相似度更高，故将人民调解视为西方国家社会组织调解也不甚恰当。因此，本书只对国外学者关于人民调解的研究成果进行综述，不梳理有关 ADR 的研究成果，而当前国外关于人民调解的研究成果主要集中在以下三个方面。

（一）关于人民调解价值及其功能的研究

日本法学家川岛武宜在对人民调解价值认识层面持否定态度，他认为："调解制度不符合审判的正义原则，进而指出培养市民精神、树立现代法意识才是法治社会的正途"①；但日本另外一位法学家棚濑

① 〔日〕季卫东：《调解制度的法律发展机制——从中国法制化的矛盾入手》，易平译，《比较法研究》1999 年第 Z1 期。

孝雄则提出截然相反的观点，他指出现代调解并非传统的民间调息或“和稀泥”式的妥协，而是指当事人各方的“契合性合意”，既包含利己动机，也需要顾及他方意愿，并且对调解制度在法治化的日本存在的合理性与争议进行深入细致的分析，指明以对抗性辩论为基础的审判属于决定型的纠纷解决类型和以协商性交涉为基础的调解属于合意型的纠纷解决类型之间存在流动关系，二者是相辅相成的关系，缺一不可[①]。后者的主张得到日本法学界和实务界的普遍认可，在争论中占据优势。

关于人民调解的功能，最初“中国的调解还承担另外三种有时超越纠纷解决的可识别的功能，第一，它有助于传达意识形态原则、价值观和中国共产党的规划；有助于动员中国人民更加认同党的政策和目标；第二，它有助于压制而不是解决个人之间的纠纷；第三，它是国家和党实施其他控制手段的补充”。但随着改革开放的推进，人民调解功能发生了翻天覆地的变化，国外学者迅速地捕捉到此讯息，不少文献中都提及人民调解政治功能的衰落、解纷功能的日渐强化，像陆思礼（Stanley Lubman）则回应了“改革开放以来中国调解制度纠纷解决功能的回归”之命题，进而探讨法治和调解之间存在的某种背离与对立关系[②]，但在政治功能衰落态度上，学者们存在不同观点，既有支持性的，认为人民调解应当回归到解纷功能上，专注于履行调解民间纠纷职责，也有反对性的，认为完全回归到解纷功能上则失去了人民调解的中国特色，它与其他矛盾纠纷解决机制之间不再有实质性区别或者说差别不大。

---

① 〔日〕棚濑孝雄：《纠纷的解决与审判制度》，王亚新译，中国政法大学出版社，2004。

② Lubman S. B.，“Dispute Resolution in China After Deng Xiaoping：Mao and Mediation Revisited”，*Colum. J. Asian L*，11（1997）：229 - 391.

(二)关于人民调解历史变迁的研究

美国学者郭丹青从“机构调解”视角切入，对我国由计划经济向市场经济过渡期间人民调解制度的演变轨迹进行分析，指出：“人民调解机构的设置发生重要变化，由以乡镇为单位设置人民调解组织转变为以行政村为单位设置人民调解组织”，并对背后的生成机理展开深入探讨，且认为“在中国，一般在‘调解’名义下进行的机构设置和实践在纠纷解决的领域内非常重要。不过，同样明显的是，在中国所谓的调解与在有关非诉讼纠纷解决方式（ADR）著作中所谓的调解是非常不同的”①，这也从侧面反映出人民调解与ADR之间的差异性，支持了本书观点，即硬性地将人民调解的相关研究与ADR的相关研究放在一起综述并不科学。

(三)关于人民调解性质的研究

美国学者柯恩在《现代化前夕的中国调解》一文中基于对20世纪现代化前夕中国的纠纷解决状况分析，发现大多数纠纷在地方团体内部予以解决，调解在纠纷解决中的重要性反映了中国人的哲学倾向，即儒家强调的“社会秩序的稳定和群体的存续”的价值观，虽然他已经意识到中国共产党所采取的调解制度与传统的调解制度存在差别，但其依然充分肯定了这种文化上的延续性，认为人民调解是对传统民间调解的创造性延续，即“纵然在儒教和‘毛泽东思想’之间存在重大差别，两种主流意识形态都对诉讼怀有恶感，非常有必要指出，新的共产党的地方警力精英、党员、共青团员、官僚、工会积极分子、调解委员会成员及其他半官方人物正是解决村庄、宗族和行会大多数

---

① Clarke D. C.，“Dispute Resolution in China”，*J. Chinese L*，5（1991）：245 - 296.

纠纷的士绅和特权人物的继任者。'人民内部矛盾'采用民主批评、说服和教育的方法，而不是强制、压迫的方法来解决，及大量的民事纠纷通过人民调解来解决，已经说明了这种文化上的延续性"①。

但同是美国学者的陆思礼对此则持不同看法，他并不赞同柯恩从文化视角对人民调解性质做出的理解，而是更加关注功能视角，在《毛泽东与调解：共产主义中国的政治与纠纷解决》中指出："传统调解的形式和技术依赖并体现了传统中国的价值观和权威关系。但中国共产党企图以他们自己的价值观取代传统价值观，在儒家劝导和解之处鼓励斗争"，"尽管共产党继续运用调解，但他们实际上改变了调解纠纷的传统方式。他们重新界定调解者的身份和作用，并在转变调解的过程和功能上取得部分成功。共产党将自己定位于对抗儒家所强调的和解，对抗中国人避免与政府遭遇的传统共产党已将调解纳入他们重新安排中国社会并动员群众支持执政党的政策努力之中"②。因而，人民调解不再是对传统民间调解的一种简单延续，而是与其在本质上存在区别。

二 国内文献综述

关于国内研究现状，本书首先在时间和主题两个方面从整体上对21世纪以来的相关文献进行把握，然后再从主题出发详细地展现相关内容。

（一）时间维度上相关研究的变化

2000年1月到2018年10月，与农村人民调解相关的文献共有

① Cohen J. A., "Chinese Mediation on the Eve of Modernization", *California Law Review*, 4 (1966): 1201 - 1226.

② Lubman S. B., "Mao and Mediation: Politics and Dispute Resolution in Communist China", *California Law Review*, 5 (1967): 1284 - 1359.

102 篇，其中硕士学位论文 23 篇，博士学位论文 0 篇，会议论文 1 篇，期刊论文 78 篇，此阶段的论文发表变化态势如图 1.2 所示。21 世纪前三年没有以农村人民调解为主题的相关研究，2003 年开始出现有关论文，2007 年、2013 年相关论文发表数量最多，均为 14 篇，2018 年截至 10 月尚未有相关主题的论文问世。

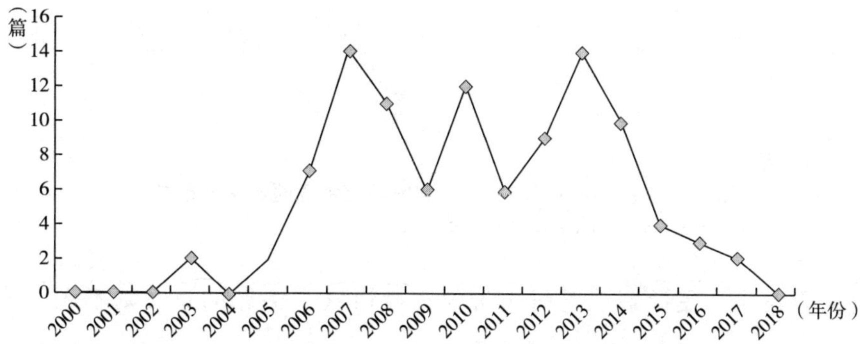

图 1.2　21 世纪以来以农村人民调解为主题的论文发表态势

资料来源：笔者检索中国知网经过统计得出。

（二）主题维度上相关研究的分布

根据研究主题，农村人民调解研究成果大致可以划分为 7 个部分，分别是农村人民调解的价值及存在的必要性、面临的环境、行动过程、解纷对象、与其他纠纷解决方式的衔接、与城市人民调解的比较、现实困境与完善对策（见图 1.3）。这里需要说明论文架构可能会涉及两个或者多个主题，为避免出现统计遗漏情形，我们对此部分论文进行了复合统计，故才会存在主题统计下论文总数多于 102 篇的现象。

（三）农村人民调解研究主题相关内容

第一，关于农村人民调解价值及存在必要性的研究。农村人民调解的价值及存在的必要性是研究农村人民调解的基础，如果学术界普

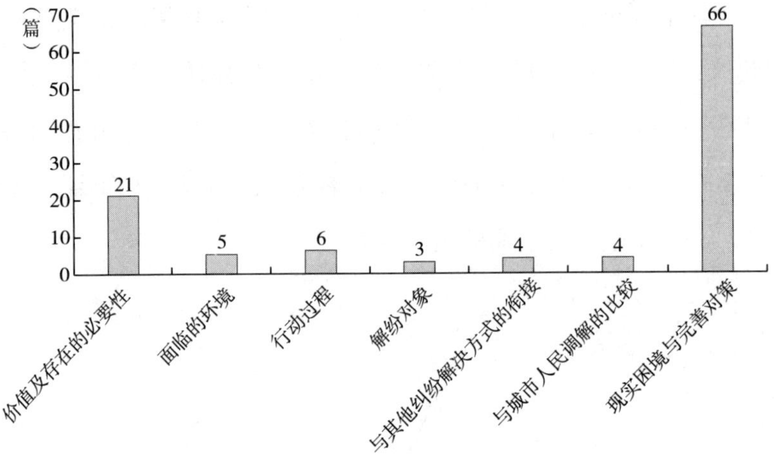

图 1.3　21 世纪以来农村人民调解研究主题的论文分布态势

资料来源：笔者检索中国知网经过统计得出。

遍认为农村人民调解缺乏研究价值，探讨这个话题的意义则不大。值得庆幸的是，当前学术界对农村人民调解的价值及存在的必要性普遍持肯定态度，对之持否定态度的声音几乎消失殆尽，但对价值及存在必要性研究的切入视角存在不同。

有从文化视角展开研究的，如李胜蓝认为发展和完善农村人民调解是由我国儒家社群主义的历史文化传统所决定的①；有从实用主义视角展开研究的，如段晓梅等认为农村人民调解自身具有成本低廉、方式灵活快速的优势和调解纠纷既有效果较为显著的特征，因而社会转型期国家需要它来应对农村纠纷②；而薛汉狄认为人民调解对农村纠纷的化解具有很强的适应性，减轻了当事人的诉累和人民法院的压力③；也有上升到国家战略层面展开研究的，黄共兴、刘燕玲将人民

① 李胜蓝：《人民调解制度农村社会的有效解纷方式》，《农村经济与科技》2005 年第 12 期。

② 段晓梅、王向华、谢玄志：《论人民调解在农村存在的根源及其机制完善》，《渭南师范学院学报》2006 年第 1 期。

③ 薛汉狄：《发挥人民调解在解决农村纠纷中的作用》，《理论探索》2012 年第 6 期。

调解的价值归结为有助于农村的物质文明、精神文明及和谐社会建设[①]。此外，冀建峰基于对山西省晋中市农村的调查发现，农民群众偏好采用人民调解机制化解民间纠纷[②]；李长健等认为农村社会的历史文化观念、法律供给匮乏及人民调解自身优势等使人民调解得以在农村长期存在[③]。

第二，关于农村人民调解面临环境的研究。刘行玉从道德环境、社会环境和法制环境三个视角对此主题展开系统性论述，认为“转型期农村地区的道德状况下降明显，而农村道德状况的变化会削弱人民调解的重要依据——情理——在调解中的说服作用”[④]，“离散化的人际环境导致社区凝聚力下降，纠纷解决合作化的基础与需求减少”[⑤]，而“农村法制环境与农民法律意识的落后侵蚀着调解的公平正义原则”[⑥]，以致农村地区人民调解陷入日渐衰落之中，并针对这三种环境的变化提出应对之策。

第三，关于农村人民调解行动过程的研究。农村人民调解的行动过程研究主要包括力量博弈、调解成本和活动风险这三个切入视角。关于力量博弈视角，如王俊娥提出农村人民调解的过程与其说是一个法律判断问题，不如说是一个精于算计、善于调和的过程[⑦]；关于调

---

① 黄共兴、刘燕玲：《略论转型期人民调解在农村的新发展》，《人民论坛》2014 年第 5 期。

② 冀建峰：《当前农村人民调解方式的认同调查与思考——以山西省晋中市农村为例》，《山西农业大学学报（社会科学版）》2014 年第 2 期。

③ 李长健、卞晓伟、陈志科：《我国农村纠纷解决中的人民调解制度探究》，《河北科技大学学报（社会科学版）》2010 年第 1 期。

④ 刘行玉：《社会转型中农村人民调解的道德环境分析》，《聊城大学学报（社会科学版）》2008 年第 4 期。

⑤ 刘行玉：《转型期农村人民调解的社会环境分析》，《济宁学院学报》2010 年第 2 期。

⑥ 刘行玉：《转型期农村人民调解的法制环境分析》，《山东农业大学学报（社会科学版）》2010 年第 4 期。

⑦ 王俊娥：《论农村人民调解过程中的力量博弈》，《甘肃政法学院学报》2014 年第 3 期。

解成本视角，如项其林从农村人民调解的经济成本、社会成本和机会成本出发进行研究设计，发现当前人民调解存在成本过高问题，继而主张从制度、程序、财政和人员方面完善政策设计，以期降低人民调解运行成本①；关于活动风险视角，如陈维坤对调解工作过程中易发生的风险进行概括性总结，如运用政策和法律法规依据不准确引起的风险，安全防范缺失引起意外事故的风险等②。

第四，关于农村人民调解解纷对象的研究。虽然法律将人民调解的解纷对象统称为民间纠纷，但民间纠纷的具体类型随着时间的变化也会发生改变，因为事物总是处于运动变化中。具体言之，有的学者主张将土地纠纷纳入农村地区人民调解解纷对象范畴，如白呈明认为人民调解作为农村土地纠纷的重要解决机制，对化解农村土地纠纷和引导纠纷当事人选择纠纷解决方式都有所裨益③。而蔡虹提出虽然人民调解是解决农村土地纠纷的一支重要力量，但也存在一些局限和问题，比如对当事人合法权利的保护不力，理应积极从制度上做出合理安排④。有的学者主张将环境纠纷纳入农村人民调解解纷对象范畴，如廖沅从农村群体性环境损害民事纠纷的视角审视人民调解，首先论述环境损害民事纠纷人民调解的内涵、特征、现状与构建必要性，继而从立法和实施层面提出发展策略⑤。此外，还有学者主张将医患纠纷⑥

① 项其林：《乡村社会矛盾调解的成本分析——对湖北咸安区横沟桥镇的典型调查》，《甘肃行政学院学报》2009年第2期。

② 陈维坤：《农村人民调解工作存在的风险及对策》，《学习月刊》2008年第22期。

③ 白呈明：《农村土地纠纷及其解决机制的多维观察——以陕西省为例》，《调研世界》2009年第8期。

④ 蔡虹：《农村土地纠纷及其解决机制研究》，《法学评论》2008年第2期。

⑤ 廖沅：《我国农村群体性环境损害民事纠纷人民调解制度研究》，广西师范大学硕士学位论文，2014。

⑥ 顾桂国、娄继权等：《引入人民调解机制解决医患纠纷初探》，《中国卫生事业管理》2007年第6期。

和旅游纠纷[①]等纳入人民调解解纷对象范畴，不论农村还是城市。

第五，关于农村人民调解与其他纠纷解决方式的衔接的研究。相较于探讨人民调解、行政调解和司法调解有效衔接的研究成果，探讨农村人民调解与其他纠纷解决方式衔接的成果要少很多，仅有 4 篇，其中又以倪怀敏的研究最具代表性。她认为“农村人民调解并非万能的，因而，需要与其他纠纷解决方式之间搭建桥梁，人民调解与司法调解之间的联动需建立联络制度，对于一般性民事纠纷，尽量践行‘调解优先’的原则，对于轻微刑事纠纷，实现人民调解与司法调解的对接，处理结果尽量考虑被害人利益的最大化原则、公平正义原则和程序公正原则。人民调解与行政调解之间的联动需要通过基层政府参与人民调解活动，人民调解委员会帮助基层政府宣传大政方针等形式实现”[②]。

第六，关于农村人民调解与城市人民调解的比较研究。农村人民调解与城市人民调解所处的环境截然不同，致使两者在发展步伐上不一致。最早留意到两者不同并对之进行学术研究的是刘筱文，她选择从调解依据的层面揭露该问题，指出农村地区人民调解更多的是从“情理”的角度解决民间纠纷，而城市人民调解更多的是从“法”的角度解决民间纠纷，并对相关原因展开详细的论证[③]；除了援引规范不同之外，马效军还从人民调解组织和人民调解员的发展方向上对其做出区分[④]；而张华从人民调解理念之塑造、人民调解组织之构建、

① 唐茂林：《论人民调解解决旅游纠纷的优势与制度创新》，《广西民族大学学报（哲学社会科学版）》2013 年第 6 期。

② 倪怀敏：《论农村人民调解及联动体系》，《西南民族大学学报（人文社会科学版）》2013 年第 5 期。

③ 刘筱文：《“法”与“情理”的选择——对农村和城市人民调解制度的分析》，《天津商学院学报》2003 年第 6 期。

④ 马效军：《人民调解机制的城乡差异性分析》，《中共宁波市委党校学报》2010 年第 3 期。

人民调解员之配置、人民调解程序规范之设计上对比了城乡人民调解的不同，并将这些不同的原因归结为城市人民调解属于现代型发展模式，乡村人民调解尚属于现代过渡型发展模式[①]。

第七，关于农村人民调解现实困境与完善对策的研究。问题意识是社会科学研究的逻辑起点，即社会科学领域的研究倘若没有问题意识则欠缺实用价值，由此以问题对策架构论文的研究成果相对其他主题显得更加丰富。农村人民调解的现实困境与完善对策中存在重复、反复研究现象，故本书仅选择代表性观点进行综述，不再一一列举相关论文。当前有关农村人民调解现实困境与完善对策的研究集中于农村人民调解组织、农村人民调解员、农村人民调解经费、农村人民调解协议书和农村人民调解的方式方法方面。

（1）农村人民调解组织。如刘行玉认为在基层组织自治性过渡的背景下，失去权威因素的村干部难以担当调解者角色，并且有的村干部害怕“得罪人”，不愿意主动介入纠纷解决，正如王亚新的调查显示：“人民调解在这里的作用很有限，尤其是村里的调解，就看村主任、支书是否管事了”[②]，这必然阻碍农村人民调解的发展，呼唤基层自治由行政权威向法理型权威转变，以此提升调解组织的权威[③]；而白呈明发现农村调解组织名存实亡现象严重，主张废除以村为单位设置调委会的做法，设立以社区为单位的调委会，村上指派专职调解员的方式改进组织建设[④]；刘士国等认为农村人民调解组织并不局限于

① 张华：《城乡人民调解双线发展模式探析》，《华南理工大学学报（社会科学版）》2011 年第 5 期。

② 王亚新：《农村法律服务问题实证研究》，《法制与社会发展》2006 年第 3 期。

③ 刘行玉：《转型期农村人民调解解读——基于农村基层治理的视角》，《社会主义研究》2010 年第 3 期。

④ 白呈明：《现实与期待：转型期农村人民调解的困境及其发展路径》，《学习与探索》2012 年第 12 期。

村调解委员会，还包括镇调解中心和管区调解站，并明确了几个组织的分工和职责[①]。

（2）农村人民调解员。杨国良基于对湖北省某镇的实证调查发现，调解主体的专业素质有待提高，将队伍素质现状用“三低一高”进行诠释，即文化程度低、法律知识低、调解技能低但年龄高，这也是我国大部分农村人民调解员队伍的真实写照，希望将各种行业型调解队伍视作人民调解队伍的补充，并引入聘任制度吸收部分专业型人才[②]；叶丹枫针对此问题，主张“双管齐下”，在吸收一定数量的具有法学专业背景的人民调解员的同时，加强对人民调解员的培训，形成系统的培训体系[③]；王俊娥、于晓丽认为农村人民调解员人选的任用、任期和撤换都处于“暗箱操作”状态，村民们只知结果，甚至有些村民连人民调解员是谁都不了解[④]；周书霞提出人民调解员队伍人才后继乏人使得农村人民调解的运行状况不佳[⑤]。

（3）农村人民调解经费。闫希伦从财政预算和社会筹集角度论证了经费的解决办法，希望以财政预算保基本，做到专款专用，并且利用向社会筹资等方式扩大经费的来源渠道[⑥]，张彦华力主建立“国家引导，社会运行”的经费保障机制，与闫希伦所持观点的内容几乎完

① 刘士国、高燕竹等：《农村人民调解制度的现状与完善——山东省邹城市村镇人民调解制度调查报告》，《山东大学学报（哲学社会科学版）》2003 年第 6 期。

② 杨国良：《地方治理视域下的农村人民调解——基于对湖北省某镇的实证调查》，《地方财政研究》2010 年第 2 期。

③ 叶丹枫：《〈人民调解法〉视野下的农村人民调解制度完善》，《湖北经济学院学报（人文社会科学版）》2014 年第 8 期。

④ 王俊娥、于晓丽：《和谐社会背景下对农村人民调解制度的思考——以村级人民调解工作为视角》，《济南大学学报（社会科学版）》2007 年第 4 期。

⑤ 周书霞：《转型期农村多元化解纷机制探析》，《河北大学学报（哲学社会科学版）》2015 年第 3 期。

⑥ 闫希伦：《新时期农村人民调解工作的难题与破解》，《农村经济与科技》2016 年第 5 期。

全相同。

（4）农村人民调解协议书。马丽芳提出调解协议不具备强制执行力始终是人民调解的短板，需要通过增强调解协议的法律效力来提升人民调解的权威性和公信力[①]。

（5）农村人民调解的方式方法。陈敏认为农村人民调解过程中的调解技巧不高，不能因人而异、因事而异处理纠纷，今后在灵活地运用调解技巧上有必要加强[②]；赫荣平提倡重拾“村头”“地头”“街头”“炕头”调解等适应基层特点的、群众喜闻乐见的方式，积极融入网络、通信等现代科技手段开展人民调解工作[③]；吴林霖、谢娜认为人民调解在农村民间纠纷适用中存在“国家法”与“民间法”的冲突[④]。

三　文献评析

通过梳理国内外相关文献不难发现，国外研究整体停留在人民调解层面，其中既达成一定共识，即认为人民调解是中国所特有的一种纠纷解决方式，更多地彰显着中国味道，有利于解决民间纠纷，是国家在社会治理方式创新上的成功尝试，又存在分歧，如当代人民调解是否有价值，人民调解是否为中国传统调解文化的延续，遗憾的是，并未出现从城市和农村视角对人民调解进行有效区分的研究成果，而倘若是综合研究或者应用研究，对两者进行区分具有必要性；此外，从内容上看，也未能涉及人民调解服务供给问题，而是主要涉及人民

① 马丽芳：《农村社会变迁与农村人民调解发展研究》，《中共乌鲁木齐市委党校学报》2014年第3期。

② 陈敏：《农村纠纷的人民调解机制完善策略》，《人民论坛》2012年第14期。

③ 赫荣平：《新时期和谐农村视角下的人民调解机制》，《农业经济》2010年第7期。

④ 吴林霖、谢娜：《我国农村纠纷的人民调解研究——以创新社会管理为视角》，《西南农业大学学报（社会科学版）》2013年第9期。

调解的价值及功能、历史演变及性质，这些内容不属于人民调解服务供给所涵盖的范畴。因而，从国外研究来看，农村人民调解服务供给具有较大研究空间。

相较于国外研究，国内研究则对农村人民调解和城市人民调解做出了有效区分，而且研究成果颇为丰富，主要探讨了农村人民调解的价值及存在的必要性、面临的环境、行动过程、解纷对象、与其他纠纷解决方式的衔接、与城市人民调解的比较、现实困境与完善对策等方面，部分内容与国外探讨人民调解的内容具有相似之处，比如价值及存在的必要性研究，结果均以价值及存在的必要性占据主流、优势。客观地讲，这些研究成果具有重要价值，它为我们充分认识和理解当前农村人民调解发展现状提供了依据。

首先，价值研究表明农村人民调解在国内不存在废除之说，是对诉讼等其他纠纷解决机制的一种有效补充，与日本学者棚濑孝雄的认识相同，这在一定程度上为农村人民调解“正名”发挥了作用，不必再围绕它的存废问题花费过多精力；其次，虽然农村人民调解的存在具有正当性，但现实表明其正遭遇诸多困境，当务之急是有效排除摆在农村人民调解面前的障碍，才可能使之再创解纷辉煌，为维护基层稳定贡献力量；再次，农村人民调解和城市人民调解在本质上都是人民调解，但两者所处环境差异性较大，比如城市地区除了居委会设立人民调解委员会之外，还存在大量的专业性人民调解委员会和行业性人民调解委员会，而广大农村地区真正发挥作用的则只有村人民调解委员会，其他人民调解委员会很少负责解决农村民间纠纷，因而，从组织设立上看，两个地区之间则不尽相同，此外，人员素质及补贴等都存在巨大差异，故倘若属于综合性研究或者应用性研究，对两者进行区别对待非常有必要；倘若属于纯理论性研究，则应依据实际情况来定，唯有此，才能真正认识人民调解，把握人民调解发展的现实境况；最后，对农村人民调解进行研究的领域较为宽泛，并不局限于人民调解制度身处的法学领域，社会学、人类学、公共管理学、史学等不同领域都有所涉猎，并且各学科有其不同的关注重点和研究进路，甚至各有其特定的概念、范畴和理论体系①。

回归到农村人民调解服务供给问题，简单地讲，农村人民调解服务供给就是指农村人民调解服务的提供与生产，因而，当前文献中从组织建设和人、财提供方面对农村人民调解进行的探讨都属于供给范畴。毋庸置疑，学者们都意识到农村人民调解组织、队伍结构和经费保障存在不同程度的问题，并将此视作影响农村人民调解发展的重要瓶颈，纷纷表达个人观点，提出一些建设性意见，但总的来看不仅缺乏全面性，如监督问题被忽略，也缺乏系统性和学理性，仅仅是对既有现象的归纳与总结，解决策略的研究也是仅仅提供了一些思路，论证不尽翔实，对于如何将这些解决思路落到实处及对策的可行性等未做出过多探讨，并且研究视角上并不是将农村人民调解作为一项公共服务。以农村人民调解服务供给作为研究议题展开研究，更多的是从法律执行角度展开分析，从人、财、物及其管理方面保障法律的更好执行，这便为本书提供了广阔的空间。

此外，研究方法选择上偏向于规范性分析，以文献研究为主，较少带有实证色彩，这符合法学研究的传统特色，但在较少带有实证色彩的研究成果中又以某一个地区展开调查研究为主，希望以小见大。但众所周知，我国农村地域范围广阔，不同地区间的农村环境差异很大，而在不同环境差异下的农村人民调解可能并不相同，以某个地区为主的研究方法会对把握现实状况的准确性造成影响，继而影响到研究结论，这些都是既有研究成果的不足之处。

---

① 范愉：《多元化纠纷解决机制与和谐社会的构建》，经济科学出版社，2011。

基于此，本书选择从公共服务供给角度对农村人民调解服务展开深入研究，既从理论上寻找农村人民调解服务供给研究的依据，又从实践中诊断农村人民调解服务供给面临的问题，以期弥补既有研究的不足，还在坚持规范分析的基础上，引入实证分析，以多地实证调研资料为基础，采用案例分析法和内容分析法，还原农村人民调解服务供给现状，力争做到论述有理有据。

第三节　研究思路与研究方法

研究思路与研究方法是科学研究的重要内容，本书采用的研究思路与研究方法主要如下。

一　研究思路

本书演进逻辑严格地遵循“提出问题—分析问题—解决问题”的思路，选题主要源自笔者在农村地区的调研经历，且与个人学习经历密切相关。因为笔者硕士阶段接受法学教育，博士阶段接受管理学教育，很早便下决心从事法学与管理学的跨学科问题研究。而一次偶然机会，在农村调研过程中发现，农村人民调解存在不少问题，回到学校之后，便对相关文献进行梳理，发现已有研究并不足以指导实践活动。虽然人民调解传统上属于法学研究范畴，但也可将其视为一种公共服务，正如前文所言，现阶段关于人民调解的跨学科研究开展得如火如荼，它不再只是法学领域的一个专有词语。

本书的研究对象是农村人民调解服务，研究议题是农村人民调解服务供给，研究内容为农村人民调解服务供给的历史、现状、问题及诱因与解决方案，并以供给主体、供给经费、供给意愿、供给能力和供给监督为框架揭示农村人民调解服务供给问题，以期通过采取一系列改革举措培育供给主体，保障供给经费，增强供给意愿，提高供给能力，落实供给监督。直接目的是解决农村人民调解服务供给存在的现实问题，最终目的是促使农村人民调解服务提质增效。

本书的行文思路如下：首先，介绍农村人民调解服务供给问题研究的核心概念与理论基础，论述志愿失灵理论、新公共管理理论和治理理论主要内容，对理论在全书中的运用做出说明，从理论上为认识和指导农村人民调解服务供给变革打下扎实基础；其次，考察农村人民调解服务供给的历史演进，以供给主体为标准，将农村人民调解服务供给分为两个阶段，并探讨服务供给的演变特征及其驱动因素；再次，诊断农村人民调解服务供给问题及其诱因，即以实证调查为基础发现农村人民调解服务供给存在的不足之处，从问题入手说明农村人民调解服务供给需要做出合理调适，并探讨农村人民调解服务供给既存问题诱因，针对农村人民调解服务供给存在的问题，探究为何会生成这些现象，对其背后的逻辑思路做出深入研究；最后，设计农村人民调解服务供给问题的解决方案，即针对农村人民调解服务供给存在的既有问题及诱因，明确解决农村人民调解服务供给问题的原则与目标，提出农村人民调解服务供给问题的解决对策，以期为解决农村人民调解服务供给问题贡献力量。在基本思路指导下，本书共分为八章，各章主要研究内容如下所示。

第一章，绪论。该部分主要介绍问题提出、研究意义、研究方法，评述国内外相关研究成果，从而提出本书的技术路线、研究架构及创新之处。

第二章，核心概念与理论基础。该部分主要厘定本书的核心概念，并从志愿失灵理论、新公共管理理论和治理理论三个层面论述农村人民调解服务供给研究的理论基础，介绍三个理论的主要内容及其在全书的运用。

第三章，农村人民调解服务供给的历史考察。该部分首先以供给主体为依据，将农村人民调解服务供给划分为不同阶段，其次总结农村人民调解服务供给的演变特征，最后分析农村人民调解服务供给演变的驱动因素。

第四章，农村人民调解服务供需概况与问题诊断。该部分主要以多地实证调查资料为基础，分析农村人民调解服务供给与需求概况，并以农村人民调解服务供给侧和需求侧概况为基础，从中发现农村人民调解服务供给存在的现实问题，即农村人民调解服务的供需矛盾，从问题入手为全书研究打下扎实基础。

第五章，农村人民调解服务供给问题的重要诱因。该部分主要针对农村人民调解服务供给既有问题，探究这些问题受到哪些因素影响而产生，即农村人民调解服务供给问题的生成机理。

第六章，农村人民调解服务供给问题的解决原则与目标。该部分主要针对农村人民调解服务供给存在的现实问题及其诱因，明确解决农村人民调解服务供给问题的原则与目标，为设计农村人民调解服务供给问题的解决路径指明方向。

第七章，农村人民调解服务供给问题的解决路径。该部分主要针对农村人民调解服务供给存在的问题和诱因，充分考虑农村人民调解服务供给问题的解决原则与目标，提出解决农村人民调解服务供给问题的对策和建议。

第八章，结论与展望。该部分主要对全文的核心观点进行归纳总结，并提出研究的不足之处及对未来研究做出展望。

二 研究方法

本书主要采用的研究方法有文献分析法、历史研究法、访谈法、内容分析法、比较分析法及案例研究法。

（一）文献分析法

文献分析法是开展研究工作、总体把握前人研究成果、了解研究现状、找到问题症结所在的一种行之有效的研究方法[①]。本书与文献的收集、筛选和整理都密不可分，而文献综述又是运用文献分析法最为集中的部分，需要在整理已有研究成果基础上提出本书的研究思路及其创新之处，以期改进已有研究不足。通过梳理国内外人民调解及农村人民调解的相关文献，我们发现国外研究主要集中探讨人民调解的价值、历史变迁及性质等问题，研究对象上，未能从城市和农村角度对人民调解进行有效区分，研究内容上，也没有涉及供给问题，这便为从供给视角切入研究农村人民调解提供了广阔空间。相较于国外研究，国内研究虽然对城市人民调解和农村人民调解做出区别对待，并且研究成果相对较为丰富，笔者借助中国知网平台，以农村人民调解为主题词进行检索，发现21世纪以来约有100篇相关文献问世，主要从七个方面对农村人民调解展开探讨，取得了可喜成绩，为正确认识和创新发展农村人民调解奠定了良好基础。但令人遗憾的是，当前缺乏将农村人民调解作为一项公共服务展开研究的成果，即尚未发现从公共服务视角研究农村人民调解的论文或者专著，虽然部分研究涉及人民调解的经费保障和人员素质问题，从服务供给角度来看，属于供给范畴，但研究切入点则并不相同，主要是从农村人民调解制度执行中遇到的障碍视角切入，且已有研究针对这些问题提出的政策建议不仅缺乏系统性，而且较少论述可行性，这便为本书提供了空间，凸显本书的理论意义和现实意义。

---

① 罗青兰、孙乃纪、于桂兰：《基于文献分析法的女性高层次人才职业成功影响因素研究》，《经济经纬》2014年第2期。

（二）历史研究法

历史研究法是学术研究的基本方法之一[①]，主要是指通过运用历史资料，按照历史发展顺序对过去事件进行研究的方法，以期还原历史真相，并从中找到事物变化发展的规律及一些经验供后世借鉴[②]。本书主要有两处使用历史研究法，一处是分析人民调解的萌芽、形成和发展，通过对相关史料的考证，发现人民调解最早可以追溯到 1921 年浙江省萧山县衙前镇农会颁布的《衙前农民协会章程》，相关规定已勾勒出当代人民调解的雏形，如“凡本会会员有私人是非的争执，双方报告议事委员，由议事委员调处和解；倘有过于严重的争执，由全部委员开会审议解决”，这与当前制度有关人民调解服务程序的设计几乎一致，且在组织性质方面也相匹配，它是民间群众性组织，人民群众依靠其解决自身内部矛盾纠纷。人民调解萌芽于我国农村地区，是中国共产党解决民间纠纷的一种有效方式，随着中国共产党逐渐解放国内城市地区，人民调解才从农村逐渐向城市扩展。20 世纪 50 年代中期国务院出台《人民调解委员会暂行组织通则》对城市和农村人民调解进行统一规范，标志着人民调解制度正式成形，人民调解成为化解我国民间纠纷的一道亮丽风景。另一处是考察农村人民调解服务供给历史，本书以供给主体为标准，将 1954 年以来农村人民调解服务供给阶段划分为乡人民调解委员会供给期和村人民调解委员会供给期，并从供给目的、供给主体、供给经费和供给范围出发归纳总结服务供给的演变特征，发现供给目的从多功能演变为单功能，供给主体从乡人民调解委员会演变为村人民调解委员会，供给经费从无保障到

---

① 陈其泰：《历史分析法在史学史研究中的运用》，《史学理论研究》2018 年第 1 期。

② 〔美〕迈尔斯、〔美〕休伯曼：《质性资料的分析：方法与实践》，张芬芬译，重庆大学出版社，2008。

有保障，供给范围从以乡为单位到以村为单位，继而从制度环境、社会环境和法治环境出发分析农村人民调解服务供给演变的驱动因素，以期对农村人民调解服务供给的整个发展脉络有清晰认识。

（三）访谈法

访谈法是研究者通过与研究对象的交谈来收集有关对方心理特征与行为的数据资料的研究方法[①]，尝试“由局内人”依据当地行动者的知觉，去掌握资料，经历一个过程，包括深度的注意、同情的领会及把相关的成见都先搁置或“放入括号中”[②]。笔者在梳理既有文献、形成研究设计的基础上，拟定访谈纲要，确认研究需要获得哪些信息，继而在实地调研过程中对村干部兼任人民调解员、村里无职务的人民调解员及普通村民等 31 名被访谈对象围绕预设问题展开半结构性访谈，被访谈对象中有 24 名人民调解员、7 名普通群众，以访谈普通群众的方法对从人民调解员处获得信息的真实性予以甄别与筛选，努力确保一手资料的可信度，从而还原事件真实面貌，为揭露现实问题和寻找解决之策获得翔实的资料，以期更有针对性地解释农村人民调解服务供给现象。此外，整个资料并非在一次性调研中取得，笔者在调研过程中留下部分访谈对象的联系方式，后期对相关问题进行跟踪，并对一些新情况通过电话、微信的方式进行反复了解，及时将其反映在书中。后文在介绍访谈资料内容时将以行政村—性别—年龄为形式对各行政村的访谈对象进行替代，行政村的代码为简写形式，如篦子桥村即 BZQ，性别代码 1 代表男性，2 代表女性，年龄以实际年龄为准，如 BZQ－1－50 则代表 BZQ 村 50 岁的男性访谈对象，特此说明。

---

① 孟慧：《研究性访谈及其应用现状和展望》，《心理科学》2004 年第 5 期。

② Babbie，Earl R.，“The Practice of Social Research”，Belmont，CA：Wads Worth，1998.

（四）内容分析法

内容分析法是指对内容的某些特定特征进行的客观系统的辨识，并以此为论据进行分析推理，内容分析的研究设计通常包括以下几个步骤：①确定研究问题；②选择样本；③确定分析单元；④根据研究问题确定数据的类别并进行编码；⑤将编码获得的数据进行分析，得出结论①。本书主要采用内容分析法处理访谈资料，利用 MAXQDA10.0 软件编码，形成开放式编码和关联式编码两个层次，对农村人民调解服务供给现状展开深描与剖析。为保证充分还原对话情景，我们及时转录音频，并且反复校对，转录工作共计 30 小时，转录文字资料约 3 万字。具体言之，开放式编码，如访谈中有人民调解员倾诉“现在群众之间发生矛盾纠纷，往往会问及法律规定，希望按照国家法律解决矛盾纠纷，但我们并不了解国家法律，基本上都没怎么接触过法律”，“我们的法律知识储备非常有限，没有接受过相关教育，更多的是从情、理角度化解矛盾纠纷”等，将此类表达归结为“农村人民调解员法律知识匮乏”，“我们在调解技巧掌握方面也不多，尤其不知如何化解突发性的打架、斗殴冲突，在这种现场往往进退两难，上前解纷怕误伤到自己，不上前解纷，又怕矛盾纠纷进一步扩大化”，“我们缺乏化解打架、斗殴方面的调解技能和方式”等，将此类表述归结为“农村人民调解员调解技能有限”；关联式编码，如将“农村人民调解员工作积极性较低”和“农村人民调解员没有工作积极性”及“农村人民调解员工作积极性一般”等“开放式”编码归类为“农村人民调解员供给意愿”；将“不主动化解矛盾纠纷”、“不及时赶到

---

① Holsti, O. R.,“Content Analysis for the Social Sciences and Humanities”, Reading, MA: Addison Wesley, 1969.

事发地”及“缺乏排查、预防和跟踪矛盾纠纷”等开放式编码归类为“农村人民调解员工作积极性不高的表现”。编码结果分析更加注重从整体上把握研究内容，强调对抽象概念的解释和逻辑关系的描述。访谈资料的编码是一个周而复始的过程，最终形成 162 个开放式编码及 20 个关联式编码。

（五）比较分析法

比较分析法是指对两个或两个以上的事物或对象加以对比，以找出它们之间的相似性与差异性的一种分析方法[①]，它是数十年来少有的名副其实的方法论改革之一，随着此研究方法的普及和被认可，定性比较分析法被广泛运用于社会科学各领域，虽然它也存在一定的局限性。本书对比较分析法的运用主要集中在农村人民调解服务供给概况与现实问题诊断章节，该章既采用实证分析法，也采用比较分析法，通过分析多个调研地农村人民调解服务供给存在的问题，发现本书所论述的现实问题均发生在多个调研地中，即每个调研地都存在本书所呈现的问题，只不过在某些问题上程度可能存在一些差异，并对调研地之间的区别进行详细比较，因为虽然多调研地共同反映了农村人民调解服务供给存在的问题，但由于地区差异性，调研地所属地之间在同一个问题上也可能存在一定的差异，因而，针对某一个问题对不同调研地之间进行横向比较则显得非常有意义，此举可以看出全国不同地区农村人民调解服务供给之间的差异性。以农村人民调解服务供给经费的多少为例，本书选取的不同地域内的行政村在农村人民调解服务供给经费上存在差异，像 QJW 村人民调解委员会有供给经费，但其

---

① Joho Gerring, *Social Science Methodology*: *A Unified Framework*, Cambridge: Cambridge University Press, 2011.

他六个行政村人民调解委员会均没有供给经费。为什么 QJW 村人民调解委员会有供给经费投入，而其他行政村人民调解委员会没有供给经费投入，主要原因是村民对人民调解服务的认可与理解，认为应当落实村民委员会对人民调解工作的经费支持，经过村民会议讨论而做出决定。但由于村民委员会的收入有限，因而只能尽微薄之力，为其提供 200 元的经费支持，即 QJW 村人民调解委员会获得了来自村民委员会 200 元经费的支持，因而，在供给服务过程中则存在供给经费投入之说。

（六）案例研究法

案例研究法是运用访谈、观察、历史档案、自然实验等方法收集资料，并通过严谨规范的质性分析，对当代某类现象进行考察，得出带有普遍性结论的一种经验性研究方法①。案例研究的目的在于从具有典型性的案例中提炼出具有普遍性的结论，为理论创新和实践指导提供依据。本书采用案例研究法对农村人民调解服务供给问题展开研究，根据徐勇教授提出的村庄类型说，在每种村庄类型中选择一个典型性村庄建立本书案例库，从多案例出发探讨农村人民调解服务供给问题。由于本书的案例选择综合考虑了我国区域情形及村域特色，以我国几个主要方位为参照，依托徐勇教授对我国村庄的类型划分，选择由“有分化更有整合”的华南宗族村庄、“有分化缺整合”的长江家户村庄、“弱分化强整合”的黄河村户村庄、“小分化大整合”的西北部落村庄、“自分化自整合”的西南村寨村庄、“高分化高整合”的东南农工村庄及“强分化弱整合”的东北大农村庄共同组成农村人民

① 侯志阳、张翔：《公共管理案例研究何以促进知识发展？——基于〈公共管理学报〉创刊以来相关文献的分析》，《公共管理学报》2020 年第 1 期。

调解服务供给问题研究的案例源，并以七个村庄的案例素材共同作为本书的案例素材，因此，可以说本书相较于选择单个案例的研究成果更具有典型性与说服力，而以供给主体、供给经费、供给意愿、供给能力及供给监督作为分析框架所发现的现实问题主要由这些村庄的共性决定，而非某个村庄所独有。

第四节　村庄底色与资料处理

一　村庄底色

党和国家领导人高度重视基层调查，纷纷强调调查在决策中的重要地位，如毛泽东同志在《反对本本主义》中讲道“没有调查就没有发言权”“注重调查，反对瞎说”[①]，习近平同志指出：“调查研究是谋事之基、成事之道，没有调查就没有发言权，没有调查就没有决策权。调查研究是我们做好工作的基本功。”[②] 这一论断足以说明调查研究的重要意义。本书主要采用案例研究探索农村人民调解服务供需概况与现实问题，并对不同地方的实际情况进行比较，故在此介绍调研地选取与调研资料处理。

（一）调研地选择及合理性

1. 调研地选择

本书对象是农村人民调解服务，研究议题是农村人民调解服务供给，但我国农村地域范围广阔，受个体力量所限，笔者难以对农村人民调解服务供需现状进行全面了解与跟进，因而采用多案例分析揭示

① 《毛泽东选集》（第一卷），人民出版社，1991。

② 习近平：《在党的十九届一中全会上的讲话》，人民网，2017 年 12 月 31 日。

农村人民调解服务供给现状，毕竟“让调查者对调查区域的所有村庄进行调查，然后产生结论，是不可能，也没有必要的”①。调研地的选择并非仅考虑便捷原则，更强调坚守说服力和科学性原则，故本书从农村类型角度出发，针对我国不同农村类型，选择不同农村类型中的典型行政村作为调研对象。

正如丁元竹所言：“分类是认识事物的基础，任何认识都始于对基本类的认识，类的意义无论在逻辑学、哲学，还是在科学方法论中都是一样的，都是指某一事物的属性。”② 像我国著名社会学家费孝通先生则以此确定江村的不同属性，他把江村作为具有一定代表性的典型村庄，并试图根据这个个别性的现象来发现它所代表的一种型式的共相，创作了《江村经济》等流传于世、备受读者青睐的经典著作。因而，农村类型学说具有一定的科学性，对农村进行类型划分有助于正确认识和理解农村现象，区分不同农村地区的共性和个性，为更全面、系统地了解农村奠定基础。

关于农村类型划分，学者们可谓众说纷纭，多数学者偏向使用“一村一类型”之说，即以调查一个行政村为基础，归纳总结该村特征，并对之进行类型化命名，这种划分方式能够做到对调查地域的详细阐释，将调查地域特征展现得淋漓尽致，但不尽如人意的地方在于难以在学术探讨上形成对话，“各自为政”现象较为严重。由于每位学者对于村庄的类型和特征概括不一，即便叙述的是同一类型村庄，但命名可能存在差异，学术之间展开对话较为困难，并且这种划分方式仅仅立足村庄特征，并未站在全国角度，未能从比较视域切入对全国村庄类型进行全景式探究，这不利于全面且系统地认识整个农村面

---

① Babbie, Earl R., “The Practice of Social Research ”, Belmont, CA: Wadsworth, 1998.

② 丁元竹:《农村社区研究：由类型比较到模式比较——费孝通 40 年代农村调查的理论与方法述评》,《农村经济与社会》1994 年第 2 期。

貌。因而，本书不主张采用“一村一类型”之说对农村类型化，更倾向于使用站在全国高度对农村进行类型化的处理方式，以全国视角划分农村类型，有助于科学地把握全国农村动态。

当前站在全国视角对农村进行类型化研究的观点主要有两种。徐勇以“分”与“合”作为基本维度，结合区域和村庄的特征，将我国农村划分为七种类型的区域性村庄，依次是“有分化更有整合”的华南宗族村庄、“有分化缺整合”的长江家户村庄、“弱分化强整合”的黄河村户村庄、“小分化大整合”的西北部落村庄、“自分化自整合”的西南村寨村庄、“高分化高整合”的东南农工村庄、“强分化弱整合”的东北大农村庄，并提出“只要选择一些最能体现区域性的村庄进行调查研究，就有可能从总体上把握该区域类似村庄的共同特征，而不必对所在区域的所有村庄都进行调查研究”①；而贺雪峰认为我国农村主要存在两种类型，一种是人口流出型的农业型的以中西部地区为代表的传统农村，另一种是人口流入型的已经工业化的以沿海发达地区为代表的城市化了的农村，传统农村的主要特征是以人口流出为主，农业占据主导地位，收入结构单一，人口异质性低，事务复杂程度低，此类农村占据我国的95%，城市化了的农村的主要特征是以人口流入为主，二、三产业占据主导地位，收入结构多元，人口异质性高，事务复杂性高，此类农村占据我国的5%②，此外，他还对农村做出其他类型的划分，如原子化村庄，认为湖北的农村多以原子化的村庄为主。

上述两种划分方式均具有一定的合理性，两位知名学者也在相关研究中阐述了划分理由和依据，这里则不展开介绍。但徐勇的划分方

① 徐勇：《“分”与“合”：质性研究视角下农村区域性村庄分类》，《山东社会科学》2016年第7期。

② 贺雪峰：《乡村治理现代化：村庄与体制》，《求索》2017年第10期。

式相较于贺雪峰的东、中、西部的地域区分更加具体、细化，并且在区域上给予了详细论述，涉及我国各大地区。因此，本书选择采用徐勇对农村类型化的处理方式，以这七种不同的农村类型为基础，分别选择不同农村类型视域下较有代表性的典型行政村作为调研地，并将这些行政村的总体情况汇集在一起，用以研究我国农村人民调解服务供给与需求现状，并对各区域之间农村人民调解服务供给现状进行比较，以期展示一个较为全面的农村人民调解服务供给与需求现状面貌。

按照徐勇划分的七种农村类型特征与分布，本书从每个村庄类型下选择一个行政村逐一进行实地走访，调研地选择情况如表 1.1 所示。

华南宗族村庄的主要特征是保留较为完整的传统宗族社会，而传统宗族社会强调“血缘关系”，通过一个个由血缘姓氏结合而成的宗族将村民组织起来，这类村庄广泛地分布于我国华南地区。本书选择以 H 省 W 市 BS 村为例，揭示此种村庄类型下人民调解服务供给现状。BS 村位于 HA 镇东部，村民委员会确权承包耕地面积 409.68 亩，实际耕种面积 377.17 亩，其中水田面积 292.83 亩，坡地面积 116.35 亩，食用坚果面积 0.5 亩。该村共有 2 个自然村 6 个村民小组 352 户家庭，户籍人口 1335 人，常住人口约 1300 人，低保户 10 户，五保户 4 户，村民以从事农业活动为主，并兼职从事一些建筑行业工作，帮助修建邻近乡镇的房屋，2017 年该村村民人均年收入约 8500 元。

长江家户村庄的主要特征是个体家户与远祖缺乏内在联系，形成最为典型的传统小农经济，以裂变的个体家庭为中心和本位，家户本位的差异性、竞争性和私人性较强，村庄联系与合作的整体性及共同性弱，这类村庄主要分布在长江中上游地区。本书选择以 S 省 N 市 QJW 村为例，揭示此种村庄类型下人民调解服务供给现状。QJW 村为乡政府驻地，现有耕地面积 585 亩，全村共有 6 个村民小组 202 户家庭，户籍人口 582 人，常住人口 60 多人，低保户 56 户，村民以从事农业活动为主，2017 年该村村民人均年收入约 6600 元。

黄河村户村庄的主要特征是村庄群体与家户个体具有紧密的依赖关系，内部分化程度不高，人群之间的抱团意识较强，造成村庄的集体依赖性和整体性强，在集体意识和行动能力上远高于长江家户村庄，这类村庄主要分布在黄河中下游区域。本书选择以 H 省 B 市 TGZT 村为例，揭示此种村庄类型下人民调解服务供给现状。该村辖区面积 11.2 平方公里，现有耕地面积 6520 亩，全村共有 4 个村民小组 360 户家庭，户籍人口 1300 人，常住人口 1200 多人，低保户 16 户，村民以从事农业为主，2017 年该村村民人均年收入约 12360 元。

西北部落村庄的主要特征是部落的地位远高于家户，分化程度小，具有一定的流动性，且在流动过程中形成整体性和共同性，这类村庄主要分布在我国西北地区的牧区，历史上村民基本以游牧为生。本书选择以 Q 省 G 市 CJY 村为例，揭示此种村庄类型下农村人民调解服务供给现状。CJY 村原本位于雪山深处，平均海拔 4700 米，高寒缺氧，气候恶劣，条件异常艰苦，为贯彻落实国家三江源生态保护政策，当地居民离开草场、帐篷，告别游牧生活，整体搬迁到当前位置，形成新的 CJY 村。本书则是以新的 CJY 村为例，该村共有 247 户家庭，户籍人口 572 人，常住人口 1000 多人，2017 年村民人均年收入约 20943 元，且当年集体经济收入 23 万元，主要来自耕地租赁、牛羊育肥基地租赁、藏毯厂租赁和公交站租赁等。

西南村寨村庄的主要特征是以小聚居、大散居的方式居住，自制性较强，由于长期与外界隔绝，形成了世代传承的习俗，并对当前社会关系具有调节作用，村民自我认同的集体性较强，可以进行较为有效的自我治理，这类村庄主要分布在广西、贵州、云南，以及四川、重庆、湖北与湖南部分少数民族地区。本书选择以 H 省 E 州 WY 村为例，揭示此种村庄类型下人民调解服务供给现状。WY村邻近集镇，有7个村民小组320户家庭，户籍人口1232人，常住人口80多人，80%以上是土家族，耕地面积4414亩，林地面积6684亩，2017年村民人均年收入约5400元。

东南农工村庄的主要特征是商品经济较为发达，开放程度高，与市场和城市联系比较紧密，社会分化程度非常高，并且这种分化不限于村庄内部之间，而是跨越村庄，人与人之间的联系也由原有的乡土人情向市场的理性网络转变，这类村庄主要分布在我国东南区域。本书选择以F省F市XBL村为例，揭示此种村庄类型下人民调解服务供给现状。XBL村耕地面积400亩，林地面积1200亩，管辖22个村民小组456户家庭，贫困户7户，人口780人，2017年人均年收入约25000元。

东北大农村庄的主要特征是人们偏爱集居方式，但横向联系较少，缺乏共同财产和共同心理认同，村庄整合度弱，这类村庄主要分布在黑龙江、吉林、辽宁及内蒙古的东北部分区域。本书选择以L省L市HL村为例，揭示此种村庄类型下农村人民调解服务供给现状。HL村处于辽东丘陵地带，共有4个村民小组426户家庭，户籍人口2150人，常住人口1700人，耕地面积2466亩，林地面积24000亩，党员70名，低保户10户，村民以从事农业活动为主，2017年该村村民人均年收入约9800元。

表1.1　农村人民调解服务供给问题研究调研地构成

村庄类型	村庄名称
华南宗族村庄	BS村
长江家户村庄	QJW村
黄河村户村庄	TGZT村
西北部落村庄	CJY村
西南村寨村庄	WY村

续表

村庄类型	村庄名称
东南农工村庄	XBL 村
东北大农村庄	HL 村

2. **调研地选择的合理性**

选择这七个行政村展开实证调查，并以此资料诊断农村人民调解服务供给侧现实问题对保障研究结论的科学性与合理性有所裨益，主要理由如下。

首先，本书选择的七个行政村涉域广阔，并不局限于我国某个地区，几乎包括主要方位范围。其合理性在于不同地域对待农村人民调解服务的态度可能不同，这会对农村人民调解服务供给造成影响，因而选择单个地区研究农村人民调解服务供给与需求现状并不足以说明我国农村人民调解服务供给与需求整体概况，涉及区域越广泛，研究结果越具有说服力，越能揭示农村人民调解服务供给与需求的普遍特征。七个行政村的涉域情况如下，BS 村位于我国华南地区 H 省 W 市 HA 镇，QJW 村位于我国西南地区 S 省 N 市 TY 乡，TGZT 村位于我国华北地区 H 省 B 市 BD 乡，CJY 村位于我国西北地区 Q 省 G 市 TGLS 镇，WY 村位于我国中部地区的 H 省 E 州 WY 乡，XBL 村位于我国东南地区的 F 省 F 市 LY 乡，HL 村位于我国东北部地区 L 省 L 市 HL 镇，从这些区域的分布来看，能遍布我国的主要方位。由于这些行政村的农村人民调解服务供给与需求现状是当地农村人民调解服务供给与需求现状的一个小缩影，具有一定的典型性与代表性，因而，将这七个行政村组合在一定程度上可以反映出我国农村人民调解服务供给与需求现状。

其次，本书选择的七个行政村经济发展情况不一，这与我国农村的真实情况相吻合，而法律规定县级以上地方人民政府和村民委员会应当为人民调解工作提供经费支持，故经济发展情况与农村人民调解服务供给经费多少可能相关。从理论上看，经济较发达地区县级以上地方人民政府和村民委员会收入较多，有能力为人民调解工作提供更多经费支持；反之，经济欠发达地区，县级以上地方人民政府和村民委员会收入有限，在人民调解工作经费支持上则会相对缩减。这七个行政村 2017 年人均年收入情况见表 1.2，XBL 村、CJY 村均位于县城周边，属于城乡接合部，是城市建成区到农村纯农腹地之间的过渡性区域，是城市化发展到一定阶段所形成的独特的地域实体[①]，从产业结构看，已经改变了原来农业占据主导地位的状态，以二、三产业为主，经济层面相较于其他村庄更为发达。TGZT 村、BS 村、QJW 村、WY 村及 HL 村离城区都较远，属于农村纯农腹地区域，像 QJW 村所在乡离县城车程约 2 小时，处于大山深处，这些村庄依然是以农业生产为主，更多彰显出传统农村特征。而 WY 村还有别于其他村庄，WY 村的农业合作社发展迅速，当地形成了以种植茶叶为主的经济结构，当地有茶叶生产企业入驻。因此，从所选择行政村的经济发展情况来看，既有经济发展较好的地区，也有经济发展一般地区及经济欠发达地区，符合我国农村发展不充分不平衡现状。

表 1.2　行政村人均收入状况

村庄	10000 元以上	7500 ~ 10000 元	5000 ~ 7500 元
BS 村		√	
QJW 村			√
TGZT 村	√		
CJY 村	√		
WY 村			√
XBL 村	√		
HL 村		√	

① 任荣荣、张红：《城乡结合部界定方法研究》，《城市问题》2008 年第 4 期。

再次，本书选择的七个行政村人口流动情况不一，这与我国农村整体情形契合，而人口流动可能会对农村人民调解服务供给侧和需求侧产生影响。从理论上看，倘若村庄以人口流出为主，常年生活在此地域范围内的人口依然保留“熟人社会”印记，且服务提供人员的选择面会变窄，毕竟常住人口少了，而及时有效地化解民间纠纷只能从这些常住人口中选择，要求那些“不在场”人员加入人民调解委员会调解民间纠纷不具有现实可行性。因为农村一旦发生矛盾纠纷，“不在场”人员难以为了解决矛盾纠纷而返回家乡。倘若村庄以人口流入为主，常年生活在此的人口较多，村民委员会委员可以鼓励更多人参与到人民调解委员会委员推选中，继而选举出更加适合提供人民调解服务工作的人员，增强服务供给能力。这七个行政村人口流动情况见表 1.3，有的行政村以人口流出为主，如 QJW 村青壮年劳动力外出务工现象普遍，虽然全村户籍人口有 500 多人，但长期居住在村里的仅有几十人，并且以留守老人和小孩为主，年轻人少见；而有的则以人口流入为主，如 CJY 村属于当地农村区域范围内经济较为发达地，由于离城区较近，土地更多被征收与征用，居民住房较多，故房屋租赁成为当地村民收入的一种重要来源方式；还有一种村庄人口流动情形变化不大，如 BS 村，年轻人外出现象较少，通常以在周边乡镇从事建筑行业为生，白天外出工作，晚上返回村庄，因为没有其他产业的发展，外来人口也较少。因此，所选择调研地从人口流动情况来看，既有以人口流出为主的村庄、以人口流入为主的村庄，也有人口流动性不大的村庄，符合我国农村真实面貌。

表 1.3　行政村人口流动状况

村庄	以人口流出为主	人口流动性不大	以人口流入为主
BS 村		√	
QJW 村	√		

续表

村庄	以人口流出为主	人口流动性不大	以人口流入为主
TGZT 村		√	
CJY 村			√
WY 村	√		
XBL 村	√		
HL 村	√		

资料来源：从调研中获得。

最后，本书选择的七个行政村矛盾纠纷复杂程度高低不一，这也符合我国农村基本情况。矛盾纠纷复杂程度高低不一对农村人民调解服务供给质量也可能造成影响，究其原因，从理论上看，倘若矛盾纠纷较为复杂，便对人民调解员的能力提出更高要求，只有人民调解员的能力提高到足以满足解决矛盾纠纷现实需要，利用人民调解方式化解农村民间纠纷才能取得更好实效，反之，倘若矛盾纠纷较为复杂，而人民调解员的能力无法跟进，利用人民调解方式化解民间纠纷的可行性则会大打折扣。而矛盾纠纷的复杂程度高低不一也与我国广大农村地区现实状况相契合，毕竟有的村庄因受到各方面因素影响在同一时期内出现矛盾纠纷的数量和复杂性较大，而有的村庄在同一时期内出现矛盾纠纷的数量和复杂性较小，比如，实施土地承包经营权流转政策的村庄则比传统的以种植粮食作物为主的村庄的矛盾纠纷复杂，这一点在调研中得到有效证实，像实施土地承包经营权流转政策的村庄在土地价格协商、土地面积确认及土地流转经费发放等方面均容易发生矛盾冲突，而且村民之间因土地边界的划分问题也会闹矛盾、发生争吵，因为土地界限的划分直接与村民的土地承包经营权流转面积挂钩，土地承包经营权流转背后直接带来的是经济利益。我们把当前农村的民间纠纷划分为四类，依次是传统纠纷、土地纠纷、医疗纠纷和其他纠纷，而传统纠纷中主要有婚姻纠纷、邻里纠纷等，其他纠纷中常有旅游纠纷、交通纠纷、环境纠纷和扶贫纠纷等，相较于传统纠纷，后面三种纠纷的复杂性则更高。2017 年各行政村发生的矛盾纠纷数量如表 1.4 所示。

表 1.4　2017 年行政村发生矛盾纠纷状况

单位：个

村庄	传统纠纷（婚姻、邻里等）	土地纠纷	医疗纠纷	其他纠纷（旅游、交通、环境、扶贫等）	总量
BS 村	6	5	0	7	18
QJW 村	3	3	0	29	35
TGZT 村	4	12	1	8	25
CJY 村	2	2	0	9	13
WY 村	9	5	1	11	26
XBL 村	3	10	1	28	42
HL 村	18	3	1	8	30

资料来源：从调研中获得。

综上，本书调研地选取以中国农村不同类型为基础，并充分考虑了调研地的地区分布、经济发展情况、人口流动情况和矛盾纠纷复杂情况等多方面因素。从地区分布看，既有位于我国华南地区的 BS 村、西南地区的 QJW 村、华北地区的 TGZT 村，也有位于西北地区的 CJY 村、中部地区的 WY 村、东南地区的 XBL 村和东北地区的 HL 村；从经济发展情况看，既有经济较为发达的 CJY 村、XBL 村，也有经济发展较为普通甚至落后的 BS 村、QJW 村等；从人口流动情况看，既有以人口流出为主要特征的 QJW 村、WY 村等，也有以人口流入为主要特征的 CJY 村，还有人口流动不大的 BS 村等；从矛盾纠纷复杂程度看，既有矛盾纠纷较为复杂的 QJW 村，也有矛盾纠纷相对简单的 CJY 村。这些村庄的有效组合一定程度上可以反映我国农村的基本现状，是我国广阔农村地域的一种“缩影”，因而，可以说具有相当的典型性，而全书正是基于多个调研地探讨农村人民调解服务供给与需求现状，以期创建相关的构念、命题和理论[①]，这种研究方法被国外学者巴特洛特[②]、杰克[③]、格普哈特[④]认为“最为有趣的”研究。

二 调研资料处理

本书资料均来自团队的实地调查，我们在对既有文献进行综述的基础上，确定研究主题与研究内容，拟出访谈大纲，以深入基层调研方式获得与农村人民调解服务供给与需求素材，故全文所使用的实证材料主要为一手资料，以期还原农村人民调解服务供给与需求现状。研究者深入调查现场，利用观察、访问、座谈等方法收集少数单位的多方面信息，以便对调查对象做深入的解剖分析。与其他形式的观察的区别在于它不仅是收集数据的活动，又常常是产生理论的活动，本书以期通过实证调查方式呈现农村人民调解服务供给与需求现状。由于个人能力局限，不能完成对全国农村范围人民调解服务供给与需求现状的调研工作，因而，本书以我国不同农村类型为切入点，采用选取不同类型农村地域范围内典型村庄的形式获得农村人民调解服务供给与需求方面的资料，并以这些行政村的人民调解服务供给与需求情形作为本书的立论基础。

---

① Eisenhardt K. M.，“Building Theories from Cases Study Research”，*The Academy of Management Journal*，4（1989）：532－550.

② Bartunek J. M，Rynes S. L，Ireland R D.，“What makes Management Research Interesting and Why does it Matter?”，*Academy of Management Journal*，1（2006）：9－15.

③ Jack T. D. “Mixinging Qualitative and Quantitative Methods：Triangulation Inaction”，*Administrative Science Quarterly*，4（1979）：602－611.

④ Gephart R. P. “Editors Note：Qualitative Research and the Academy of Management Journal”，*Academy of Management Journal*，47（2003）：454－462.

本次调查共对31名访谈对象围绕农村人民调解服务供给与需求及其相关问题展开访谈，选择31名访谈对象展开深度调查与本书方法的选择紧密相关，31名访谈对象基本情况如表1.5所示。本书主要采用质性分析方法展开实地研究，以访谈方式获得农村人民调解服务供给与需求现状信息，归纳总结农村人民调解服务供给现实问题，并非采用量化分析方法。访谈对象中有24名村人民调解委员会委员，即我们通常意义上所讲的农村人民调解员，选择以村人民调解委员会委员作为主要调查对象的理由是选题为农村人民调解服务供给问题，而供给主要是指农村人民调解委员会及其成员提供和生产服务的过程，农村人民调解委员会委员作为服务提供者比普通群众显然更了解服务供给情况，如服务供给经费每年投入量，如何获得这些经费保障，经费保障能否满足服务供给需求，人民调解委员会如何使用相关经费，村民对于这些问题可能并不了解，或者说即便村民了解，也没有人民调解委员会委员了解得更为详细，毕竟“隔岸观火”与“身临其境”是两种不同的情境。

表1.5　访谈对象基本情况

单位：人

变量	类别	计数	变量	类别	计数
身份	人民调解员	24	性别	男	24
	村民	7		女	7
年龄	30～39岁	2	学历	小学	12
	40～49岁	9		初中	12
	50～59岁	18		高中（中专）	5
	60～69岁	2		大专	2
政治面貌	中共党员	16	村里任职	村委会委员	19
	群众	15		无	12
			合计	31人	

资料来源：对访谈资料的分析。

此外，我们也走访了部分村民，采取每个行政村访谈一名村民的方式，核实农村人民调解服务供给及需求的真实状况，以及群众对人民调解服务的看法，审视从村人民调解委员会委员处获得访谈信息的真实性，确保所获资料有效可靠。整个资料并非在一次调研中获得，我们在调研过程中留下部分访谈对象的联系方式，后期对相关问题进行跟踪，并通过电话、微信等社交工具对一些不清楚的地方以及新情况进行多次了解，及时将其反映在书中。访谈纲要内容设置主要围绕农村人民调解服务供给主体、供给经费、供给意愿、供给能力、供给监督、经费来源途径、调解员法律知识与技能、调解员受奖励表彰、矛盾纠纷发生数量与分布等展开，紧密结合研究主题。

我们对访谈资料的处理主要采用内容分析法，利用 MAXQDA 10.0 软件编码，形成开放式编码和关联式编码两个层次，对农村人民调解服务供给与需求现状进行深描。

本书在处理访谈结果较为单一的情形时选择直接以表的形式展示行政村实际情况，而不以表的形式展示内容分析结果，但具体分析过程中会纳入内容分析结论，特此说明。访谈资料的编码是周而复始、反复推敲的过程，最终形成 162 个开放式编码及 20 个关联式编码。以下是访谈资料开放编码的节选内容，如表 1.6 所示。

表 1.6 访谈资料开放式编码节选

原始数据	开放编码
我们村里只有村设人民调解委员会化解矛盾纠纷，没有其他人民调解组织存在，村民发生矛盾纠纷通常找村调委会解决	主体单一
我们村人民调解委员会一直没有钱，从来没有给我们化解矛盾纠纷提供一些补贴，很多时候我们还要自己掏腰包，你说现在（哪）还有这种事情（哟），帮助别人化解矛盾纠纷，自己还要往里搭钱，太不应该了	没有经费

续表

原始数据	开放编码
村人民调解委员会处理矛盾纠纷，通常是以口头协议为主，很少签订调解协议，如果纠纷当事人不提及调解协议，我们很少主动出具协议书，让纠纷当事人签字	人民调解解纷以口头协议为主，书面协议缺乏
我们村没有对人民调解服务形成有效监督，调解纠纷现场通常只有人民调解员和纠纷当事人，大家以说理为主，我们先听听两边的说法，再判断是非，尽力将大事化小、小事化了	调解过程缺乏监督
村里人民调解员的工作积极性低，很少有主动出面化解矛盾纠纷的，大多是接到群众求助，人民调解员才会介入矛盾纠纷化解	调解员工作积极性低

资料来源：对访谈资料的分析。

第二章　核心概念与理论基础

“只有厘清学科核心概念和主体研究对象，学科谱系才能逐渐显现，进而学科体系的构架、学科方法的凝练才能够在一个明晰、理性的基础上推进”①，由此可见核心概念对于学术研究的重要性。而学会与既有理论对话及将既有理论主要思想充分与实践结合，用既有理论指导现实发展与厘清核心概念同等重要，是学术研究的重要构成部分。本章主要介绍农村人民调解服务供给问题研究的核心概念与理论基础，首先从农村人民调解概念出发，结合公共服务特性，对农村人民调解服务进行界定，其次结合公共服务供给，对农村人民调解服务供给内涵进行探讨，在明晰全文研究对象和研究议题的基础上，论述农村人民调解服务供给问题研究的理论基础——志愿失灵理论、新公共管理理论及治理理论，介绍志愿失灵理论、新公共管理理论及治理理论的发展脉络与主要内容及其在本书中的运用。

第一节　公共服务视域下农村人民调解供给概念考证

厘清核心概念是学术研究的基础和前提，因而，有必要明确本书

① 范继忠：《核心概念与方法：知识社会学对出版史学科构建的启示》，《现代出版》2020年第3期。

的研究对象，对核心概念进行合理界定。我们认为农村人民调解服务供给问题研究的核心概念主要有“农村人民调解服务”、“公共服务供给”和“农村人民调解服务供给”。

一　农村人民调解服务

厘清农村人民调解服务的内涵须以正确认识人民调解为基础，而人民调解的渊源可以追溯到传统民间调解，它是吸收历史上民间调解合理成分逐步形成并发展起来的[①]。而民间调解的历史悠久，最早可以追溯到原始社会，虽然那时没有所谓的阶级之分，但纠纷已然存在，而解决纠纷都是依靠民间调解。直到西周，《周礼·地官》中记载“调人，掌司万民之难而谐和之”，官制设“调人”职务，才开启官方调解和民间调解并存局面。在我国传统社会，民间调解是官方调解的一种补充，属于诉讼外调解，表现形式丰富多样，主要有乡里调解、宗族调解和亲邻调解。乡里调解是指官方赋予具有一定司法职能的基层社会乡村教化与治安维护机构权力，调处民间纠纷的一种基层解纷方式[②]；宗族调解是指家族成员内部发生纠纷时，族长凭借家法族规进行裁断的一种家族内的解纷方式[③]；亲邻调解是指纠纷发生后，由地邻亲友、长辈或者办事公道、德高望重之人出面说合、劝导、调停，以消除纠纷[④]。古代民间调解能够兴起、发展与繁荣，与本土特有的“和合”文化相关联，“和合”是中国文化的首要价值，也是中国文化

① 何阳：《人民调解解纷数量变化实况及其原因新论——基于 1986 - 2009 年的数据分析》，《乐山师范学院学报》2016 年第 10 期。

② 陆娓：《清代乡里调解制度研究——以“黄岩档案”与“巴县档案”为例》，《求索》2013 年第 11 期。

③ 翟芳：《论明清调解制度及其在基层社会治理中的作用》，《政治与法律》2010 年第 9 期。

④ 梁利：《试论我国调解制度的存废问题》，《广西社会科学》2003 年第 1 期。

的精髓、中国文化生命最完善的体现形式①。基于“和合”文化的深远影响，历代统治者对调解制度的重视度远高于以诉讼为代表的国家正式制度，将崇尚诉讼等国家正式制度视为“民风浇薄”的表现，从而形成了“息讼”的法律文化，即重调解、轻诉讼，历史表明，民间调解也并未辜负历代统治者期望，在维护社会稳定和巩固国家政权中发挥了积极作用。

中国共产党在民间调解基础上创造了具有中国特色的人民调解制度，西方社会生动形象地将之誉为“东方一枝花”。人民调解萌芽并形成于我国农村地区，据史料考证，最早可追溯到1921年浙江省萧山县衙前镇农会颁布的《衙前农民协会章程》，其相关规定大致勾勒出当代人民调解的雏形，如“凡本会会员有私人是非的争执，双方报告议事委员，由议事委员调处和解；倘有过于严重的争执，由全部委员开会审议解决”，人民调解便在此基础上日渐形成。直到解放战争胜利，中国共产党掌握全国政权，萌芽于农村并在农村得到良好发展的人民调解才在城市地区铺展开来，1949年2月，华北分局颁布《关于调解民间纠纷的决定》，在全国范围内最早对城市人民调解做出指导性规定，这标志着人民调解由农村向城市发展②，这一决定的颁布是人民调解发展史上的标志性事件。同年，南京、天津等大城市的政府或者人民法院也陆续颁布有关人民调解的法令，它们结合城市矛盾纠纷的特点，对原有法令进行合理调整，主要涉及人民调解的解纷范围和解纷机构设置，以便更好地发挥人民调解在城市纠纷处理中的作用。中华人民共和国成立以后，国家为更好地指导和规范人民调解实践，相继于1954年颁布《人民调解委员会暂行组织通则》、1989年颁

① 冯来兴：《中国传统“和合”文化与构建和谐世界》，《江汉论坛》2006年第5期。

② 张希坡、韩延龙：《中国革命法制史》（上），中国社会科学出版社，1987。

布《人民调解委员会组织条例》、2002年颁布《人民调解工作若干规定》和2011年颁布《人民调解法》，而《人民调解法》的颁布是里程碑，使人民调解制度上升到法律层面，权威性骤然增加，获得实务界与学术界普遍好评，这也从侧面说明人民调解在我国的重要地位，《人民调解法》是中国共产党集体智慧的结晶。

何为人民调解？对于这个问题，官方和学术界都有自己的说法，下文将依次分别呈现。

首先，官方对人民调解的界定。中华人民共和国成立以后，国家层面虽然专门针对人民调解工作陆续颁布《人民调解委员会暂行组织通则》、《人民调解委员会组织条例》、《人民调解工作若干规定》和《人民调解法》，但前三项制度都未对人民调解做出明确解释，只有2011年颁布的《人民调解法》有所提及，《人民调解法》第二条指出："本法所称人民调解，是指人民调解委员会通过说服、疏导等方法，促使当事人在平等协商基础上自愿达成调解协议，解决民间纠纷的活动"，因为《人民调解法》是经全国人民代表大会常务委员会审议通过并在国家主席签字认可情形下颁布的国家正式法律，其对人民调解的解释无疑最具权威性，是官方界定中的代表。

其次，学术界对人民调解的理解。通过对中国知网相关文献的检索，本书发现最早给出人民调解学术释义的学者为梁贤一，他认为："人民调解即人民调解委员会调解，是指在人民调解委员会的主持劝说下，发生争执的双方当事人自愿协商，解决纠纷的一种非诉讼性的调解活动。"① 随后，史凤仪、宋太郎等知名学者也相继对人民调解进行界定，史凤仪认为，"人民调解是人民群众在自治组织主持下，在

① 梁贤一：《第一讲 什么是人民调解？》，《人民司法》1982年第3期。

自愿基础上所进行的公平正义的排难解纷的行为”①，宋太郎提出，“人民调解就是得到法律肯定的、接受基层人民政府和基层人民法院指导的、调解民间纠纷的基层群众自治性组织——人民调解委员会（包括其组织成员）站在发生纠纷的双方当事人的中间进行斡旋，以党的政策、法律、社会公德、民间进步习俗及社会主义思想意识等规范、标准为内容，劝说双方当事人互谅、互让，自主自愿达成协议，消除纷争的活动”②。

虽然官方和学术界关于人民调解的具体表达不太一致，但存在共通之处。例如，调解主体都是人民调解委员会，调解对象都是民间纠纷，调解原则都为自愿，调解性质都为群众性和民间性，这些都是人民调解的内核部分，是界定人民调解必不可少的要件。基于此，本书认为人民调解是指人民调解委员会在纠纷当事人自愿情形下为解决民间纠纷提供的一种公共服务，而农村人民调解服务仅是从服务地域范围对人民调解服务所做的限定，因此，农村人民调解服务是指农村人民调解委员会在纠纷当事人自愿情形下为解决农村民间纠纷提供的一种公共服务。

农村人民调解服务的作用对象是民间纠纷，民间纠纷的范围在不同时期存在差异，《人民调解委员会组织条例》规定的民间纠纷为公民之间有关人身、财产权益和其他日常生活中发生的纠纷，且人民调解的受案范围只局限在公民婚姻家庭方面的家事纠纷。但随着社会转型、社会经济结构的变化以及利益格局的调整，《人民调解工作若干规定》将人民调解的受案范围限定为公民与法人和其他社会组织之间涉及民事权利义务争议的纠纷，这便意味着人民调解适用于化解法

① 史凤仪：《论人民调解制度》，《东岳论丛》1983 年第 4 期。

② 宋太郎：《试论人民调解的概念》，《中国法学》1987 年第 3 期。

人、社会组织之间的矛盾纠纷[①]，此外，人民调解服务介入化解轻微刑事案件在一些地区也取得了良好成效，为维护社会稳定奠定了扎实基础。因而，本书将农村人民调解服务的作用对象民间纠纷或者说农村人民调解服务的受案范围认定为包含民事纠纷、轻微的刑事纠纷、刑事自诉案件及刑事附带民事案件，即只要属于上述矛盾纠纷范畴，都可以采用农村人民调解服务方式化解，寻求农村人民调解委员会的帮助，农村人民调解服务作用对象的扩大无疑有益于整个服务长远发展，村民可以更多地使用此服务。

如何理解人民调解服务为公共服务问题则需要从“公共性”讲起。今天人们更广泛，也更习惯于使用的“公共性”概念实则是“公共”的形式性含义，从实质上看，公共具有它在不同指涉上的丰富内涵。古今中外对公共性的认识的历史都比较悠久，具有较多相似性，如均建立在对“公共”这个概念认识的基础上。

在汉语体系中，公共是“公”和“共”两个字的组合体，“公，平分也。从八从厶，八犹背也。韩非曰，背私为公”。这表明在中国人的概念系统中，“公”与“私”并非绝对的对立关系，“公”事实上是“私”的聚集和延伸，是私与私构筑起来的“连带的公”。“共，同也”，因此，共的含义主要是指共同的、相同的，更进一步讲，从认识主体看，“共”是指两个（或多个）实体或关系所具有的相似性；从认识对象的实际联系看，“共”是指两个（或多个）实体或关系具有同一联系[②]，因而，“公”“共”之间有着密切关系。“公共”两字结合在一起使用最早见于《旧五代史》，其作者是北宋初年的薛居正，该著作两次提及“公共”，即“诏曰，‘皇图革故，庶政惟新，宜设规

① 董小红：《民间纠纷变化对人民调解制度的挑战》，《湖北社会科学》2011 年第 6 期。

② 高鹏程：《公共性：概念、模式与特征》，《中国行政管理》2009 年第 3 期。

程，以谐公共’”“伏以悬科取士，有国常规，沿革之道虽殊，公共之情难失”。这里所指的公共与现代意义上的公共在内涵上区别不大。

在西方语言体系中，公共性起源于拉丁文（Poplicus），作为名词，意指“人民”，作为形容词，可以理解为“与人民有关的”。就“公共”（Public）这个词语来看，在英国，大约从17世纪中叶开始使用，与古代中国最早出现该词的时间相比，足足晚了几百年，虽然英国人使用“公共”这个词语，但多用于表达“世界”与“人类”两种含义，与现代语境下“公共”的内涵明显存在差异。而法语中的“公共”（Le Public）一词最早意指“公众”，它相对于英国早期对“公共”的理解，与现代词语中“公共”的意义更为接近，由于“公众”和“公共”这两个词语在现代社会中具有较强的相关性，因此，可以说西方国家中法国人较早地察觉到公共性问题。在德语中，“公共”这个词语直到18世纪才出现，从时间上看比英国和法国都晚，其原意也并不是现代意义上的“公共”，略带一些批判意味。

当前西方社会有三位人物对“公共性”的理解较有代表性，他们分别是阿伦特（Hannah Arendt）、哈贝马斯（Jurgen Habermas）和罗尔斯（John Rawls）。阿伦特认为：“‘公共’一词表明了两个密切联系却又不完全相同的现象。它首先意味着，在公共领域中展现的任何东西都可为人所见、所闻，具有可能最广泛的公共性。对于我们来说，展现——即可为我们、亦可为他人所见所闻之物——构成了存在。”①“公共领域的实在性则要取决于共同世界借以呈现自身的无数视点和方面的同时在场，而对这些视点和方面，人们是不可能设计出一套共同的测量方法和评判标准，因为被他人看见和听见的意义在于每个人

① 〔美〕汉娜·阿伦特：《人的条件》，竺乾威译，上海人民出版社，1999。

都是站在一个不同的位置上来看和听的。这就是公共生活的意义。”[①]这些足以说明“公共性”既是存在论范畴，具有深刻的本体论意义，同时它又是一个知识论范畴，具有鲜明的认识论意义，更重要的还在于它是一个实践—生存论范畴，具有重要的价值论意义[②]。

与阿伦特对“公共性”的执着相比，哈贝马斯更钟情于公共领域的“公共性”问题，这里的公共领域是介于公共权力领域和私人领域的过渡地带，它是向所有公民开放、由对话组成、彰显公共理性精神的批判空间。“本来意义上的公共性是一种民主原则，这倒不是因为有了公共性，每个人一般都有平等的机会表达其个人倾向、愿望和信念，即意见；而是只有当这些个人意见通过公共批判而变成公共舆论，公共性才可能实现，”[③] 这便是哈贝马斯对“公共性”的理解和诉说，透露出公共性不只具有批判和开放的特征，还彰显出自由、民主、正义的价值理念。

罗尔斯则提出“公共理性”理论，从头到尾并未使用“公共性”说法，但理论中构筑的“公共理性”，与“公共性”之间存在密切联系，他认为：“按照我的理解，公共理性的观念属于秩序良好之宪政民主社会的一种构想。这种理性的形式和内容——其为公民所理解的方式及其对于公民之间政治关系的阐释如何——是民主观念自身的组成部分公共理性观念具体位于最深的基本道德与政治价值层面，这些价值用以决定宪政民主制政府与其公民之间的关系，并决定公民与公民之间的相互关系。简言之，公共理性观念关怀怎样理解政治关系的

① 汪晖：《文化与公共性》，生活·读书·新知三联书店，1998。

② 袁祖社：《“公共性”的价值信念及其文化理想》，《中国人民大学学报》2007 年第 1 期。

③ 〔德〕哈贝马斯：《公共领域的结构转型——论资产阶级社会的类型》，曹卫东译，学林出版社，1999。

问题。”[①] 公共理性是当今政治学最前沿的研究领域，在罗尔斯看来，公共理性是现代宪政法制社会应倡导的一种精神原则，它既不代表符合主流意识形态的国家意志，也并非起强制作用的政策法律，将其认定为公共领域中倡导的行为准则和道德风尚似乎更加合理。

综上，不难发现，无论是哈贝马斯还是罗尔斯在论述公共性时都具有一定的语境，我们必须融入他们所设置的情景中，才能更好地理解这些表达，即他们论述的公共性无一例外地附带着一定的条件。相反，阿伦特的理解更具有普适性，无论从其能指、所指还是意指来看。

当前国内学者对“公共性”的理解中，较有代表性的观点可归纳为以下四种。

第一，从公共行政视角探讨公共性问题，认为对于公共行政而言，公共性与合理性、合法性紧密联系在一起，它们之间互为前提、基础和手段，只有实现了三个方面的统一，才能形成公共行政的整体。此外，公共性并不是关于公共行政的解释性概念，对这个概念的理解，还需要从规范性视角分析，因而，他从社会治理视角对公共行政的公共性进行探讨，提出“公共行政既是‘实现公共性的行政’，也是‘公共的行政’”[②]。

第二，基于公共物品的视角探讨公共性问题，认为公共性是一个指向范围较广的概念，同时也是一个具有特定价值色彩的概念。将其放在公共物品供给情境下，公共性应当具有双重维度，一是应该与帕累托最优的实现有着紧密联系，二是应该体现出公平正义的价值主张[③]，即将公共物品的公共性视为非排他性和共享性，也就是说，从公共物品类型上看，公共性是对于物的一种规定性。

---

① 〔美〕罗尔斯：《政治自由主义》，万俊人译，译林出版社，2000。

② 张康之：《论“公共性”及其在公共行政中的实现》，《东南学术》2005 年第 1 期。

③ 郑谦：《公共物品的公共性探讨》，《兰州学刊》2009 年第 9 期。

第三，王维国针对公共性的各种不同内涵指出，公共物品说、公共需要说、公共事务说和公共领域说视角下所揭示出的“公共性”，在本质上仅是公共性实现的载体、途径或外部条件，未能真正地揭示公共性的内在属性，并给出自身的理解，即“公共性就是指公共领域所体现出的为他的属性”，这里的公共领域既包括社会公共领域，又包括公共权力领域，主体是个人和组织的集合体，而“为他”既可以是利他，也可以是成就他人或满足他人的需求[①]。

第四，王乐夫等认为对公共性问题的阐述可以有很多角度，不同学科也有不同的认识，并不局限于哪个视角及哪个学科的理解比其他视角和学科的理解更为优越、科学之说，只要言之有理，都是公共性理论的有机构成部分。因而，他们从六个方面归纳总结公共行政和哲学视角下“公共性”的内涵，认为公共性不仅可以是一种分析工具、一种公共精神、一种最新理念，而且可以是一种价值基础、一种公平与正义、一种理性与法[②]，这是当前国内对公共性最为系统、全面的理解。

关于“公共性”的内涵，我们发现国内与国外呈现相同形势，学者们可谓众说纷纭，至今没有一个放之四海而皆准的概念，故本书也不直接采用某位学者的说法，而是根据文章需要对其进行重新界定，我们认为公共性既是一种物的规定性，也是一种价值基础，可用于进行物的类型划分。

公共物品公共性的现实表征是其本质属性的外在形式，倘若一个物品能够与这些现实表征相契合，就可以说该物品具有公共性，而具有公共性的物品通常我们就将其称为公共物品或公共服务。本书将公共物品与公共服务视为相同含义，不对之进行详细区分，因为两者的

① 王维国：《公共性及其一般类型》，《新视野》2010 年第 3 期。

② 王乐夫、陈干全等：《公共性：公共管理研究的基础与核心》，《社会科学》2003 年第 4 期。

区别仅是研究视角不同，公共物品偏向公共经济学领域，公共服务偏向公共管理学、公共行政学及政治学领域，本质上的差异不大。依据我们前文对公共性的界定，可以尝试从两个方面出发探寻公共物品公共性的现实表征。

表 2.1 公共物品公共性的现实表征

	物的规定性	价值基础
公共物品的公共性	非排他性	可及性
	非竞争性	公平性
	不可分割性	公正性
	共享性	均等化

首先，公共物品的公共性是一种物的规定性。物的规定性主要是从物品类型说出发探究公共物品公共性的现实表征，在物品类型说视角下，公共性表现为非排他性、非竞争性、不可分割性、共享性，非排他性和非竞争性决定了物品的不可分割性和共享性，因而，非排他性和非竞争性是公共物品公共性的本质属性。世界银行发布的 1977 年世界发展报告认为，“公共物品是指非竞争性的和非排他性的物品，非竞争性是指一个使用者对该物品的消费并不减少它对其他使用者的供应，非排他性是指使用者不能被排除在对该物品的消费之外”①，陈振明在综合了萨缪尔森、斯蒂格利茨及世界银行等个人和组织对公共物品理解的基础上，提出“公共物品是指具有消费的非竞争性和非排他性、自然垄断性及收费困难等特征的物品”②。

其次，公共物品的公共性是一种价值基础。从价值范畴来看，公共性表现为追求可及性、公平性、公正性和均等化。可及性最早由美

① 1997 年世界发展报告编写组：《世界银行：1997 年世界发展报告：变革世界中的政府》，中国财政经济出版社，1997。

② 陈振明：《公共管理学》，中国人民大学出版社，2005。

国学者安德森（Ronald Anderson）提出，意指“使用服务”[1]，托马斯（William Thomas）、莱瓦斯克（Levesque JF）等对其进行了批判和发展。如莱瓦斯克提出可及性即“识别医疗服务需求、寻找医疗服务和资源、达到和获得使用医疗服务、服务需求真实被满足的机会”[2]，西方学者在探讨可及性概念时偏好于将其放在公共医疗卫生服务领域中，但我国学者则偏好将其直接与公共服务相关联，范围上更为广阔，如王思斌在借鉴西方概念的基础上将可及性界定为“服务需求者可否获得所需要的服务，或某种福利服务是否具备需求者可以获得的性质和程度”[3]，这便是可及性在我国哲学社会科学体系中的内涵；公平性和公正性两者是一组近义词，主要是指接受公共服务过程中能够被平等地予以对待，不偏不倚，没有任何区别；均等化要从两个方面进行把握，一是作为过程的均等化，二是作为结果的均等化，作为过程的均等化侧重于关注实现结果平等的手段与工具有效性，作为结果的均等化注重公共服务这种社会财富分配活动的结果，前者是后者的实现手段，后者是前者需要实现的目的[4]。

农村人民调解服务与公共性是否契合需要从人民调解的内涵及具体制度设计上进行考察。

首先，从物的规定性上看，人民调解服务具有非排他性、非竞争性、不可分割性和共享性特征。究其原因，其一，人民调解服务没有

---

① Barbara H. Kehrer, “Reviewed Works: A Behavioral Model of Families´Use of Health Services by Ronald Andersen”, *The Journal of Human Resources*, 1 (1972): 125 - 127.

② Levasque J. F., Harris, M. K., Russell G., “Patient - centred Access to Health Care: Conceptualising Access at the Interface of Health Systems and Populations”, *International Journal for Equality in Health*, 1 (2013): 1 - 9.

③ 王思斌：《我国城市社区福利服务的弱可获得性及其发展》，《吉林大学社会科学学报》2009 年第 1 期。

④ 郭小聪、刘述良：《中国基本公共服务均等化：困境与出路》，《中山大学学报（社会科学版）》2010 年第 5 期。

使用任何排他性手段，是开放性的，不收取任何费用，只要民众发生矛盾纠纷，都可以求助人民调解委员会，要求人民调解委员会及其成员提供解纷服务，但应遵循属地管理原则，即人民调解委员会通常只受理发生在一定地域范围内的民间纠纷，倘若是在两个村交界处发生的矛盾纠纷，可以要求两个村的人民调解委员会共同调处纠纷；其二，人民调解服务不存在消费的竞争性之说，一些人对人民调解服务的消费并不会影响另一些人对人民调解服务的消费，由于整个服务是无偿性的，消费人数的增加对于消费价格不会带来任何影响，彼此之间则不会出现竞争现象；其三，人民调解服务是人民调解委员会为整个社会提供的服务，每个村民委员会、居民委员会等各种类型的社会组织都应按照法律规定设立人民调解委员会，民众遇到矛盾纠纷可以随时求助人民调解委员会，不能将其分割成若干个部分或者划归给某些人和某些组织进行消费，即没有特定的消费对象群体，故其具有不可分割性；其四，人民调解服务的非排他性、非竞争性决定了它的共享性，不能排他且无竞争的物品可被视为共享物品，由社会民众共同享有。

其次，从价值基础看，人民调解服务始终在追求可及性、公平性、公正性和均等化价值。究其原因，其一，人民调解服务是可及的，《人民调解法》第八条第一款规定："村民委员会、居民委员会设立人民调解委员会。企事业单位根据需要设立人民调解委员会"及第三十六条规定："乡镇、街道及社会团体或者其他组织根据需要可以参照本法有关规定设立人民调解委员会，调解民间纠纷"，这使得我国地域范围内广泛地分布着人民调解委员会，国家要从组织数量上保障该项服务的可及性，确保小区域范围内便能享受此服务，受益者不用大费周折，因为行政村是乡镇政府层级下设立的最基本单元，每个乡镇均管辖少到几个多到几十个行政村，人民调解委员会的数量则与之相同，甚至更多，这也意味着国家有多少个行政村，则相应地设立多少个人民调解委员会，而全国人民调解委员会在数目上必然多于行政村和居委会，因为企事业单位、乡镇、街道、社会团体及其他社会组织均可依法设立人民调解委员会，在此背景下，一旦发生矛盾纠纷，当事人都可方便地求助于人民调解委员会。此外，《人民调解法》将人民调解认定为无偿性解纷活动，不收取任何费用，也是为了确保该项服务的可及性，因为人民群众可以不用支付任何成本便能享受相关服务，更能增加受益者数量，扩大人民调解的受益对象范围。其二，人民调解服务始终以公平性和公正性作为服务宗旨，坚持依法调解原则，平等地对待每个纠纷当事人，客观地处理既发纠纷事件，不畏权势，不欺弱怕强，力争做到实体、程序和结果方面都于法有据，积极地践行着正义价值。其三，人民调解服务也在向均等化方向迈进，关注解纷结果的客观性、社会效应及解纷活动的共享性等，使任何人都可以无偿享用。

综上，农村人民调解服务具有非排他性、非竞争性、不可分割性和共享性特征，始终追求可及性、公平性、公正性和均等化价值，故农村人民调解服务与公共物品公共性的现实表征相契合，是一项公共服务。更进一步说，可以将人民调解服务划归到免费公共服务范畴，因为使用对象不需要为该项服务支付任何费用，其可以无偿地要求人民调解委员会提供解纷服务，毕竟有的公共服务需要公民支付一定费用才能享受到，比如，城市公交服务，它在本质上也属于公共服务，但会象征性地收取一定费用。关于人民调解是一项公共服务的观点，王奇才①与何永军②两位学者在早期的研究中已经有所提及，他们均是基于物品类型说，判断人民调解属于公共服务范畴，但并没有进一步从公共服务视角研究农村人民调解服务供给问题。

---

① 王奇才：《地方法治建设竞争与购买人民调解服务》，《南京社会科学》2014 年第 12 期。

② 何永军：《论人民调解的公共产品属性》，《昆明理工大学学报（社会科学版）》2012 年第 4 期。

二　公共服务供给

增加公共服务供给是坚持共享发展、促进社会公平正义、增进人民福祉的重要途径[①]，与人民群众获得感密切相关。从过程要素看，公共服务供给可以划分为“提供”和“生产”两个环节，“提供”环节主要是从政策、人、财、物等投入方面对公共服务供给做出安排，属于公共服务供给前端环节，而“生产”环节属于公共服务供给后端环节，主要指直接与服务对象接触，为服务对象提供服务的过程。本书对公共服务供给的理解包含“提供”和“生产”两个环节，尝试从全景式视角对公共服务供给做出探讨。

三　农村人民调解服务供给

以农村人民调解服务和公共服务供给概念为基础，我们将农村人民调解服务供给界定为“农村人民调解委员会在纠纷当事人自愿情形下为解决农村矛盾纠纷‘提供’和‘生产’解纷服务的过程”。这里需要明确全文研究对象是农村人民调解服务，研究议题是农村人民调解服务供给，研究内容为农村人民调解服务供给的历史、现状、问题及诱因与解决方案。

第二节　志愿失灵理论及其运用

一　志愿失灵理论的产生与发展

20 世纪末期，随着新公共管理运动兴起，如何更加有效地对公共

---

① 孟祥锋：《增加公共服务供给》，《求是》2015 年第 23 期。

资源进行合理配置，积极回应在数量上不断增长、在结构上走向多元化的社会需求，成为各国政府改革面对的重要问题。而在审视政府和市场的配置资源过程中，我们发现政府存在失败现象，市场存在失灵现象。因此，“第三方”治理开始进入公众视野，人们期待用“第三方”在资源配置上的优势弥补政府和市场的不足，相关讨论开始进入学术领域。

随后，志愿部门如雨后春笋般发展起来，志愿主义成为一种世界性潮流，萨拉蒙（Salamon）将之称作“全球性结社革命”，并进一步指出这场革命对于20世纪后期世界的重要性，并不亚于民主国家兴起对于19世纪后期世界的重要性，显见志愿部门声势的浩大及对世界产生的重要影响。志愿部门的兴起在一定程度上给世界带来福音，对解决政府和市场在资源配置中出现的现实问题起到弥补作用，它们具有志愿性、非营利性、自治性、民间性特征，既不像市场由于逐利不愿承担公共物品供给责任，又不像政府在承担公共物品供给中可能出现高成本、低效率现象，它们在公共物品供给上有助于节约成本，甚至在某些领域比政府做得更好。

随着志愿部门的发展，它的缺陷日渐暴露，出现诸如经费不足、管理不善、专业性不高及一些其他方面的问题，正如政府和市场，并不绝对完美，也存在失灵现象。国外学者萨拉蒙最先认识到此，他基于对第三部门提供服务的观察，发现第三部门供给公共服务存在一些问题，并在此基础上提出志愿失灵理论。志愿失灵理论的提出，受到各国学者关注，大家普遍认同志愿失灵理论主要内容，并根据各国不同情况对志愿失灵理论进行本土化处理，如我国学者孙婷认为“我国的志愿失灵突出表现为志愿服务资金不足，志愿服务人力资源不足，志愿服务运作不规范及志愿服务官方色彩浓厚”[①]，这与萨拉蒙指出的

① 孙婷：《制度供给视角下的“志愿失灵”原因分析》，《理论探索》2011年第3期。

志愿失灵不完全一致，但也有众多相似之处。

志愿失灵的出现并不仅仅是为了对原有的政府失败和市场失灵进行辩证补充，使三者形成统一的有机整体，更在于强调志愿部门由于受到固有局限影响出现问题时，政府有必要对志愿失灵进行回应，且在对志愿失灵进行回应过程中，政府应当扮演重要角色，不能对志愿失灵现象采取放任不管的态度。究其原因，利用政府处理公共物品所产生的“交易成本”可能会高出志愿行动成本，但政府对志愿失灵放任不管，志愿机构一直处于非正常行动状态，公共物品供给最终依然需要政府“埋单”，且政府为此可能需要付出更大代价，无形中便又额外地增加政府压力，还可能造成政府机构臃肿、人员冗杂，甚至造成公共物品供给效果不如志愿机构供给效果好的情形。

二　志愿失灵理论的主要内容

志愿失灵理论由西方学者萨拉蒙提出，虽然此后有学者陆续针对各国具体情形对理论进行修正，但均难以突破萨拉蒙提出的基本分析框架，只是结合国情进行细化或者部分修改，因而，我们这里主要介绍萨拉蒙志愿失灵理论的相关内容。萨拉蒙的志愿失灵理论主要包括“慈善的不足”（Insufficiency）、“慈善的特殊主义”（Particularism）、“慈善的家长制作风”（Paternalism）及“慈善的业余主义”（Amateurism）。

（一）慈善的不足

慈善事业是一项公益性事业，而公益性事业具有特殊性，即人们可选择不支付或者少支付费用获得服务，不以市场价格为交换条件。但慈善组织提供服务需要一定的成本，即组织日常运作及开展活动都需要经费支持，而它不以营利为目的，则决定了不可能从受益者处获得众多经费，只有依靠政府补贴或者个人、团体及社会组织的捐赠运转，通过此种方式获得资源具有不确定性和不稳定性特征，它缺乏可持续的经费来源途径，谁也无法保证政府下次是否给予或可以给予多少经费支持，个人、团体及社会组织下次是否捐赠或能捐赠多少经费。此外，公共物品供给普遍存在搭便车现象，谁也不愿意为服务埋单，且缺乏为他人做事的动力，这更加重了慈善组织的经费压力，使得很多事情因经费所限而无法开展，即便慈善组织有心办事，但常常处于无力状态，这便是公共物品供给志愿制度的重大缺陷。只有当志愿支持是非志愿的，比如通过国家财政进行稳定补给，经费资源才会稳定而充足。

（二）慈善的特殊主义

萨拉蒙认为，“如果资源缺乏是志愿部门的一个弱点，‘特殊主义’就是另外一个，特殊主义主要是指志愿组织及其捐助人集中关注人口中的特殊亚群体”[①]，从而导致慈善容易出现过度供给现象，使得一些同样应当被支持的问题无法得到合理关注。特殊亚群体的种类繁多，主要涉及特定地域、民族、宗教、性别及年龄等，如特定地域是指慈善组织只服务于一个特定的地方，服务地域不具有广泛性，特定年龄是指慈善组织只服务于某特定年龄段的人群，并非服务于所有有需要的人。也有学者认为志愿服务部门提供志愿服务的根本出发点就是将特殊亚群体作为服务对象，因为志愿部门的资源和能力都是有限的，根本无法实现对全社会的关注。但是由于资源的有限性和服务对象的特殊性，结果则会导致有的群体被过度关注，而更多的群体会被忽视，使得整个资源配置出现低效和浪费现象，不能为更有需要的地

① 〔美〕莱斯特·M. 萨拉蒙：《公共服务中的伙伴——现代国家与非营利组织伙伴关系》，田凯译，商务印书馆，2008。

域和群体合理地提供服务，造成服务需求上的缺口。

（三）慈善的家长制作风

萨拉蒙认为“志愿机构对社区问题作出回应面临的第三类问题是，这种方法不可避免地把界定社区需求的权力授予那些控制最重要资源的人”[①]，从字面上理解，事实上就是控制资源“权力”与“决策”之间的关系。在这里，我们假定提供服务的均为私人组成的志愿性机构，并且私人提供的资源来源于唯一渠道，这就无法避免地出现家长制作风问题。首先，一些志愿性机构的资助者偏好的活动和方案通常更容易在社区实施，比如，特殊的兴趣活动，因为这更能增强资源资助者意愿，从而使志愿机构获得更多资源支持，但这便可能违背志愿机构建立初衷，使得一些更有需求的项目和方案难以得到落实，更应该被关注的群体被排斥在服务之外；其次，志愿者队伍是组织活动的主要实现者和具体任务的执行者，但组织活动的具体内容是由组织机构中的具体负责人决定，而该负责人也拥有控制组织相关资源的“权力”。此外，由于慈善活动是一种免税行为，因而，除了可以使用被捐赠物资外，还可以说在变相地使用公共财政资源，因为免税意味着公共财政资源会减少，但志愿机构的行为不一定满足全社会人群的需求，不一定能对全社会产生应有的积极作用[②]。

（四）慈善的业余主义

萨拉蒙认为“志愿制度的最后一个问题就是用业余的方式处理人

① 〔美〕莱斯特·M. 萨拉蒙：《公共服务中的伙伴——现代国家与非营利组织伙伴关系》，田凯译，商务印书馆，2008。

② 王诗宗、杨帆：《政府治理志愿失灵的局限性分析——基于政府购买公共服务的多案例研究》，《浙江大学学报（人文社会科学版）》2017 年第 5 期。

类问题”[①]。“业余主义”，顾名思义，意味着不专业、欠缺专业性，志愿机构偏好用业余的办法解决现实问题。很长一段时间，美国人都认为贫困问题主要源自穷人群体的道德败坏、懒惰不勤奋，因而，照顾穷人、精神病患者及未婚母亲的责任，都被委托给一些具有爱心的业余人士，志愿者们主要是从道德劝解和宗教引导两个层面帮助弱势群体，而缺乏从专业领域和医疗补助上给予帮助。造成此现象的原因主要有三点，一是志愿者的价值观问题，从业者可能只意识到从这些方面给予帮助，根本没有意识到要提供一些专业性的帮助。二是志愿机构未能对这些从业者提供专业化的业务指导和培训，以及志愿机构几乎不存在一套系统的从业法则及科学的组织网络体系、目标和使命。三是个人能力的提升与报酬难以有效区分开来，志愿机构是否有充足的经费资源和有效的人才规划来吸纳专业的工作人员，也与业余主义的产生密切相关[①]。

三　志愿失灵理论在公共服务视域下农村人民调解供给中的运用

农村人民调解服务供给主体是人民调解委员会，根据《人民调解法》的相关规定，人民调解委员会是群众性组织，因此农村人民调解服务实质上是由社会组织提供的一种免费公共服务，因而，志愿失灵理论对于分析农村人民调解服务供给存在的问题具有一定的指导作用，并且志愿失灵理论强调政府在志愿失灵现象出现后的重要作用，为从政府角度扶持农村人民调解服务供给创新也提供了理论依据。

首先，志愿失灵理论对于分析农村人民调解服务供给现实问题具有一定的指导作用。农村人民调解服务供给侧改革缘起于农村人民调

① 冷明：《志愿失灵理论视角下的沈阳市志愿服务问题研究》，辽宁大学硕士学位论文，2014。

解服务供给出现一系列问题，正是这些问题的存在，对整个服务的有效供给产生影响，不利于保证服务供给质量，解决供给问题才得以提上日程。而审视供给存在的现实问题则可在一定程度上借助志愿失灵理论，即审视农村人民调解服务供给是否存在“慈善的不足”“慈善的特殊主义”“慈善的家长制作风”“慈善的业余主义”问题。本书发现农村人民调解服务供给的主要问题有“慈善的不足”和“慈善的业余主义”，即农村人民调解服务供给经费缺乏，难以保证整个服务供给的正常运作，使服务供给经费的支出陷入困难；农村人民调解员的能力有限，难以保证在解纷过程中提供专业性服务，人民调解员更多的是从情和理角度采取传统的“和稀泥”方式解决农村民间纠纷，无法满足国家和群众对于依法解纷的现实需要。此外，管理运作的不规范也是农村人民调解服务供给出现的重要问题，使得农村人民调解服务供给监督不力，供给意愿偏低，这些其实都是志愿失灵的表现，因而，志愿失灵理论可以为分析农村人民调解服务供给存在的问题提供一定的指导。

其次，志愿失灵理论为政府扶持农村人民调解服务供给提供了理论支撑。志愿失灵理论强调当志愿机构供给服务过程中出现失灵现象时，政府不能袖手旁观，而应更加积极主动地帮助志愿机构矫正志愿失灵现象，使之更好地服务于社会。因此，当农村人民调解服务供给出现志愿失灵现象时，我们主张政府介入，在农村人民调解服务供给问题的解决路径中多次提及对政府行为做出相应的制度安排，如在培育供给主体上，可通过政府外部扶持方式建立人民调解组织改变农村人民调解服务供给主体单一的现象，在增加经费保障上，要求将人民调解经费纳入财政预算，保障专职人民调解员的收入和对人民调解员实施物质奖励，虽然需要建立多元化的经费来源途径，但其他经费来源途径都不具有稳定性，无法保障一定时期内可以获得相应的经费，唯有政府财政具有一定的稳定性，因而，多元化的经费来源途径具有以政府财政来源为主的特征；在提升供给能力上，由于受到村人民调解委员会的影响力和其他因素限制，可以通过政府“购买”服务方式对专业性人民调解委员会或者专业个人提供人民调解服务进行支持，从而提供专业的农村人民调解服务。

第三节 新公共管理理论及其运用

一 新公共管理理论的产生与发展

“新公共管理”的概念最早由英国学者胡德（Christopher Hood）于 20 世纪 90 年代初提出，它是对 20 世纪 70 年代以来西方国家应对公共财政危机、政府信任危机及行政效率危机所开展的以市场价值导向为取向，以追求经济（Economy）、效率（Efficiency）和效果（Effect）为目标的政府改革运动的一种称谓，这场运动还被冠以“管理主义”（Managerialism）、“重塑政府”（Reinventing government）、“市场主体型政府”（Entrepreneurial government）等其他称谓，但“新公共管理”的使用频率较高，影响面最为广泛，大家更偏好使用该词指代这场运动。

新公共管理起始于英国撒切尔夫人领导的政府改革，随后扩展到英联邦成员国、美国、德国等西方众多国家，并对这些国家产生了巨大而深远的影响，其中新西兰和澳大利亚两国的改革最为激进，并取得了良好的效果。英国的做法主要有采取民营化路线，对国有企业进行市场化改革，采用股份制吸纳民间资本，建立公私合作关系或者直接将国有企业卖给私营部门，国家不再对这些企业拥有所有权，国家充分利用竞争机制提升企业活力；将私营部门的管理经验与方法引入政府内部管理中，注重绩效评估，以期压缩行政成本，提高行政效率。新西兰、澳大利亚也有类似一些举措，转变政府职能，裁减行政机构及其人员，公共服务供给尽可能私有化，以改变政府的垄断状态。这场运动也影响到美国克林顿政府的改革，美国在1993年专门成立由副总统领导的国家绩效评估委员会，提出削减不必要的经费开支、创立工作目标、用激励代替规制、用成效决定财政分配、构建竞争性政府、用市场方法而非行政手段解决问题①。虽然对新公共管理运动的评价褒贬不一，但它已然成为一股不可逆转的时代潮流。新公共管理理论便是在新公共管理运动开展过程中日渐完善的，它既是公共行政理论内部的一次“范式”转变，也是公共行政理论适应时代发展的必然结果②。

二　新公共管理理论的主要内容

如果说公共行政学从“政治与行政”二分以来的重点内容在于理论基础建构与批判，我们可以认定新公共管理理论对以往理论否定得最为彻底，引入许多新观点、新视角。新公共管理理论基于理性经济人的假设，提出公共部门与私人部门都会追求自身利益最大化，认为只有市场机制才能对政府管理者的行为做出改变，主张利用市场竞争和合同约定把组织目标的实现构架在个人目标实现基础之上，即把公共利益的实现建立在对“自我利益关注的基础之上”③，只有这样，公共利益才能获得不竭的动力源泉。

关于何为新公共管理理论及新公共管理理论究竟包括哪些内容，学者们存在不同的理解。国外学术界主要从知识形态、政策形态和经

---

① Rhodes Raw, *The New Public Management*, Boulder: Westview Press, 1998.

② 倪颖：《当代新公共管理理论书评》，《同济大学学报（社会科学版）》2000年第4期。

③ 赵成根：《新公共管理改革——不断塑造新的平衡》，北京大学出版社，2007。

验形态三个层面对新公共管理理论进行论述。作为知识形态的思想理论，以胡德为代表，他认为新公共管理的主要内容包括向职业化转变、标准与绩效测量、产出控制、单位的分散化、竞争、私人部门的管理风格、纪律与约束。作为政策形态的改革方案，以经济合作与发展组织（OECD）为代表，该组织把新公共管理的内容理解为保证绩效、控制和责任制，发展竞争和选择，转移权威，提供灵活性，改善人力资源管理，改善管制质量，加强中央指导职能①。作为经验形态的实践模式，以戴维·奥斯本和特德·盖布勒为代表，他们在《重塑政府》一书中提出了打造“企业家政府”的十条原则，即从划桨到掌舵，从服务到授权，引入竞争机制，从规制到使命，从注重过程到注重产出，注重“顾客”满意度，从浪费到收益，从重治疗到重预防，从集权到分权，从政府到市场②。

与国外对新公共管理运动的理论阐释如火如荼地进行一样，国内学者也纷纷对新公共管理理论表达着各自看法。陈振明认为新公共管理理论主要包括八个方面内容，分别是让管理者进行管理，衡量业绩，产出控制，顾客至上，分散化，引入竞争机制，采用私人部门的管理方式，改变管理者与政治家、公众的关系③。周志忍、高小平从三个方面对当代西方国家行政改革的内容进行总结，第一，社会、市场管理与行政职能的优化，包括民营化、自由化和压缩式管理等；第二，社会组织的运用和公共服务社会化，包括政府业务合同出租，打破政府垄断，建立公私伙伴关系，公共服务社会化；第三，政府部门内部

① Hood C. A.,“Public Management for All Seasons?”, *Public Administration*, 1（1991）: 3 - 19.

② Economic C.,“Public Management Developments”, Organisation for Economic Cooperation and Development, 1990.

③ 陈振明：《走向一种“新公共管理”的实践模式——当代西方政府改革趋势透视》，《厦门大学学报（哲学社会科学版）》2000 年第 2 期。

的行政体制改革，包括分权与权力下放，部门内部的组织结构改革，提高服务质量和改善改革机构形象，引入工商管理技术等内容[①]。金太军提出新公共管理理论包括七个方面的内容，一是对政府职能与社会关系进行定位；二是重视政府活动的效率和质量；三是主张放松管制；四是强调引进私营部门成功的管理方法，打破政府垄断；五是正视行政所具有的政治色彩，强调政务官与事务官之间的互动和渗透；六是对部分公营部门实施私营化，让更多的私营部门参与到公共服务供给中；七是重视人力资源管理[②]。

通过梳理国内外学者较有代表性的观点，可以发现虽然在有关具体内容的表述上存在一些差异，但对新公共管理理论核心内容的认识变化不大，主要可以概括为以下几个方面。

（一）政府职能由“划桨”向“掌舵”转变

《改革政府》一书提出的十条原则之首便是“起催化作用的政府：掌舵而不是划桨”[③]，新公共管理理论认为以往政府在角色定位上出现问题，什么事情都想管，什么事情都想做，既扮演裁判员角色，又扮演运动员角色，而在角色一体情形下难以保证裁判员可以做出公正的裁判，难以激发运动员保持提升自己运动技能的动力。毕竟自己监督自己的可行性亘古以来就不高，只会使监督流于形式，缺乏有效的监督，问题则接踵而至，这便是所谓的政府“越位”现象，做出一些不应该由政府负担的事情，并且还“吃力不讨好”，未能把职责范围内的相关事情做好，只会造成民众怨声载道。正确的做法应该是将政府

① 周志忍、高小平：《可资借鉴的英国行政管理改革》，《中国行政管理》2003 年第 5 期。

② 金太军：《新公共管理：当代西方公共行政的新趋势》，《国外社会科学》1997 年第 5 期。

③ 〔美〕戴维·奥斯本、特德·盖布勒：《改革政府》，周敦仁等译，上海译文出版社，2013。

从烦琐的具体操作事务中解放出来，使其成为一个能够治理、善于治理的政府，而并非“实干”“执行”的政府，只有这样，政府才能集中有限资源将自身事务做得更好、更专业，才能关注处理“掌舵”方面的事情，而“划桨”者也可以集中精力在相关事务上，做得更好。因此，新公共管理理论呼吁政府从“划桨”中挣脱出来，认真扮演好“掌舵者”角色，分权便是实现方式之一，重新厘定国家和社会的关系，实现“小政府、大社会”愿景。

（二）公共产品和服务生产的市场化

在传统公共行政模式下，政府集公共产品和服务的提供与生产于一身。垄断公共产品和服务的供给，这就使得政府机构膨胀、人员数量庞大，机构和人员的冗杂给公共财政带来不小的负担，公共财政在维系机构的日常运作上占据较高比例，与民众生活密切相关的公共服务之投入占比自然而然地减少，导致政府在民众心目中的形象不佳。为解决这一问题，新公共管理理论主张引入市场竞争机制，改变政府垄断状态，用竞争替代垄断，利用市场这只“看不见的手”来调节公共产品和服务的生产，从而缩小政府规模，减少公共财政开支，同时提升公共产品和服务供给的效率、效果和质量。引入竞争机制主要通过建立公私伙伴关系实现，公共产品和服务的生产交由政府以外的其他部门，政府不再从事有关生产的具体事项，正如沃尔什（Walsh K.）所言，“新公共管理的一个重要特征是将市场竞争机制引入公共服务组织的运作中，即实行公共服务的市场化”[①]，这也意味着将公共服务的提供与生产分离开来，由不同的主体从事。

---

① Walsh K., *Public Services and Market Mechanisms: Competition, Contracting and the New Pubic Management*, London: Macmillan Press, 1995.

（三）借鉴私营部门的管理方法与经验

传统公共行政模式构建依赖官僚制理论，而这种理论的弊端在运行中不断暴露出来，如“将政府活动仅限于行政上可以解决的技术问题”[①]，使其非人格化色彩浓厚，组织结构设计对行政效率存在较大影响。为解决这类问题，新公共管理理论主张借鉴私营部门的管理方法，认为虽然公共部门与私营部门在性质上有区别，但这并不影响其借鉴优秀的管理方法，应将绩效考评、人力资源管理、目标管理等工商管理手段运用到政府日常活动中，以绩效管理方式将组织目标与个人利益有机结合起来，呼吁行政人员在实现组织目标过程中实现个人利益，充分调动行政人员的工作热情，以目标管理方式将政府重过程的管理理念转变为重结果的管理理念，以是否实现既定目标审视整个行为的成败，这不仅有助于提升行政效率，而且有助于节约行政成本，缓解政府财政压力。不过，有学者对此提出质疑，如林恩提出传统官僚制理论比管理主义在重视法律、市民需求、公共价值等方面更加优越[②]；沃尔多（Dwight Waldo）认为将工商管理技术和私营部门管理经验运用到公共部门中并不是什么新观点，不具有任何的颠覆色彩[③]；胡德认为当前流行的新公共管理模式不过是“新瓶装旧酒”罢了[④]；罗德斯提出回归到官僚制才是最终归属[⑤]。

---

① Jurgen Habermas, *Knowledge and Human Interests*, London: Polity Press, 1991.

② Lynn L. E. , “The Myth of the Bureaucratic Paradigm: What Traditional Public Administration Really Stood For”, *Public Administration Review*, 2 (2001): 144 – 160.

③ Waldo D. , *The Administrative State: A Study of the Political Theory of American Public Administration*, New York: Transaction Publishers, 2006.

④ Hood C. , *Exploring Variations in Public Management Reform of the 1980's*, Bloomington: Indiana University Press, 1996.

⑤ Rhodes R. A. W. , “The Hollowing Out of the State: The Changing Nature of the Public Service in Britain”, *Political Quarterly*, 2 (1994): 138 – 151.

（四）重视“顾客”满意度

新公共管理理论重新定位了政府与社会的关系，认为政府应当以顾客为导向，政府的社会职责就是根据顾客需求向顾客提供公共服务，一切应当以顾客为中心，这里把政府视为“企业家”，把公民视为“顾客”。华尔兹（Walzer）发现如果把公民转化为“顾客”，“他们仅像顾客控制商品的生产者那样通过购买或不购买他们的商品来控制国家官员”[①]。阿尔布雷特（Albretch）将“顾客”形象地描述为“脑海中携带一份‘成绩报告单’四处走动的人，这份‘成绩报告单’决定了他们是继续选择接受服务还是选择到其他地方”[②]。重视“顾客”满意度要求政府将与公共服务相关信息及时告知顾客，顾客对公共服务相关信息具有知情权，只有全方位地了解公共服务相关信息，才能做出合理选择；政府聆听顾客的需求，只有真正地了解顾客需求，才能有针对性地满足需求；政府有必要快速地回应顾客需求，即“当顾客需要服务时，公共组织能够提供便捷、迅速而亲切的服务，配合民众时间要求上的紧迫性”[③]。

（五）事务官不必保持中立，应加强事务官群体与政务官群体之间的联系和渗透

传统公共行政模式建立在政治与行政二分理论的基础上，即政治是国家意志的表达，行政是国家意志的执行，两者完全可以分离开来，双方应当独立地做好自身事情，在此逻辑指导下，西方国家产生了

---

① Walzer, Michael, *The Civil Society of Argument*, Albany: State University of New York Press, 1995.

② Albretch, Karl, Romke, *Service America*, Home Hood IL: Dow Jones - Irwin, 1985.

③ 张成福：《公共管理学》，中国人民大学出版社，2004。

"政务官"和"事务官"两种国家公职人员，并要求事务官保持政治中立和匿名原则，这样无论政界发生任何动荡，国家机构都可以正常运转，对民众不会产生较大影响。但是这种要求明显不合乎常理，因为任何人都存在个人信仰和价值观，且会把个人信仰和价值观带入个人所从事的事务中，即便要求保持中立平等原则，现实中也无法做到，此外，国会、总统等政治机构及政务官对于政策问题往往都是提出原则性纲领，具体如何操作事项依然由行政机构和事务官队伍予以落实，如果事务官队伍对政务官提出的想法心存疑虑，没有得到及时有效的沟通，执行政策过程中会出现一些分歧，存在阻挠现象。因而，新公共管理理论主张正视行政所具有的政治色彩，强调事务官与政务官之间应该密切互动，并相互渗透，尤其是高级事务官，可以对之实施政治任命，使之参与政策制定过程，对政治保留一定的敏感性，避免后期出现执行不力现象。

三　新公共管理理论在公共服务视域下农村人民调解供给中的运用

新公共管理理论作为改革政府行为的一套系统思想体系，由于改革实效显著，备受实务界和理论界青睐，它在农村人民调解服务供给问题研究中主要运用在以下三个方面。

第一，新公共管理理论强调"掌舵"而不是"划桨"为政府矫正志愿失灵现象方法的选择提供了理论依据。新公共管理理论认为政府应当更多地扮演"掌舵者"角色，而不是亲自参与"划桨"，因而，农村人民调解服务供给侧出现志愿失灵现象，即供给经费缺乏，供给意愿偏低，供给能力有限及供给监督不力等，此时政府不应替代人民调解委员会直接参与农村人民调解服务生产，而应通过各种方式找出人民调解委员会出现志愿失灵现象的原因，继而有针对性地为解决农村人民调解服务供给出现的各种问题提供帮扶。因而，全书针对供给问题的政策建议都未涉及将政府引入农村人民调解服务供给直接参与农村人民调解服务生产之主张，更多地是从政府扶植社会组织发展方向对农村人民调解服务供给侧遇到的现实问题提出解决之策，如农村人民调解服务供给经费缺乏，则主张政府从支持社会组织发展视角将人民调解工作经费纳入财政预算，使农村人民调解工作具有稳定的经费来源，这里需要明确政府给予农村人民调解委员会经费支持，并未使农村人民调解服务供给责任主体发生转变，农村人民调解组织依然是农村人民调解服务供给责任主体。

第二，新公共管理理论主张引入工商管理技术和方法为设计农村人民调解服务供给实效评估制度和农村人民调解员激励制度等奠定了基础。政府作为农村人民调解服务经费的主要资助方，对于农村人民调解服务供给实效须有明确的认识，因为政府可以根据农村人民调解服务供给实效的好坏决定自身资助经费力度及是否应当继续给予经费资助，从而为决策提供依据。因而，本书主张政府采用评估制度对农村人民调解服务供给实效进行检视，要求人民调解员在化解农村民间纠纷过程中签订人民调解协议书，以此审视解纷结果是否符合法律依据，定期或者不定期地到基层了解被调解民间纠纷的发展态势，检查民间纠纷经人民调解方式化解之后是否得到有效平息。评估的核心内容主要有两方面，一方面是农村人民调解员是否按照法律规定对民间纠纷进行调解，因为法治社会建设对人民调解服务供给提出更高要求，需要依法调解，不能像以往只管将矛盾纠纷平息，不管是否符合法律规定，而另一方面是纠纷当事人满意度，即纠纷当事人对农村人民调解服务供给过程和结果是否满意。此外，从政府视角对农村人民调解员进行激励也是引入工商管理技术和方法的有效实践，工商管理技术与方法中强调人力资源管理的重要性，突出人的价值，本书希望通过设计一系列激励制度调动农村人民调解员的工作积极性，如主张制定人民调解员等级评审制度，将人民调解员划分为助理调解员、初级调解员、中级调解员、高级调解员和特级调解员五个等级，依据人民调解员调解民间纠纷的数量、复杂性、质量及工作年限对其进行等级资格评定。

第三，新公共管理理论强调“顾客至上”理念，为在供给实效政府评估制度中引入纠纷当事人满意度指标提供了理论支撑。新公共管理理论将民众视为“顾客”，将政府视为“企业家”，要求政府对待民众需求应当像“企业家”对待“顾客”一般，强调政府行为应当践行“顾客至上”理念。因而，本书在农村人民调解服务供给实效评估制度中除了设计有服务结果是否符合国家法律规定指标之外，还设计了服务是否让纠纷当事人满意指标，要求政府针对接受过农村人民调解服务的纠纷当事人开展满意度调查，并将调查结果作为支持人民调解委员会力度大小的依据，以此规范农村人民调解委员会及其人民调解员的服务行为，提升农村人民调解服务供给质量。毕竟，政府作为“企业家”，也有理性经济人的属性，政府需要衡量自身支持行为的效益问题，不能出现做事不计成本的失败现象。

第四节　治理理论及其运用

一　治理理论的产生与发展

“治理”一词出现时间较早，故在理解上存在传统意义上的“治理”和现代意义上的“治理”之别。传统意义上的“治理”，意指“掌舵”，是控制、引导和操纵的行动或方式，主要用在与国家公共事务相关的宪法和法律的执行问题上[①]；现代意义上的“治理”，兴起于

① 吴志成：《西方治理理论述评》，《教学与研究》2004年第6期。

20世纪90年代，学者们争先恐后地对之进行诠释，赋予其全新的蕴涵。治理在此期间被再次提出，迅速在全球掀起一股风潮，历经20多年，并无衰减之势，有别于其他理论的昙花一现，主要与西方国家的发展历程和全球化、后工业化带来的挑战紧密地联系在一起。

首先，西方国家的发展历程表明政府会失败、市场会失灵，这就需要找到一种不能单纯地依靠政府或市场解决公共事务的路径，尤其针对公共服务供给问题。公共服务的供给最早由市场主体承担，但由于公共服务的非排他性、非竞争性及共享性等特征，市场主体不能从中获得利润，市场主体供给公共服务动力日渐消失，以至出现市场在供给公共服务上的“失灵”现象。随着市场供给公共服务“失灵”现象发生，政府作为“公共利益”的代表者，承接了公共服务的供给责任，但随着供给实践活动的开展，政府也表现出一些不适应性，可能出现决策失误导致公共服务供给方向错误、办事效率低下导致公共服务供给不及时、缺乏节约的动机使得公共服务供给开支庞大等失败现象，事实表明政府也不是公共服务供给的擅长者。迫于应对公共资源配置中市场“失灵”、政府“失败”现象，西方社会需要新的调节机制解决政府和市场都做不好的事情，正如陈振明、薛澜所言：“治理试图解答如何在日益多样化的政府组织形式下保护公共利益，如何在有限的财政资源下以灵活的手段回应社会的公众需求。”①

其次，全球化、后工业化使得公共事务的复杂性和不确定性骤然增加，因而，对于应对公共事务的能力提出了更高要求。全球化和后工业化时代呈现给我们的时代特征就是高度复杂性和不确定性，以致任何单一主体在应对公共问题时常常显得无力，更何况很多问题不再限于一个

① 陈振明、薛澜：《中国公共管理理论研究的重点领域和主题》，《中国社会科学》2007年第3期。

地域，会波及多个国家和地区，甚至全球，这使得问题的利益相关者越来越多，这些利益相关者寻求以一种合作方式来共同解决新时代给人类带来的挑战成为必要和可能，治理便在这种合作过程中应运而生。

学界关于治理的兴起和发展并非持同一态度，卡特尔指出“治理使得政府仅仅保留了一个松散的影响力，却要求政府为这个缺少控制的体制来负责”[①]；弗雷德里克森认为“重新定义的公共管理力争使碎片化和不完整的国家运转起来”[②]，他发现治理造成了国家的碎片化，索伦森针对这种碎片化问题，指出“国家成为多中心的组织综合体，使得国家和社会的分界线变得模糊了”[③]；当然也有人提出不同看法，如皮尔则认为“治理的兴起不应被看作国家的衰败，而应是国家适应外部环境变化的一种能力体现”[④]。虽然国外学术界对治理的看法不一，但治理理论在全球的风靡显而易见，它在现实中被成功运用的案例数不胜数，因而，这并不能否认它对现实社会问题的解决具有一定指导意义。

二 治理理论的主要内容

虽然治理理论发展得如火如荼，但“关于治理的概念化仍存在迷惑”[⑤]，并没有统一权威的说法，西方学者明确表达了界定治理概念的

---

① Kettl, D. F., *Sharing Power: Public Governance and Private Markets*, Washington DC: The Brookings Institution, 1993.

② Frederickson, H. G., “The Repositioning of American Public Administration”, *PS Political Science & Politics*, 4 (2003): 701 - 711.

③ Sorensen, E., “Metagovernance: The Changing Role of Politicians in Processes of Democratic Choice”, *The American Review of Public Administration*, 1 (2006): 98 - 114.

④ Pierre, J., *Debating Governance: Authority, Steering and Democracy*, Oxford: Oxford University Press, 2000.

⑤ Kohler - koch, B., & Rittberger, B., “Review Article: The ‘Governance Turn’ in EU studies”, *Journal of Common Market Studies*, s1 (2006): 27 - 49.

困难，如彼得斯认为治理概念是“出了名的含糊不清”[1]，但对此有学者持不同观点，施耐德指出“正是由于该概念难以得到一个满意的诠释，才造就了它的成功”[2]，使人摸不透、看不清。尽管对治理进行界定比较困难，但国内外仍不乏学者和组织表达出对治理的理解。在国外学者中，治理理论的创始人之一罗西瑙在其代表作《没有政府的治理》中将治理界定为“一系列活动领域中的管理机制，他们虽然未能得到正式授权，却可以发挥有效作用。与传统的统治不同，它是一种由共同目标支持的活动，这些管理活动未必由政府完成，也无须依靠国家强制力量得以实现”[3]。罗德斯提出治理意味着统治发生了改变，是一种新的行动过程，应当以新的方法来管理社会，在此基础上，他认为至少包括六种不同的定义——作为最小国家管理活动的治理、作为公司管理的治理、作为新公共管理的治理、作为善治的治理、作为社会—控制体系的治理、作为自组织网络的治理[4]，对于这六种不同的理解，他更加看重作为自组织网络的治理。斯托克最早认为治理只存在五个论点，即治理关注政府但又不止政府，治理解决问题时在边界与责任上存在模糊，治理明确了主体之间的权力依赖，治理意味着参与者会形成一个自组织网络，治理重视技术和工具，忽视权威和权力。

萨拉蒙将治理视为一场革命，“这场活动的中心不仅是政府活动

---

① Pierre, J. Peters, B. G., Governance, Politics and the State, St, Martin's Press, 2000.

② Schneider, V., “State Theory, Governance and the Logic of Regulation and Administrative Control” in Andreas Warntjen and Arndt. Wonka , eds. Governance in Europe. Baden - Baden: Nomos, 2004.

③〔美〕詹姆斯 N. 罗西瑙：《没有政府统治的治理》，张胜军、刘晓林等译，江西人民出版社，2001。

④ Rhodes R. A. W., “The New Governance: Governing without Government”, *Political Studies*, 4 (1996): 652 - 667.

范围和规模，也是政府行为基本形式的一次重大转变”[①]。林恩将治理的中心放置在满足公共需求的责任和能力的分化上，提出“治理包括社会制度、法律、规则、司法裁决、行政活动，这些都能够约束、规定并保证公共服务的提供”[②]。世界组织中较有代表性的观点由全球治理委员会提出，其认为：“治理是指或公或私的个人和机构管理共同事务的诸多方式的总和。”[③] 治理在 21 世纪以后才成为我国学术界的重要话语，国内政治学和行政学学者中，俞可平、陈振明、徐勇、王诗宗、张康之等都对治理表达了自己的看法。俞可平是国内较早提倡“治理”的人物之一，他认为“治理是公共权威为实现公共利益而进行的管理活动和管理过程”[④]，将治理划分为“善治”和“恶治”，进而指出只有“善治才是实现公共利益最大化的过程”[⑤]。徐勇、吕楠将治理理解为“政治主体运用公共权力及相应方式对国家和社会的有效管控和推进过程”[⑥]。王诗宗更多的是从批判的角度对治理进行论述，他认为治理在宏观理论层面存在一系列的困境，但这种作为公共管理工具或机制的治理并没有因为理论的困境而失去效力[⑦]，他对于众多将治理作为一种公共行政学新范式的主张也持保留态度，指出“治理

---

① Salamon, Lester M., “The New Governance and the Tools of Public Action: An Introduction”, *Fordham Urban Law Journal*, 5 (2011): 1611 - 1674.

② Lynn. L. E., Heinrich C. J., Hill. C. J., *Improving Governance: A New Logic for Empirical*, Washing - Ton DC: Georgetown University Press, 2002.

③ Commission on Global Governance. *Our Global Neighborhood*, *Report of the Commission on Global Governance*. London: Oxford University Press, 1995.

④ 俞可平：《中国治理变迁 30 年（1978 - 2008）》，《吉林大学社会科学学报》2008 年第 3 期。

⑤ 俞可平：《治理和善治引论》，《马克思主义与现实》1999 年第 5 期。

⑥ 徐勇、吕楠：《热话题与冷思考——关于国家治理体系和治理能力现代化的对话》，《当代世界与社会主义》2014 年第 1 期。

⑦ 王诗宗：《治理理论的内在矛盾及其出路》，《哲学研究》2008 年第 2 期。

理论的基本假定、方法论和学科理性依旧是‘七巧板’式的”[①]。张康之则是在治理基础上，从全球化和后工业化时代背景出发，提出合作治理主张，认为“以非政府组织为标志的市民社会与政府之间必然要建立起一种合作关系，生成一种合作治理的社会治理模式，而这种社会治理模式是一种全新的、任何时代都未出现过的模式”[②]。

虽然学者们对于治理的理解和态度都存在分歧，但关于治理的特征基本达成共识，主要将其与“统治”进行对比论述（见表 2.2）。

表 2.2　统治与治理的区别

	统治	治理
主体	政府	政府、市场、社会和个人
客体	公共问题、公共资源	公共问题、公共资源、集体事务（如公共池塘资源）等
机制	政府权威，自上而下、单向度的管理，统治的机制是控制	网络权威，自上而下和自下而上相结合、多向度的管理，治理的机制是信任
手段	强制性方式，如行政、法律和军事手段	合同外包、内部市场、政策社区等
重点	满足统治阶级的整体利益需求	满足公民的利益需求

资料来源：陈振明《公共管理学：一种不同于传统行政学的研究途径》，中国人民大学出版社，2004。

通过对治理理论主要特征的分析可以发现，治理与统治相比存在以下方面的不同。

（一）治理主体多元化

与统治相比，治理强调主体的多元化，主张打破政府作为单一主体管理公共事务、处理公共问题的局面，因为没有哪个机构拥有充足的资源和足够的智慧解决所有问题，资源和智慧都具有一定的稀缺

① 王诗宗：《治理理论与公共行政学范式进步》，《中国社会科学》2010 年第 4 期。

② 张康之：《走向合作治理的历史进程》，《湖南社会科学》2006 年第 4 期。

性，正是这种稀缺更显弥足珍贵，即便单个主体努力完成某项事务，可能也不符合帕累托最优选择。相较于政府，私营部门、志愿团体和公民个体都具有一些优势，而这些优势有助于解决一些公共事务和公共问题，当然政府也具有一定的优势，且是其他主体无法比拟的[①]，因而，政府应当与这些主体形成合作关系，共同处理公共事务和公共问题，以期利用各主体优势，在缩减成本的基础上实现既定目标。在这种过程中，各主体之间相互依赖，形成一种网络格局，成为“公共管理在相互依赖状态下的表现，是在现存的跨组织关系网络中，针对特定问题协调目标与偏好各异的行动者的策略的活动”[②]。

（二）治理依靠网络权威，方向是多向度的，以信任为机制

与统治依靠政府权威、单向度的管理方式相比，治理则是依靠网络权威，依托实现共同利益为目标建立的网络体系，各主体以实现共同利益为信仰，促使大家朝共同目标积极前进。在治理体系中，处理公共事务的方向既可能是自上而下的，也可能是自下而上的，抑或自上而下和自下而上两种方向的有机结合体，它取代了传统的、独一的政府自上而下的安排方式，在传统模式下，其他主体多数情形是执行政府的相关安排，对于整个政策制定几乎没有任何影响作用，体现为一种被动的执行关系，而治理为这些主体在公共政策制定过程中表达意见提供了可能，政府必须足够重视这些主体的意见，并引导达成共识，以更好地实现合作。与单向度的执行政府决策不同，治理还更强调各主体之间有足够的信任感，如此更利于实现共同利益。

---

① 何阳：《基于协同理论的社会服务创新及其供给模式选择》，《哈尔滨商业大学学报（社会科学版）》2015 年第 2 期。

② Walter J. M. Kickert，Erik－Hans Klijin，Joop F. M. Koppenjan，*Managing Complex Networks：Strategies for the Public Sector*，London：Sage Publications Ltd.，1997.

（三）治理采取合作互惠的行动策略

治理需要政府的参与，没有政府参与则谈不上治理，而政府共同参与的前提是各方可以从参与过程中获得预期利益，从博弈论的角度看，“当博弈各方协调一致地去寻找那些有利于共同盈利的行动方案时，则会产生协同均衡现象”[①]，倘若没有共同的利益和目标，治理格局基本不可能形成，各主体会失去参与动机。而要长期维护治理格局，减少因个体利益难以实现因素而合作失败的现象发生，则必须采取合作互惠的行动策略，使各个参与主体在行动过程中可以实现个体利益和目标，当然从另一面来看，在这种基于互惠和存在互动的群体行动中，合作会发生一定的演化，并且一旦建立，便可以防止那些不太合作的行动主体的侵入[②]。合作互惠的行动策略要求各治理主体能够达成共识，塑造相互信任、彼此尊重且具有一定宽容度的行动文化。

（四）治理是一个共同学习的政策过程

治理过程中政策的产生是公共行动者共同学习、协商的结果，成为“涉及特定政策问题的行动者（包括行政官员和特定目标群体在内）的集合”[③]，并不是政府自上而下的统一安排，其他行动者仅仅是被动地执行政府安排，即治理是参与特定政策领域的相互依存的政府、私营部门、志愿团体及公民个体相互组合所形成的特定政策网络。

---

① 〔美〕保罗·A. 萨缪尔森，威廉·D. 诺德豪斯：《经济学》，萧琛译，人民邮电出版社，2008。

② Robert Axelrod. *The Evolution of Cooperation*，New York：Basic Books，1985.

③ B. Guy Peter，F. K. M. Van Nispen，*Public Policy Instruments*：*Evaluating the Tools of Public Administration*，London：Edward Elgar Publishing，1999.

在这种特定的政策网络系统中，各治理主体分享彼此所获得的信息，力争在实现信息共享的基础上做出一个可以平衡各方利益的方案，整个过程以对话和协商为主，尽量减少分歧，增进合意。当发生冲突或者发现既有“游戏规则”不适应现实情况时，各治理主体也是通过协商方式来解决冲突及调整“游戏规则”，重新配置权力，整合资源，转变成员观念，“这种共同学习的过程在培育社会资本，防止社会制度和价值碎片化时发挥着关键性的作用”①。

三　治理理论在公共服务视域下农村人民调解供给中的运用

治理理论虽然还有待于进一步发展和完善，但已有内容足以对农村人民调解服务供给问题研究提供理论支撑，治理理论在农村人民调解服务供给问题研究中的运用主要体现在以下两个方面。

第一，治理理论为政府和人民调解委员会协作供给农村人民调解服务奠定了理论基础。治理理论认为随着公共事务变得越发复杂，应当改变单一主体独立作用于公共事务的现状，以期利用多主体之间的优势联合处理公共事务。供给农村人民调解服务的目的在于有效地处理农村矛盾纠纷，对人民调解委员会而言，作为社会组织，其成员几乎来自本地，与周边生活的村民较为熟悉，对村民的性格、所处环境等的了解，更多从情、理的角度化解农村民间纠纷，而从情、理角度化解农村民间纠纷符合中国传统法律文化中“无讼息诉”的特征，村民之间更容易接受调解结果，不出现因爆发矛盾纠纷而关系恶化的现象，及时将矛盾纠纷消解在人民群众内部，为政府化解矛盾纠纷甚至维护社会稳定贡献一分力量，人民调解委员会由于自身力量的有限

① Steven A. Rosell, *Renewing: Governance By Learning In Information Society* , Oxford: Oxford University Press, 1999.

性，在供给经费及供给能力等方面存在不足之处，会出现志愿失灵现象，这时政府作为公共利益的维护者，则应为农村人民调解委员会的发展提供支持作用，从人、财、物方面给予农村人民调解委员会帮扶，充分调动社会组织供给农村人民调解服务的积极性，实现政府与人民调解委员会的协作。究其原因，人民调解委员会不能正常提供人民调解服务，由人民调解方式解决的矛盾纠纷将转交给政府或者其他公权力矛盾纠纷解决机构，而公权力矛盾纠纷解决方式存在固有的缺陷，没有农村人民调解服务灵活、方便，并不可以取得农村人民调解服务的解纷效果，故实现两者之间的协作共赢更佳。

第二，治理理论提倡主体的多元化对建立多元化的经费来源途径保障农村人民调解服务供给经费具有指导意义。当前国家法律仅规定县级以上地方人民政府和村民委员会为人民调解工作提供一定的经费支持，从经费来源途径上看，此设置缺乏一定的合理性，毕竟除政府、村民委员会之外，人民调解委员会作为社会组织还可以通过其他募捐形式获得供给经费，从而保障农村人民调解服务经费，并且法律规定未能落实到位，大多数政府和村民委员会缺乏对人民调解服务的经费支持。故在治理理论指导下，本书希望政府将人民调解工作经费纳入地方财政预算，尤其是以“购买”服务方式产生的专职人民调解员的薪酬和对人民调解员化解民间纠纷进行的物质奖励所涉及的资金，以稳定的财政支持保障人民调解工作的正常开展，此外，本书还主张发展集体经济增加村民委员会收入，以此落实村民委员会对人民调解工作经费的支持，以及针对不同主体开展多元化的募捐活动，将常年生活在此的村民、原本生活在此但已经在外安家的人士和村内所驻企业等纳入募捐对象范畴，最大限度地扩充经费总量。

总之，农村人民调解在本质上是一种公共服务，具有非排他性、非竞争性、不可分割性和共享性特征，并始终追求可及性、公平性、公正性和均等化价值，符合公共服务本质属性，且不收取任何费用，可将其认定为免费公共服务。但它不同于基本公共服务，基本公共服务供给责任在于政府，农村人民调解服务的供给责任由人民调解委员会承担。农村人民调解服务供给是指“农村人民调解委员会在纠纷当事人自愿情形下为解决农村矛盾纠纷‘提供’和‘生产’解纷服务的过程”。本书将志愿失灵理论、新公共管理理论和治理理论作为全书理论基础，认为志愿失灵理论对诊断农村人民调解服务供给侧现实问题具有一定的指导作用，为政府扶持农村人民调解服务供给提供了理论支撑；治理理论为政府和人民调解委员会协作供给农村人民调解服务奠定了理论基础，对建立多元化的经费来源途径保障农村人民调解服务供给经费具有指导意义；新公共管理理论为政府矫正志愿失灵现象方法的选择提供了理论依据，为设计农村人民调解服务供给实效评估制度和人民调解员激励制度及在农村人民调解服务供给实效评估制度中引入纠纷当事人满意度指标等提供了理论支撑。

第三章　农村人民调解服务供给的历史考察

“读史可以使人明智，鉴以往可以知未来”“历史学以人类的活动为特定对象，它思接千载，视通万里，千姿百态，令人销魂，因此它比其他学科更能激发起人们的想象力”[①]，这足以说明历史及其整个学科的重要性。但遗憾的是“文化转向”的浪潮使整体史让位于碎片史、政治史让位于文化史和社会史、解释传统让位于解读传统，其最终的结果是“历史不再是一门不可分割的知识体系，它破碎得近乎无法挽救”[②]，历史研究的碎片化极大地影响了中国的史学研究，不少学者开始把历史分割成互不关联的碎片，一味执着于历史的细枝末节，忽视了历史的整体特征乃至时代主题[③]，令人欣喜的是历史政治学有能力解决历史研究的碎片化问题，这由历史政治学的本体论所决定。本章主要从历史政治学角度对农村人民调解服务供给进行考察，对农村人民调解服务供给的阶段划分、农村人民调解服务供给的演变特征及其驱动因素做出回应，以期对农村人民调解服务供给历史存有整体性认识。

---

① 〔法〕马克·布洛赫：《历史学家的技艺》，黄艳红译，中国人民大学出版社，2014。

② 章开沅等：《中国近代史研究中的“碎片化”问题笔谈》（上、下），《近代史研究》2012年第4～5期。

③ 杨光斌、释启鹏：《历史政治学的功能分析》，《政治学研究》2020年第1期。

第一节　农村人民调解服务供给的阶段划分

划分农村人民调解服务供给阶段的标准多元，本书选择以农村人民调解服务供给主体变化作为标准，以农村人民调解服务供给实践为依托，将 1954 年以来农村人民调解服务供给历史划分为两大阶段，即乡人民调解委员会供给期和村人民调解委员会供给期。需要说明的是农村人民调解服务的历史可以追溯到新民主主义革命时期《衙前农民协会章程》，但《衙前农民协会章程》指导下的人民调解服务仅仅是人民调解服务之雏形，并未形成现阶段我们所界定与指代的人民调解服务，即与当前国家对人民调解服务的界定之间存在一些差异。因此，本书没有选择将人民调解服务的萌芽和形成纳入农村人民调解服务供给历史的演变进程，而是选择中华人民共和国成立以来针对人民调解服务首次颁布的国家层面的规章制度作为服务供给演变梳理之起点，究其原因，从国家层面颁布相关制度对人民调解服务进行统一规范，才标志着人民调解服务正式成形，而正式成形后的人民调解服务才存在本书视域中的供给之说。

一　乡人民调解委员会供给期

我国国家层面首次专门针对人民调解服务颁布的制度为《人民调解委员会暂行组织通则》（以下简称《通则》），时间是 1954 年 3 月，《通则》的颁布意味着国家层面对人民调解服务高度认可，希望借助人民调解服务及时有效地化解民间纠纷，继而维护社会稳定。

《通则》共计 11 条内容，第 1 条主要说明制定理由，即“及时解决民间纠纷，加强人民中的爱国守法教育，增进人民内部团结，以利人民生产和国家建设”；第 2 条对人民调解委员会的性质进行认定，将人民调解委员会视为群众性的调解组织，这说明人民调解委员会与官方之间没有隶属关系，不是官方所设机构，但基层人民政府和基层人民法院对人民调解委员会开展工作具有指导作用；第3条规定人民调解委员会调解民间纠纷的具体范围——一般民事纠纷与轻微刑事案件，说明一般民事纠纷和轻微刑事案件都可求助人民调解委员会；第4条和第5条对人民调解委员会建立及其人员来源等做出详细安排，城市地区和农村地区有所区别，组织建立层面，“城市一般以派出所辖区或街道为单位，农村以乡为单位”，人员来源层面，“城市一般在基层人民政府主持下，由居民代表推选，而农村由乡人民代表大会推选”，此外，还对人民调解委员会委员的数量和选举时限等做出规定，每年开展一次选举活动，倘若某人连续被推选为人民调解委员会委员则需要连任；第6条和第7条主要强调人民调解工作应当遵循的原则和纪律，原则方面需要严格遵循“依法”“自愿”“可以提出诉讼”等，纪律方面不得“贪污受贿、徇私舞弊”，不得“对当事人施行处罚或扣押”，不得“对当事人存有压制、报复行为”；第8条主要对调解程序和调解方式等内容进行规定，为整个调解活动的开展指明方向；第9条对于纠正人民调解服务结果给予补救措施，倘若人民调解委员会化解民间纠纷存在错误现象，人民法院有权力撤销调解结果，还纠纷当事人一个公道；第10条强调基层人民政府和基层人民法院对人民调解委员会的监督及帮助，倘若人民调解委员会在处理民间纠纷过程中遇到难题，可以向基层人民政府和基层人民法院求助；第11条主要说明该通则的生效时间。

通过对《通则》11条内容的梳理，我们可以发现农村人民调解服务和城市人民调解服务之间存在一定区别，组织设立和人员来源层面都不尽相同，因此，从侧面说明本书仅以农村人民调解服务作为研究对象的科学性与合理性。从人民调解委员会设立来看，《通则》中明确规定农村以乡为单位，人民调解委员会委员由乡人民代表大会选举产生，且每年选举一次，倘若出现连选现象，当事人需要连任人民调解委员会委员。因而，这便进入乡人民调解委员会供给期，并一直持续到 1982 年 12 月 4 日《中华人民共和国宪法》（以下简称《宪法》）的修改。

二　村人民调解委员会供给期

村人民调解委员会供给期开始于 1982 年 12 月 4 日《宪法》的修订。1982 年 12 月 4 日我国颁布新《宪法》，对原有《宪法》进行修订，而新《宪法》明确提及人民调解委员会的设立，即“居民委员会、村民委员会设人民调解、治安保卫、公共卫生等委员会，办理本居住地区的公共事务和公益事业，调解民间纠纷，协助维护社会治安，并且向人民政府反映群众的意见、要求和提出建议”。由此，我们可以看出人民调解委员会的设立在地域上已经从乡转变为村，农村人民调解服务供给也相应地进入村人民调解委员会供给期。因此，乡人民调解委员会供给期截至 1982 年 12 月。

随着国家 1982 年《宪法》的修改，法律法规层面对人民调解委员会的设立陆续有所提及，1987 年的《村民委员会组织法（试行）》第 14 条指出：“村民委员会根据需要设人民调解、治安保卫、公共卫生等委员会。村民委员会成员可以兼任下属委员会成员。人口少的村的村民委员会可以不设下属委员会，由村民委员会成员分工负责人民调解、治安保卫、公共卫生等工作”。这便在一定程度上对国家《宪法》的相关规定做出有效回应，而且细化了人民调解委员会的设立程序。自 1982 年《宪法》修改实施以来，依照《宪法》规定，国家为规范人民调解服务实践相继制定和出台三部系统性的规章制度，而这三部系统性的规章制度对于村人民调解委员会供给农村人民调解服务均提出不同要求，下文将对这三部规章制度指导下的农村人民调解服务供给进行详细梳理。

（一）《人民调解委员会组织条例》指导下的服务供给

1989 年国家专门针对人民调解工作出台《人民调解委员会组织条例》（以下简称《条例》），是对原有《人民调解委员会暂行组织通则》的一种完善和补充，随着《条例》的出台、生效与执行，《人民调解委员会暂行组织通则》废止。

《条例》共计 17 条，第 1 条与《人民调解委员会暂行组织通则》设计相同，主要介绍制定本条例的目的，即“为了加强人民调解委员会的建设，及时调解民间纠纷，增进人民团结，维护社会安定，以利于社会主义现代化建设，制定本条例”；第 2 条坚守了人民调解委员会为群众性组织性质，但提出了基层人民政府指导人民调解工作由司法助理员负责之主张；第 3 条对人民调解委员会委员的产生和人员构成进行了细化，不仅对人民调解委员会委员的数量和产生程序进行规定，而且限制了多民族地区应当有少数民族成员参与，这意味着凡是多民族生活居住地，人民调解委员会委员构成必须有少数民族成员，唯有此，更利于实现农村人民调解服务的有效供给，维护民族团结；第 4 条主要说明人民调解委员会委员应当具备哪些条件，“为人公正，联系群众，热心人民调解工作，并有一定法律知识和政策水平的成年公民”；第 5 条规定了人民调解委员会的任务，既要调解民间纠纷，又要通过调解工作宣传法律、法规、规章和政策，教育公民遵纪守法，尊重社会公德；第 6 条明确了人民调解委员会调解工作应当遵循的原则——依法调解、依德调解、自愿调解、自愿起诉；第 7 条和第 8 条主要说明人民调解委员会的工作方式；第 9 条对经人民调解方式处理的民间纠纷效力进行规定；第 10 条主要是对如何纠正人民调解服务结果做出政策设计；第 11 条突出强调人民调解委员会调解民间纠纷属于无偿性行为，不收取纠纷当事人任何费用；第 12 条规定了人民调解委员会委员在调解民间纠纷过程中应当遵循的纪律；第 13 条和第 14 条开始关注对人民调解委员会和调解委员进行激励，第 13 条提出“各级人民政府对成绩显著的人民调解委员会和调解委员应当给予表彰和奖励”，而第 14 条提出“对人民调解委员会委员，根据情况可以给予适当补贴”，并对经费来源途径做出说明，即由村民委员会和居民委员会解决，这便开启了农村人民调解服务经费保障由村民委员会提供之窗；第 15 条为其他单位设立人民调解委员会化解民间纠纷提供了制度依据，指出：“企业、事业单位根据需要设立的人民调解委员会，参照本条例执行”；第 16 条和第 17 条对解释主体和生效时间进行了详细说明。

（二）《人民调解工作若干规定》指导下的服务供给

2002 年中华人民共和国司法部制定并出台了《人民调解工作若干规定》（以下简称《规定》），《规定》与《人民调解委员会暂行组织通则》及《人民调解委员会组织条例》的最大不同主要表现在以下方面：第一，使用了“人民调解员”的称谓，将人民调解委员会委员和调解员统称为人民调解员，不再用以往的人民调解委员会委员称号指代调解人员；第二，拓宽了人民调解员的来源方式，一方面保留了原有的群众选举方式，由群众选举产生的人民调解委员会委员担任人民调解员，另一方面允许人民调解委员会聘任人员担任人民调解员，即人民调解委员会可以利用聘任方式邀请其他人员加入队伍，而被聘任人员也是人民调解员；第三，将预防民间纠纷纳入人民调解委员会任务范畴，这便意味着人民调解委员会除了需要调解民间纠纷，宣传法律、法规、规章和政策，教育公民遵纪守法，尊重社会公德之外，还需要预防民间纠纷发生，在民间纠纷发生之前对其进行排查；第四，对人民调解协议书的效力进行规定，提出经双方当事人签字或者盖章的调解协议具有民事合同性质；第五，对人民调解委员会的设立主体进行扩充，不再局限于村民委员会、居民委员会、企事业单位，将街道、乡镇也纳入其中，除此之外，还可根据需要设立区域性和行业性的人民调解委员会，但不同主体设立的人民调解委员会都需要向乡镇、街道司法所（科）或者县级司法行政机关备案；第六，规定人民调解委员会应当吸纳妇女委员，从性别结构上对人员构成进行限制；第七，明确列出人民调解委员会不得受理纠纷的范畴，即“法律、法规规定只能由专门机关管辖处理的，或者法律法规禁止采用民间调解方式解决的及人民法院、公安机关或者其他行政机关已经受理或者解决的”纠纷，人民调解委员会不得受理；第八，对调解民间纠纷的时限做出要求，“人民调解委员会调解纠纷，一般在一个月内调解”，这是首次对调解纠纷时限做出规定；第九，开始重视人民调解的组织建设、队伍建设、业务建设和制度建设，要求各级司法行政机关加强对人民调解员的培训，积极落实人民调解委员会的工作经费和人民调解员的补贴经费。

（三）《人民调解法》指导下的服务供给

2011 年 1 月 1 日实施的《人民调解法》，是 1949 年以来针对人民调解工作最为系统的国家层面的规章制度，相较于《人民调解工作规定》，它更为权威，因为《人民调解工作规定》仅是国家层面的部门规章制度，制定主体是司法部，而《人民调解法》属于法律层面，制定主体是全国人民代表大会及其常务委员会。《人民调解法》的出台受到学术界广泛肯定，比如范愉指出：“《人民调解法》是我国社会各界、基层事务工作者和各级司法行政机关共同努力的结果，而立法者充分听取了社会各界的意见，较准确地把握了法律的基本原则和尺度，所取得立法成果是值得充分肯定的。”[①] 阮婧驰认为：“该法是在充分听取社会各界意见建议之后经过集思广益作出的合理的制度体系安排，是民主立法、科学立法的又一典范，该法律具有的前瞻性、开放性、务实性等优点，将为我国人民调解工作、整个非诉讼纠纷解决机制发挥有效促进作用。”[②] 当然任何事物都具有两面性，既有好的一面，也有不尽如人意的地方，尤其是不尽如人意的地方，在后续修正过程中更需引起注意，比如，清华大学法学院吴俊在肯定《人民调解法》优势的基础上便指出了它的不足之处，认为人民调解法仅仅以人民调解作为调节对象过于狭窄，适当时候国家有必要统一“调解法”，将人民调解放在调解法中予以规定[③]。《人民调解法》与《人民调解工作相关规定》相比，也存在一些差异，一是《人民调解法》的制定初衷为“完善人民调解制度，规范人民调解活动，及时解决民间纠纷，维护社会和谐”，由此，不难看出，制定初衷层面《人民调解法》对人民调解的任务定位明显有所减少；二是要求县级以上地方人民政府对人民调解工作所需经费应当给予必要支持，村民委员会也应当为人民调解委员会开展工作提供必要的工作经费；三是对人民调解协议的司法确认进行明确，即“经人民调解委员会调解达成调解协议后，双方当事人认为有必要的，可以自调解协议生效之日起三十日内共同向人民法院申请司法确认，人民法院应当及时对调解协议进行审查，依法确认调解协议的效力”，故经过司法确认的人民调解协议书则具有

① 范愉：《〈中华人民共和国人民调解法〉评析》，《法学家》2011 年第 2 期。

② 阮婧驰：《人民调解纠纷解决机制评估与完善——兼评〈中华人民共和国人民调解法〉》，《人民论坛》2013 年第 35 期。

③ 吴俊：《〈人民调解法〉的不足与统一“调解法”的必要》，《司法改革论评》2013 年第 1 期。

法律效力，纠纷当事人可以申请人民法院按照调解协议内容强制执行；而未经司法确认的调解协议书，纠纷当事人如果存有意见，可以不按调解协议书执行，寻求另外方式解决。

第二节 农村人民调解服务供给的演变特征

从 1954 年《人民调解委员会暂行组织通则》颁布至今，农村人民调解服务供给的演变特征主要可以概括为四个方面。

一 供给目的：从多功能到单功能

农村人民调解服务供给目的是指通过供给农村人民调解服务要实现哪些目标。农村人民调解服务供给目的的变化主要通过相关制度的制定目的或者农村人民调解服务的任务安排两个方面体现，故我们先对这些制度的制定目的与相关任务安排进行系统和全面的梳理。1954 年实施的《人民调解委员会暂行组织通则》未提及人民调解服务任务，但制定目的中明确指出："为建立人民调解委员会及时解决民间纠纷，加强人民中的爱国守法教育，增强人民的内部团结，以利于人民生产和国家建设"；1989 年实施的《人民调解委员会组织条例》不仅涉及制定目的，而且涉及对人民调解服务任务的安排，制定条件是"为了加强人民调解委员会的建设，及时调解民间纠纷，增进人民团结，维护社会安定，以利于社会主义现代化建设"，将人民调解服务的任务规定为"调解民间纠纷，并通过调解工作宣传法律、法规、规章和政策，教育公民遵纪守法，尊重社会公德"；2002 年实施的《人民调解工作相关规则》则主要涉及人民调解服务的任务，即"调解民间纠纷，防止民间纠纷激化；通过调解工作宣传法律、法规、规章和政策，教育公民遵纪守法，尊重社会公德，预防民间纠纷发生；向村民委员会、居民委员会、所在单位和基层人民政府反映民间纠纷和调解工作情况”；2011 年实施的《人民调解法》则只有制定目的之说，“为了完善人民调解制度，规范人民调解活动，及时解决民间纠纷，维护社会和谐稳定”。

通过梳理这些规章制度的制定目的和对人民调解服务任务的安排，不难发现，农村人民调解服务在供给目的上发生了一些变化，《人民调解委员会暂行组织通则》对人民调解服务供给的定位为既需要化解民间纠纷，也需要负责爱国守法教育，后者则被称为政治宣传功能[①]；《人民调解委员会组织条例》认为人民调解不仅应当承担化解民间纠纷的功能，而且应当承担宣传法律、法规、规章和政策及教育公民遵纪守法的功能，此外，还需要增进人民团结。因而，《人民调解委员会组织条例》除了保留《人民调解委员会暂行组织通则》中的调解纠纷功能、政治宣传功能之外，还增加了政治动员功能[②]；而《人民调解工作相关规则》将前文提及的政治动员功能抛弃在外，延续《条例》其他相关规定，并增加“预防民间纠纷”及“向村民委员会和基层人民政府反映民间纠纷和调解工作的情况”之条款；《人民调解法》直接将人民调解的任务规定为解决民间纠纷。

综上，前三项规章制度都寄希望于依靠农村人民调解服务发挥多种功能，以期通过农村人民调解服务实现多个目标，但《人民调解法》则只要求农村人民调解服务可及时有效地化解民间纠纷。因此，农村人民调解服务在供给目的上形成了从多功能到单功能的变化。且相关研究显示人民调解功能多样化，调解制度解纷减讼的核心功能逐

① 范愉：《社会转型中的人民调解制度——以上海市长宁区人民调解组织改革的经验为视点》，《中国司法》2004 年第 10 期。

② 侯欣一：《陕甘宁边区人民调解制度研究》，《中国法学》2007 年第 4 期。

渐被政治宣传、动员和行政功能所取代，最终导致人民调解制度的衰落[①]，故主张通过农村人民调解服务供给实现多种功能并非一件好事。

二　供给主体：从乡人民调解委员会到村人民调解委员会

农村人民调解服务在供给主体方面经历了从乡人民调解委员会到村人民调解委员会的变化。起初，农村人民调解服务的供给由乡人民调解委员会承担，乡人民调解委员会委员通过乡人民代表大会选举产生，调解委员由3~11人组成。而根据1982年《宪法》的规定，供给责任由乡人民调解委员会转移到村人民调解委员会，每个行政村在村民委员会下设立人民调解委员会，原有的乡人民调解委员会随即废止。而村人民调解委员会的建立随着相关制度的变化，也出现一系列要求。

首先，对人民调解委员会委员的人数进行修改。《人民调解委员会暂行组织条例》将《人民调解委员会组织通则》中原有的“3~11人组成”改为“3~9人组成”，而《人民调解工作相关规定》中只提出了人数的下限要求，即“不少于3人”，对于人数上限并未明确提及，但《人民调解法》中明确规定人民调解委员会委员由3~9人组成，在法律效力上比司法部门的规章制度要高，因而，人民调解委员会委员由3~9人组成具有一定权威性，当前则执行《人民调解法》对人民调解委员会的人数的规定。

其次，对人民调解委员会人员的民族和性别构成进行规定。乡人民调解委员会供给期并没有此项内容，但进入村人民调解委员会供给期，《人民调解委员会组织条例》中则出现了“多民族居住地区的人民调解委员会中，应当有人数较少的民族的成员”之规定，这便意味

① 王丹丹：《法律制度的功能及其异化——人民调解制度演变史》，《政法论坛》2016年第6期。

着在多民族居住地区的人民调解委员会中必须有少数民族人员参与；随后的《人民调解工作相关规定》在此基础上提出“人民调解委员会中应当有妇女委员”之主张，这便意味着人民调解委员会委员中必须有女性。而《人民调解法》充分吸收了上述两项内容，将多民族居住地区应有少数民族成员和全部人民调解委员会应有女性参与纳入法律范畴。

最后，人民调解委员会委员的选举时间发生了变化。乡人民调解委员会供给期，《人民调解委员会暂行组织通则》规定“每年选举一次，连选得连任”，但进入村人民调解委员会供给期，《人民调解委员会组织条例》则规定：“每三年改选一次，可以连选连任”，后期制度也延续了《人民调解委员会组织条例》对人民调解委员会委员选举时间的设定，因此，人民调解委员会委员的选举时间从每年一次改为每三年一次。

需要说明的是，虽然当前国家制度层面规定乡镇可以设立人民调解委员会，而且乡镇设立的人民调解委员会承担整个乡镇所辖区域内人民调解服务供给责任，这里面自然包括该乡镇下辖的农村地区，即乡镇人民调解委员会有权利参与农村人民调解服务供给。但目前来看，以乡镇为单位设立的人民调解委员会与法律规定之间存在冲突，如乡镇人民调解委员会委员几乎全部为乡镇领导干部，这与法律将人民调解委员会认定为群众性组织的规定不符。此外，我们在调研中发现即便设立乡镇人民调解委员会的地区，这些机构也没有发挥调解民间纠纷的作用，可以说形同虚设，倘若村民之间发生矛盾纠纷，通常只会寻找村人民调解委员会解决，因而，农村人民调解服务的供给主体从实践中看依然是村人民调解委员会，本书也是以村人民调解委员会为供给主体研究农村人民调解服务供给问题。

三 供给经费：从无保障到有保障

农村人民调解服务供给经费经历了从无保障到有保障的发展历程。乡人民调解委员会供给期，《人民调解委员会暂行组织通则》对于供给经费保障事项并未提及，这便意味着乡人民调解委员会供给时期的人民调解委员会及其委员供给农村人民调解服务不但不收取任何费用，而且工作开展过程中也没有任何经费支持，整个服务供给行为完全依托个人志愿精神，而且此时期并非所有有意愿成为人民调解委员会委员的人都能够得到满足，因为人民调解委员会委员的产生需要经过乡人民代表大会推选，只有被推选为人民调解委员会委员的人员，才能提供人民调解服务。

但从乡人民调解委员会供给期转变为村人民调解委员会供给期，经费保障问题被纳入规章制度范畴。《人民调解委员会组织条例》对于农村人民调解服务供给提出了两项经费要求，一项是人民调解委员会的工作经费，另一项是人民调解员的补贴经费，并对经费来源做出明确规定，由村民委员会解决，相关规定如下："对人民调解委员会委员，根据情况可以给予适当补贴。人民调解委员会的工作经费和调解委员的补贴经费，由村民委员会或者居民委员会解决。"随后，《人民调解工作相关规定》第 42 条提出"各级司法行政机关应当积极争取同级人民政府的支持，保障人民调解工作的指导和表彰经费；协调和督促村民委员会、居民委员会和企业事业单位，落实人民调解委员会的工作经费和人民调解员的补贴经费"，这便意味着人民调解工作的"三项经费"初步形成，一是指导人民调解工作经费，二是人民调解委员会工作补助经费，三是人民调解员补贴经费。但《规定》中使用的词语是"积极争取"，这便意味着同级人民政府在支持人民调解服务经费供给上并不承担责任，即不是权利和义务的关系，因此从政府处获得相关经费不具有稳定性，财政充足地区的政府可能拨付部分经费用以支持人民调解服务供给，但财政欠充足地区的政府则可能不会在经费上支持人民调解服务供给。《人民调解法》涉及经费保障问题主要有两个地方，一是“国家鼓励和支持人民调解工作。县级以上地方人民政府对人民调解工作所需经费应当给予必要的支持和保障，对有突出贡献的人民调解委员会和人民调解员按照国家规定给予表彰奖励”，这说明法律要求县级以上地方人民政府须针对人民调解工作所需经费给予必要的支持和保障，不像《人民调解工作相关规定》中提及的“积极争取”，此处说明政府在农村人民调解服务经费保障问题上需要承担一定的责任。二是“村民委员会应当为人民调解委员会开展工作提供办公条件和必要的工作经费”，这一点《人民调解法》沿袭了《人民调解委员会组织条例》相关规定。从《人民调解法》规定中可以看出，农村人民调解服务经费保障的来源主要有两处，一处是县级以上地方人民政府，另一处是村民委员会，而人民调解工作“三项经费”与前文的论述相同。

四　供给范围：从以乡为单位到以村为单位

人民调解委员会遵循属地原则提供人民调解服务，即以什么地域为单位设立的人民调解委员会仅处理该地域范围内发生的民间纠纷，这是我国《宪法》做出的明确要求。农村人民调解服务供给主体最初为乡人民调解委员会，由乡人民代表大会推选人员组成人民调解委员会，此时人民调解委员会负责化解全乡范围内发生的民间纠纷，凡是全乡地域范围内发生的民间纠纷，都可以求助人民调解委员会。但农村人民调解服务供给主体由乡人民调解委员会转变为村人民调解委员会后，原有的乡人民调解委员会不复存在，这时仅有村民委员会下设人民调解委员会，而村民委员会是以行政村为单位建立的，因而，村民委员会下设的人民调解委员会仅能负责本行政村域范围内发生的民间纠纷，农村人民调解服务供给由以往的以乡为单位转变为现今的以村为单位，由此供给范围上呈现由大到小的特征。

此外，随着供给范围由以乡为单位到以村为单位，供给主体数量也出现了显著变化，毕竟以乡为单位设立人民调解委员会和以行政村为单位设立人民调解委员会是两个完全不同的概念，全国行政村数量远多于乡镇数量，每个乡镇少则下辖几个行政村，多则下辖几十个行政村，这就导致人民调解委员会数量短时间内骤增。例如，到 1955 年底，全国调解委员会共有 17 万多个。到 1982 年《宪法》规定，居民委员会、村民委员会设人民调解委员会。换言之，以更下一层的居委会、村委会为基本单位，设立人民调解组织，这样就带来了调解组织数量的急剧增加。到 1982 年底，全国有 86 万多个基层调解委员会，到 1992 年已超过 100 万个①。

总之，农村人民调解服务供给演变主要围绕供给目的、供给主体、供给经费和供给范围展开。供给目的层面由需要发挥化解民间纠纷功能、政治宣传功能和政治动员功能到只需要发挥化解民间纠纷功能，从多功能演变为单功能，实现功能的理性回归；供给主体层面由乡人民调解委员会到村人民调解委员会；供给经费层面由没有任何经费保障到有经费保障，且经费的来源途径日渐拓宽，由原有的村民委员会到县级以上地方人民政府和村民委员会共同承担经费保障责任；供给范围由乡人民调解委员会以乡为单位供给农村人民调解服务转变为村人民调解委员会以村为单位供给农村人民调解服务，从面向全乡供给人民调解服务到面向全村供给人民调解服务，供给范围必然由大变小。

---

① 陈杭平：《加强人民调解员队伍建设推进国家治理现代化》，《人民日报》（海外版）2018 年 4 月 28 日。

第三节　农村人民调解服务供给演变的驱动因素

农村人民调解服务供给演变呈现四种特征，即供给目标层面由多功能到单功能，供给主体层面由乡人民调解委员会到村人民调解委员会，供给经费层面由无保障到有保障，供给范围层面由服务乡到服务村，这与社会环境的改变、制度环境的变迁及法治建设的强化密切相关，本书主要从这三个方面出发探讨农村人民调解服务供给演变特征的生成逻辑。

一　社会环境的改变

农村人民调解服务供给演变首先与农村社会环境的改变密切关联，从 1954 年至今，我国农村社会发生了翻天覆地的变化，而农村人民调解服务供给也需要与时俱进地进行调整，这样才能更好地适应新情境、新态势。

众所周知，中华人民共和国成立后我国长期主要实行计划经济体制，关于当时为何会选择计划经济体制，主要有三种代表性观点，所涉及的人物为曹远征、林毅夫和陈甬军等。曹远征认为，中国计划体制的建立是由中国在当时面临着经济发展性短缺的主要矛盾所决定的①；林毅夫等则将选择优先发展重工业战略作为高度集中计划体制形成和发展的逻辑起点②；而陈甬军提出新中国成立初期面临的国际环境和经济发展水平才是决定我国传统计划经济体制形成的主要因素③。直到

① 曹远征：《中国经济现代化进程中的体制变革分析》，《管理世界》1989 年第 3 期。

② 林毅夫、蔡昉等：《论中国经济改革的渐进式道路》，《经济研究》1993 年第 9 期。

③ 陈甬军：《中国为什么在 50 年代选择了计划经济体制》，《厦门大学学报（哲学社会科学版）》2001 年第 2 期。

1978 年党的十一届三中全会召开，重新确立了以经济建设为中心作为核心内容的党的基本路线，商品经济才逐渐发展起来，而在计划经济和商品经济发展的不同时期，我国农村社会环境表现出迥异的情形，这必然会对农村人民调解服务供给侧产生影响。

计划经济体制时期，举全国之力发展工业，农业成为工业发展的支撑点，在此情境下，国家实行较为严格的人口流动政策，因而，人口大规模流动几乎没有可能，并且农村与城市之间存在明显区别，尤其表现在产业结构上。生活在农村地区的人常年以务农为生，土地则是村民赖以维持生活的基本要素，村民主要从土地上获得利益，尤其是经济利益①，毕竟商品经济发展落后，家庭的基本生活都依托土地，难以通过其他方式获得收入，这也是中国共产党高度重视土地改革的重要原因之一。由于人口流动性弱，农村存在大量人口，劳动力充足，而农业生产活动往往具有季节性特征，耕种、收割季节相对繁忙，其他时间段则相对空闲，因此村民存在大量的闲暇时间用于化解民间纠纷，再加上形成了为集体无偿奉献的社会风气，集体主义价值观深扎于每个群众心底，民众都乐于参与集体活动，故农村人民调解服务供给方面即便没有经费支持，村民也愿意参与到服务供给中，并以此为荣。毕竟人民调解委员会委员需要经过一定的推选程序才能产生，并非所有人都可以在推选中脱颖而出，整个推选行为存在一定的竞争性，能够被推选为人民调解委员会委员，即说明其行为作风得到大部分群众认可。

但随着商品经济的兴起及后期社会主义市场经济体制的建立，人口流动政策从严格逐渐向宽松发展，由于地区经济发展不平衡，付出

① 何阳、孙萍等：《农村土地承包经营权流转与地方政府绩效考评》，《西北农林科技大学学报（社会科学版）》2017 年第 3 期。

与回报之间存在地域差别，这时农村剩余劳动力开始离开家乡，到我国沿海地区务工，形成了我国历史上大规模的人口迁移现象，正如蔡建明等学者所言："大量农村剩余劳动力的存在是我国人口迁移的原动力""城乡和地区间收入的巨大差异进一步激发了大规模的人口迁移"①。农村剩余劳动力的外出必然导致农村社会人口数量和结构发生变化，常年生活在农村的人口不断减少，且留守在农村生活的人口以中、老年人和小孩为主，这便是一些学者提出的农村"空心化"问题，即"农村青壮年劳动力大量流入城市，导致农村人口下降和农村青壮年人口比例下降，农村剩下的人口大多数是老人、妇女和儿童的一种现象"②。当前农村青壮年劳动力外出务工，农业活动的老龄化③和女性化④现象非常突出，甚至可以说已经成为一种普遍现象，并且即便是留守在村庄的人士，除了从事农业活动之外，还会寻找其他一些方式增补家庭收入，如打零工等，这便使村民的空暇时间没有以往充足，在一定程度上村民会压缩投入化解民间纠纷的时间。此外，整个农村社会风气也在悄然发生变化，以往纯粹的志愿主义精神受到一定的腐蚀，村民希望提供农村人民调解服务的正常开销能够得以保证，虽不如其他正式机构及其人员获得的收入，但自己化解农村民间纠纷不能往里倒搭钱财。因而，为鼓励村民积极参与农村人民调解活动，国家改变了以往不涉及经费保障的做法，制度层面实现了农村人民调解服务经费保障由无到有的转变，要求县级以上地方人民政府和村民委员会对人民调解委员会开展工作给予一定的经费支持，对提供

① 蔡建明、王国霞等：《我国人口迁移趋势及空间格局演变》，《人口研究》2007 年第 5 期。

② 周祝平：《中国农村人口空心化及其挑战》，《人口研究》2008 年第 2 期。

③ 林本喜、邓衡山：《农业劳动力老龄化对土地利用效率影响的实证分析——基于浙江省农村固定观察点数据》，《中国农村经济》2012 年第 4 期。

④ 蔡弘、黄鹂：《谁来种地？——对农业劳动力性别结构变动的调查与思考》，《西北农林科技大学学报（社会科学版）》2017 年第 2 期。

调解服务的人民调解员给予务工补贴。

二 制度环境的变迁

国家层面关于农村人民调解服务的规定除了前文详细叙述的《人民调解委员会暂行组织通则》、《人民调解委员会组织条例》、《人民调解工作相关规定》和《人民调解法》之外，其实还包括《宪法》和《村民委员会组织法》，它们之间最大的区别在于前四项规章制度是专门针对人民调解服务制定出台的，但后面两个只是提及人民调解服务，并非仅仅为了规范人民调解服务行为而制定的。然而，后者对于人民调解服务供给演变的推动作用却不可小觑，正是1982年《宪法》和1987年《村民委员会组织法（试行)》对人民调解服务做出相关安排，《人民调解委员会组织条例》、《人民调解工作相关规定》和《人民调解法》才会顺势对人民调解服务供给进行调适，改变《人民调解委员会暂行组织通则》指导下的人民调解服务供给行为。

我国1982年《宪法》第111条第2款规定："居民委员会、村民委员会设人民调解、治安保卫、公共卫生等委员会，办理本居住地区的公共事务和公益事业，调解民间纠纷，协助维护社会治安，并且向人民政府反映群众的意见、要求和提出建议"，这便意味着农村人民调解委员会成为村民委员会的下设组织，不再沿袭原有的以乡为单位设立人民调解委员会之惯习。此外，1982年《宪法》首次提出村民自治的说法，将村民委员会认定为基层群众自治性组织，所谓村民自治就是村民自我管理、自我服务、自我监督，"村民自治"不仅是中国特色社会主义基层民主的一项伟大创造，而且是中国政府促进社会主义民主政治建设的一场空前实验①，其产生的历史条件主要有两点，

① 卢福营：《村民自治的发展走向》，《政治学研究》2008年第1期。

一是现代化背景下的国家建构，二是亿万农民构成并极具传统性的乡村社会[①]。由于村民委员会在我国宪法上的定位，即群众自治性组织，因此村民委员会下设的人民调解委员会之性质也是群众性组织，与官方机构之间没有任何隶属关系。

众所周知，宪法是国家的根本大法，被誉为“母法”“最高法”，相关规定拥有最高法律效力，其他一切法律、行政法规和地方性法规都不能与宪法存在任何抵触，并且作为子法的其他法律，被认为主要是将宪法的规定具体化，发挥实施细则的功能[②]。比如，韩大元认为，“《物权法》是在宪法秩序下，对宪法规定的基本原则、基本权利的具体化，《物权法》草案第 1 条没有规定‘根据宪法’至少在内容和技术层面上是不妥的，需要在修改中增加规定”[③]，这足以说明宪法的重要地位。而随着我国《宪法》对人民调解服务的相关内容进行调整，其他规章制度必然需要做出适应性改变，首先便是1987 年出台的《村民委员会组织法（试行)》，该部法律以宪法为依据，对人民调解服务在内容上做出了与《宪法》相同的规定，以此维护宪法地位。

随着《宪法》和《村民委员会组织法（试行)》的陆续颁布，这两部法律为人民调解服务的相关内容奠定了基础，以往实施的《人民调解委员会暂行组织通则》制定主体为政务院，从属性来看，由政务院颁布的制度为行政法规，而在法律效力层面，行政法规的效力不能与《宪法》和《村民委员会组织法（试行)》相提并论，倘若行政法规与《宪法》及国家正式法律之间产生冲突，必须对行政法规进行修改，以往实施的《人民调解委员会暂行组织通则》则不能用于指导人

① 徐勇：《现代国家的建构与村民自治的成长——对中国村民自治发生与发展的一种阐释》，《学习与探索》2006 年第 6 期。

② 叶海波：《“根据宪法，制定本法”的规范内涵》，《法学家》2013 年第 5 期。

③ 韩大元：《由〈物权法（草案)〉的争论想到的若干宪法问题》，《法学》2006 年第 3 期。

民调解实践活动。而1989年出台的《人民调解委员会组织条例》明确规定村民委员会设立人民调解委员会之条款，并且《人民调解委员会组织条例》实施之日起原有的《人民调解委员会暂行组织通则》随即被废止，2002年出台的《人民调解工作相关规定》和2011年实施的《人民调解法》也采用相关说法，坚持宪法的母法地位。因而，可以说农村人民调解服务供给主体和供给范围的演变主要是制度环境变迁所致，即由于我国《宪法》将人民调解服务纳入调节内容范畴，根本上改变了人民调解服务供给的主体及其范围，因而，后期相关制度的制定只能按照《宪法》的相关规定进行细化、具体化。

三 法治建设的强化

法治是国家治理追求的永恒目标，唯有将法律视为治理的重要依据，摒弃人治的痼疾，一个国家和民族才能更好地屹立于世界之林。新中国成立初期，废弃了中华民国统治时期实施的《六法全书》，但因现实矛盾重重，新的法律制度建设未能及时展开，以致法治建设相对滞后，因此发源于革命根据地的人民调解制度作为一项法律制度发挥了极为重要的作用，并且人民调解除了具有化解民间纠纷的功能之外，还具有政治宣传和政治动员功能。

十一届三中全会不仅开启了我国改革开放和社会主义现代化建设的新时代，而且也开启了我国法治建设的新纪元。自1978年以来，我国的法治建设主要围绕重塑法律的地位和权威，积极落实立法工作及建立健全司法机构、行政执法机构和法律服务机构而展开①。这三项内容之间存在一定的逻辑关系，首先，明确法律地位和重塑法律权威

① 袁曙宏、杨伟东：《我国法治建设三十年回顾与前瞻——关于中国法治历程、作用和发展趋势的思考》，《中国法学》2009年第1期。

是推进法治建设的起点，只有在现实生活中确立了法律至高无上的地位，才能保证各种行动都依法办事；其次，法律制度是依法办事的前提和基础，只有建立了完善的法律制度，做到有法可依，才能真正对照法律行使权利；最后，法律制度仅是“一纸文书”，落实法律制度需要由具体的机构和人员负责，因此建立健全司法机构、行政执法机构和法律服务机构势在必行，只有组织机构和人员建设到位，将法治落实到位才指日可待。

随着我国法治环境改变，法治建设目标不断提高，如近年来全面推进依法治国作为“四个全面”的内容之一上升到国家顶层设计层面，意味着我国各行各业都应当将“法治”作为底线，无论是国家建设、政府建设还是社会建设都需要坚守“法治”原则，人民调解服务作为化解矛盾纠纷的一项重要公共服务，自然也不能例外，依法调解成为人民调解服务供给的必然要求。而依法调解对于由村设的人民调解委员会来讲并非一件易事，究其原因，法律是一门较为复杂而系统的知识体系，倘若不了解法律，按照法律化解矛盾纠纷则根本不现实。而由村民推选出来的人民调解委员会委员之受教育程度可能有限，很少有接受过法学教育背景的，这时便需要人民调解委员会提高其成员的专业素养，弥补组织和队伍建设的不足，不能像以往采用简单的“和稀泥”方式，而要契合依法调解的时代要求。因而，国家希望人民调解委员会可以集中精力按照现实需要实现化解矛盾纠纷功能，不用再承担其他功能，以免因为承担其他功能对化解矛盾纠纷的效果造成影响。此外，虽然我国司法机构、行政执法机构等公权力矛盾纠纷解决机构建设取得了显著性成效，人民法院、人民检察院、政府信访部门等遍布全国各地，很多乡镇都设有人民法院相关机构，方便诉讼。但社会体制一直处于转型过程中，且相较于经济体制转型，社会体制转型始终处于落后状态，难以与经济体制转型并轨前行，以致社会体制转型过程中矛盾纠纷的总体数量整体上呈现不断攀升趋势。完全依靠公权力矛盾纠纷解决机制处理所有的民间纠纷根本不具有现实性，这是由当前我国法治环境所决定的，而民间纠纷不能及时、有效解决，始终会是威胁社会稳定的一个重要因素，故国家想要借助人民调解服务共同处理日益增多的民间纠纷，将人民调解服务供给目的直接确立为调解民间纠纷，摒弃人民调解服务的其他功能。

总之，新中国成立以来，以供给主体为标准，农村人民调解服务供给可划分为乡人民调解委员会供给期和村人民调解委员会供给期，即乡人民调解委员会提供农村人民调解服务和村人民调解委员会提供农村人民调解服务。此阶段，国家专门针对人民调解工作相继颁布四项规章制度，尤以《人民调解法》最为引人注目，这从侧面说明人民调解服务作为“东方经验”将被广泛地运用到社会治理中，否则，国家不会针对人民调解服务专门制定相关法律予以规范、指导。因为制定和实施一部法律需要投入大量的人力、财力和物力成本，且关系立法机构的声誉和权威，如果缺乏制定和出台一部法律的必要性，立法机构则不会将其提上议程。而从 1954 年至今，农村人民调解服务供给演变特征主要呈现四个方面，供给目标上由人民调解服务承担多项功能转变为仅承担化解矛盾纠纷功能，人民调解服务的政治宣传功能、政治动员功能等逐一被搁置；供给主体上由乡人民调解委员会转变为村人民调解委员会；供给经费上由无保障到有保障，且经费来源途径日渐拓宽，从只要求村民委员会提供工作经费到要求县级以上地方人民政府和村民委员会共同提供经费；供给范围上由以乡为单位到以村为单位。农村人民调解服务供给会发生这些演变，关键在于社会环境的改变、制度环境的变迁和法治建设的强化，即农村社会人口数量和结构及社会风气的变化使得农村人民调解服务在供给经费上发生了演变；我国 1982 年《宪法》对人民调解服务的相关内容进行规定推动了其他法律制度对农村人民调解服务供给的调适，使得农村人民调解服务在供给主体和供给范围上发生了演变；法律制度的日臻完善和法治要求的不断提升使依法调解成为人民调解服务供给的必然要求，依法调解对于人民调解委员会是一种挑战，外加完全寄希望于公权力矛盾纠纷解决机构及时有效地处理社会转型期出现的日渐增多的矛盾纠纷不具有现实可行性，故推动农村人民调解服务供给目的向化解矛盾纠纷功能汇聚，由多功能转变为单功能。

第四章　农村人民调解服务供需概况与问题诊断

“公共服务”是近20年来在中国公共政策和学术研究中出现的关键词和高频词，但人们对其概念的解读却存在本质属性表述不一、形式属性表达不清和外延范围表达不准等认知迷茫，并由此导致公共服务政策的指向模糊和学术研究中的是非论争①。虽然关于“公共服务”的概念解读尚存争议，但关于公共服务供给的发展趋势却表现出惊人的相似，学者们普遍认为公共服务供给需要立足公共服务对象需求，有针对性地供给，唯有此才能最大限度地增强民众公共服务获得感，避免造成资源浪费。因此，本章主要从实证调查出发介绍农村人民调解服务供给与需求概况并对其存在的问题进行诊断，审视农村人民调解服务供给方面的不足。农村人民调解服务提质增效逻辑起点在于农村人民调解服务供给与需求存在矛盾，而这些矛盾会对农村人民调解服务供给质量造成影响，故要提升农村人民调解服务供给质量，必须推动农村人民调解服务供给方面的改革，使农村人民调解服务供需一致。

① 姜晓萍、陈朝兵：《公共服务的理论认知与中国语境》，《政治学研究》2018年第6期。

第一节　农村人民调解服务供给概况

通过整理调研资料，我们可以将农村人民调解服务供给概况归纳为以下方面。

农村人民调解服务供给主体为村人民调解委员会，即村民委员会设立人民调解委员会。调研的 7 个行政村无一例外地属于此情形，所有访谈对象均指出当地只有村人民调解委员会提供人民调解服务，占比达 100%，村民遇到矛盾纠纷，通常寻找村人民调解委员会化解矛盾纠纷，与城市地区拥有多个人民调解组织现象存在差异。

农村人民调解委员会委员产生方式存在较大差异，有的行政村每三年举行一次换届活动，由村民大会或者村民代表会议推选人员产生，连选人员需要连任人民调解委员会委员，为群众提供农村人民调解服务；有的行政村直接由村干部兼任人民调解委员会委员，村庄内部不开展选举活动（见表 4.1）。32.3% 的访谈对象提及农村人民调解委员会委员的产生方式为推选产生，67.7% 的访谈对象提及农村人民调解委员会委员的产生方式为直接上报，这说明以直接上报方式产生农村人民调解委员会委员的现象更为普遍。而农村人民调解委员会委员通常则是农村人民调解员，因为农村地区基本没有聘任的人民调解员，只有推选出的人民调解员。

表 4.1　农村人民调解员的产生方式

单位：次，%

关联编码	开放编码	提及次数	百分比
农村人民调解员产生方式	推选产生	10	32.3
	直接上报	21	67.7
	总计	31	100.0

资料来源：对访谈资料的分析。

从农村人民调解员身份结构上看，村委会干部兼职农村人民调解员的较多，占比为79.2%，普通村民兼职农村人民调解员的较少，占比为20.8%，此群体中还包括两名原村支书；从性别上看，以男性为主，女性偏少，男性占比为79.2%，女性占比为20.8%；从年龄结构看，以40～59岁的人群为主，青年人较少，40岁以上的人群占比为91.7%，没有30岁以下的人群，30～39岁的人群占比为8.3%；从受教育程度看，以中、小学为主，中小学水平的人群占比为91.7%，接受大学教育的较少，占比为8.3%（见表4.2）。且每个村人民调解委员会委员的数量存在一定的差别，有的行政村人民调解委员会委员较多，有五六名，而大多数行政村人民调解委员会只有3名人民调解委员会委员，但人数配置上均符合《人民调解法》的规定。农村人民调解员从性质上看，均为“推选”人民调解员，且以兼职为主，没有专职人民调解员，推选人民调解员与专职人民调解员的最大区别在于是否从化解矛盾纠纷过程中领取工资，是否将化解矛盾纠纷作为维持生计的工作。

表4.2　农村人民调解员的基本情况

单位：人,%

变量	类别	计数	百分比	变量	类别	计数	百分比
身份	村委会干部	19	79.2	性别	男	19	79.2
	普通村民	5	20.8		女	5	20.8
年龄	30～39岁	2	8.3	学历	小学	7	29.2
	40～49岁	6	25.0		初中	10	41.7
	50～59岁	15	62.5		高中（中专）	5	20.8
	60～69岁	1	4.2		大专	2	8.3

资料来源：对访谈资料的分析。

农村人民调解服务供给在一定程度上可以发挥化解矛盾纠纷、维护基层稳定的作用，所调研行政村人民调解委员会每年化解矛盾纠纷数多达几十起，少则十几起，有助于缓解基层政府工作的压力。农村人民调解受欢迎的原因如表 4.3 所示，31.5% 的访谈对象提及农村人民调解服务不收取费用，属于无偿性解纷；27.2% 的访谈对象提及农村人民调解服务较为灵活，与诉讼需要固定的场所和程序不同，农村人民调解可以在田间、炕头、村委会活动中心及村民家里处理矛盾纠纷；22.8% 的访谈对象认为大家都与调解员熟悉，找人民调解员化解矛盾纠纷、评理，可以更好地维护情感；6.6% 的访谈对象提及不想把事情闹大，能够在村里解决就在村里把纠纷解决了；11.9% 的访谈对象提及文化观念，认为农村人不偏好走诉讼途径解决矛盾纠纷。

表 4.3　农村人民调解受欢迎的原因

单位：次，%

关联编码	开放编码	提及次数	百分比
农村人民调解受欢迎的原因	无偿性	29	31.5
	灵活性	25	27.2
	与调解员熟悉	21	22.8
	不想把事情闹大	6	6.6
	文化观念	11	11.9
	总计	92	100.0

资料来源：对访谈资料的分析。

农村人民调解委员会作为群众性组织，开展人民调解工作应当有一定的开销，且只有充足的经费作为服务供给保障，才更利于保证服务供给质量。而实践中农村人民调解服务供给经费状况如表 4.4 所示，80.6% 的被访者提及农村人民调解委员会没有供给经费，19.4% 的被访者提及农村人民调解委员会有 200 元供给经费。

表 4.4 农村人民调解服务供给经费状况

单位：次，%

关联编码	开放编码	提及次数	百分比
供给经费	200 元经费	6	19.4
	没有经费	25	80.6
	总计	31	100.0

资料来源：对访谈资料的分析。

农村人民调解员提供农村人民调解服务的意愿高低与服务供给质量之间密切相关，供给意愿越高，越利于保障服务供给质量；反之，供给意愿越低，越不利于保障服务供给质量。农村人民调解员供给意愿状况如表 4.5 所示，9.7% 的被访者认为农村人民调解员的工作积极性一般；16.1% 的被访者认为农村人民调解员的工作积极性较低；74.2% 的被访者认为农村人民调解员根本没有工作积极性。

表 4.5 农村人民调解员供给意愿状况

单位：次，%

关联编码	开放编码	提及次数	百分比
农村人民调解员供给意愿	积极性一般	3	9.7
	积极性较低	5	16.1
	没有积极性	23	74.2
	总计	31	100.0

资料来源：对访谈资料的分析。

农村人民调解员提供农村人民调解服务能力的强弱也与服务供给质量之间密切相关，供给能力越强，越利于保障服务供给质量，反之，供给能力越弱，越不利于保障服务供给质量。农村人民调解员解纷能力评价状况如表 4.6 所示，6.4% 的被访者认为农村人民调解员解纷能力强，可以很好地应对农村民间纠纷；32.3% 的被访者认为农村人民调解员解纷能力一般，可以有效地处理一些矛盾纠纷，但遇到棘手的矛盾纠纷则存在一定困难；61.3% 的访谈对象认为农村人民调解员解纷能力弱，不能完全按照现实需要妥善地处理农村民间纠纷。

表 4.6　农村人民调解员解纷能力评价状况

单位，次，%

关联编码	开放编码	提及次数	百分比
农村人民调解员解纷能力评价	解纷能力强	2	6.4
	解纷能力一般	10	32.3
	解纷能力弱	19	61.3
	总计	31	100.0

资料来源：对访谈资料的分析。

关于农村人民调解服务供给过程和实效问题，农村人民调解员在化解矛盾纠纷过程中并非都签订人民调解协议书，只有纠纷当事人主动提出要求，农村人民调解员才会拟订书面协议，否则，以口头协议化解矛盾纠纷（见表 4.7），90.3% 的访谈对象提及农村人民调解结果的呈现形式为口头协议，9.7% 的访谈对象提及农村人民调解结果的呈现形式为书面协议。而农村人民调解员提供人民调解服务过程通常只有调解员和纠纷当事人，人民调解员在化解矛盾纠纷过程中是否会出现偏袒现象，调解过程与结果是否符合法律规定及纠纷当事人的满意度等，外界一无所知，访谈对象均指出农村人民调解服务供给过程和实效的监督处于缺失状态，占比达 100%。

表 4.7　农村人民调解结果的呈现形式

单位：次，%

关联编码	开放编码	提及次数	百分比
农村人民调解结果的呈现形式	口头协议	28	90.3
	书面协议	3	9.7
	总计	31	100.0

资料来源：对访谈资料的分析。

第二节　农村人民调解服务需求概况

通过整理调研资料，我们可以将农村人民调解服务需求概况归纳为以下方面。

农村人民调解服务作为一项免费的化解矛盾纠纷的公共服务，广受村民青睐，调研地绝大多数矛盾纠纷通过人民调解方式予以解决则是最好的说明。虽然以农村人民调解服务方式化解农村矛盾纠纷的数量无法与农村人民调解发展黄金时期媲美，但以农村人民调解服务方式解决农村矛盾纠纷依然占据了一半以上。此外，调研中被访谈对象对农村人民调解服务的需求性评价也较高（见表4.8），27名被访谈对象认为非常需要农村人民调解服务，占总人数的87.1%，4名被访谈对象认为需要农村人民调解服务，占总人数的12.9%，没有访谈对象提及不需要农村人民调解服务。对于为何需要农村人民调解服务，被访谈对象众说纷纭，主要有以下几点：①农村人民调解服务不收取任何费用，村民通过农村人民调解服务方式化解矛盾纠纷不需要向人民调解委员会及其成员支付劳动报酬，减轻了村民化解矛盾纠纷的经费成本；②农村人民调解服务灵活、方便，农村人民调解员调解矛盾纠纷可以在田地、房屋前后及矛盾纠纷发生地等场地，不需要像政府、法院调解矛盾纠纷要到固定场地，且农村人民调解员调解矛盾纠纷没有诉讼等方式的程序严格；③农村人民调解服务会考虑情感因素，调解员熟悉矛盾纠纷当事人，会从维护纠纷当事人情感角度处理矛盾纠纷。

表 4.8　农村人民调解服务总体需求度状况

单位：次，%

关联编码	开放编码	提及次数	百分比
对农村人民调解服务的需求度	非常需要	27	87.1
	需要	4	12.9
	总计	31	100.0

资料来源：对访谈资料的分析。

关于农村人民调解服务供给主体的需求，8 名被访谈对象认为保持既有状况，由村人民调解委员会化解矛盾纠纷，占总人数的 25.8%，23 名被访谈对象认为除村人民调解委员会之外，还应建立其他人民调解组织，占总人数的 74.2%（见表 4.9）。因而，除村人民调解委员会之外，应建立其他人民调解组织是主流观点的表达，占据总人数的多半。被访谈对象主张除村人民调解委员会之外，应建立其他人民调解组织的原因主要有以下几点：①村人民调解委员会人员组成主要是村委会干部，而村委会干部身兼数职，日常非常繁忙，难以保证化解矛盾纠纷的及时性，有些矛盾纠纷因村人民调解委员会处理不及时而进一步扩大化；②村人民调解委员会人员组成主要是村委会干部，而农村矛盾纠纷类型中则有村民和村民委员会发生矛盾纠纷一类，且此类矛盾纠纷日渐成为一类重要的矛盾纠纷，此时由村人民调解委员会化解矛盾纠纷则存在不客观、不公正的嫌疑，毕竟村人民调解委员会和村委会成员基本相同，他们既是纠纷当事人，也是解纷调解人，即便村人民调解员秉公办事，也易给群众留下不好的印象。

表 4.9　农村人民调解服务供给主体需求状况

单位：次，%

关联编码	开放编码	提及次数	百分比
对农村人民调解服务供给主体的需求	只需要村人民调解委员会	8	25.8
	除村人民调解委员会之外，应建立其他人民调解组织	23	74.2

续表

关联编码	开放编码	提及次数	百分比
	总计	31	100.0

资料来源：对访谈资料的分析。

关于农村人民调解服务供给经费的需求，28 名被访谈对象提及人民调解委员会办公经费，占总频次的 48.3%；30 名被访谈对象提及人民调解员补贴经费，占总频次的 51.7%（见表 4.10）。被访谈对象希望落实人民调解员办公经费及人民调解员的补贴经费，唯有此，才能保证按照国家要求履行人民调解义务。比如签订人民调解协议书，必然需要印刷人民调解协议书，而印刷人民调解协议书则需要经费，此外，农村人民调解员化解矛盾纠纷可能存在误工以及使用交通工具等情形，让农村人民调解员自身贴钱化解矛盾纠纷则不具有可行性，毕竟整个调解矛盾纠纷行为是无偿性的，属于农村人民调解委员会自愿性行为。由此可见，民众希望落实农村人民调解服务供给经费，保障农村人民调解服务有序运作。

表 4.10　农村人民调解服务供给经费的需求状况

单位：次，%

关联编码	开放编码	提及次数	百分比
对农村人民调解服务供给经费的需求	人民调解委员会办公经费	28	48.3
	人民调解员补贴经费	30	51.7
	总计	58	100.0

资料来源：对访谈资料的分析。

关于农村人民调解服务供给意愿的需求，8 名被访谈对象认为需要农村人民调解员非常有积极性地提供农村人民调解服务，占总人数的 25.8%；23 名被访谈对象认为需要农村人民调解员有积极性地提供农村人民调解服务，占总人数的 74.2%；没有任何访谈对象希望农村人民调解员在提供农村人民调解服务过程中没有任何积极性（见表

4.11）。因而，农村人民调解员积极地提供农村人民调解服务是民众的现实需要，且在积极性的程度上有所区分，更多的被访谈者希望农村人民调解员在提供农村人民调解服务过程中非常有积极性，而只有少部分被访谈者希望农村人民调解员在提供农村人民调解服务过程中具有积极性即可。众所周知，从业人员的积极性与工作质量之间密切相关，回归到农村人民调解领域，只有农村人民调解员积极地提供农村人民调解服务，才能有效地解决农村矛盾纠纷，才能增加民众对农村人民调解服务的满意度，更多地求助于农村人民调解服务方式解决农村民间纠纷。

表 4.11　农村人民调解服务供给意愿需求状况

单位：次，%

关联编码	开放编码	提及次数	百分比
对农村人民调解服务供给意愿的需求	非常有积极性地提供农村人民调解服务	8	25.8
	有积极性地提供农村人民调解服务	23	74.2
	总计	31	100.0

资料来源：对访谈资料的分析。

关于农村人民调解服务供给能力的需求，28 名被访谈对象提及化解新型矛盾纠纷的能力，占比为 77.8%；8 名被访谈对象提及化解打架、斗殴等矛盾纠纷的能力，占比为 22.2%；其他方面的能力暂未提及（见表 4.12）。因而，可以看出，民众在农村人民调解服务供给能力方面的需求主要集中为要求农村人民调解员提升化解新型矛盾纠纷的能力与化解打架、斗殴等矛盾纠纷的能力。在供给能力方面的现实需要既透露出农村矛盾纠纷的发展变化，也揭示出农村人民调解员在传统矛盾纠纷化解上的不足之处。

表 4.12　农村人民调解服务供给能力需求状况

单位：次，%

关联编码	开放编码	提及次数	百分比
对农村人民调解服务供给能力的需求	化解新型矛盾纠纷的能力	28	77.8
	化解打架、斗殴等矛盾纠纷的能力	8	22.2
	总计	36	100.0

资料来源：对访谈资料的分析。

关于农村人民调解服务供给监督的需求，提及经费收支监督的为19次，占比为25%；提及供给过程监督的为26次，占比为34.2%；提及供给结果监督的为31次，占比为40.8%（见表4.13），这说明无论是经费收支、供给过程还是供给结果均应当纳入监督体系设计中，且三个层面的监督在农村人民调解服务整个供给过程中发挥着重要作用。不过，对于需求程度层面，三个环节上存在差异，要求对经费收支使用做出监督的人数最少，而要求对供给结果做出监督的人数最多，要求对供给过程做出监督的人数居中。对于为何在这些方面存在需求，被访谈对象普遍认为只有在这些方面强化监督，才能更好地保障服务质量，提高村民对农村人民调解服务的满意度，如被访谈者QJW-1-55所言，“任何行为活动都不能离开监督，没有监督，人民调解委员会想怎样就怎样，如此一来，怎样保证服务效果和质量”？

表 4.13　农村人民调解服务供给监督的需求状况

单位：次，%

关联编码	开放编码	提及次数	百分比
对农村人民调解服务供给监督的需求	经费收支监督	19	25.0
	供给过程监督	26	34.2
	供给结果监督	31	40.8
	总计	76	100.0

资料来源：对访谈资料的分析。

总之，通过对访谈记录的分析，我们发现，从总体上看，对于农村人民调解服务的需求度较高。而从细节来看，供给主体层面，民众希望除村人民调解委员会之外，应建立其他人民调解组织；供给经费层面，民众希望可以保障人民调解委员会的工作开销与人民调解员的经费补贴；供给意愿层面，民众希望农村人民调解员可以积极地提供农村人民调解服务；供给能力层面，民众希望农村人民调解员可以更为专业地提供农村人民调解服务，尤其是化解新型农村矛盾纠纷以及处理打架、斗殴等矛盾纠纷；供给监督层面，民众希望可以强化对经费收支、供给过程及供给结果的监督，从而对整个服务质量形成保障。

第三节　农村人民调解服务供给面临的问题

农村人民调解服务供给问题是本书的核心内容，为推动整个农村人民调解服务供给提质增效奠定基础。通过对既有文献的梳理及结合相关理论内容，本书主要从供给主体、供给经费、供给意愿、供给能力和供给监督五个方面研究农村人民调解服务供给与需求现状，将这五个方面作为审视农村人民调解服务供给与需求现状的分析框架，采取“深描”的质性研究方法，对农村人民调解服务供给存在的问题进行全景式描绘。“深描”特别强调互动性、过程性、细节性和情境性[①]，尽管其注重细节，甚至微不足道的小事，但绝非对所有小事都展开研究，恰恰相反，对研究对象必须有所取舍，以选择最能达到研究目的的对象[②]。

究其原因，从整体上看，这五个方面均与供给质量高低相关。首先，供给主体的数量决定是否有竞争性，而有竞争性的供给更利于提

① 陈向明：《质的研究方法与社会科学研究》，教育科学出版社，2000。

② 澜清：《深描与人类学田野调查》，《苏州大学学报（哲学社会科学版）》2005 年第 1 期。

升农村人民调解服务供给质量；其次，供给经费是开展农村人民调解服务供给活动的物质保障，整个服务供给缺乏充足的物质保障则难以保证质量；再次，人民调解员是开展人民调解服务供给活动的人力保障，调解员的意愿和能力对农村人民调解服务供给质量会造成影响；最后，供给监督是保障整个服务有序供给的“警戒线”，有助于避免不正当现象发生，提升服务供给质量。

通过对调研地农村人民调解服务供给与需求情形的综合分析，我们发现当前农村人民调解服务供给中存在供给主体单一、供给经费缺乏、供给意愿偏低、供给能力有限和供给监督不力等问题。下文将逐一围绕这五个现实问题展开论述。

一　供给主体单一

农村人民调解服务供给首先需要回答谁来供给的问题，这便是我们讲的供给主体，倘若存在众多供给主体，各供给主体间形成有序竞争，则更有助于提升农村人民调解服务供给的质量，这是竞争机制的内在逻辑。此外，《法治政府建设实施纲要（2015－2020）》明确提出“健全人民调解组织网络”，这足以说明供给主体建设的现实意义。而公共服务供给可以划分为提供和生产两个环节，并且这两个环节可以有效分离开来。最早提出此概念的是民营化的倡导者萨瓦斯，在他提出此论断之前，公共服务的提供和生产经常被混合使用，人们并不对其进行有效区分，但事实上，公共服务的提供与生产之间存在明显区别，混合使用并不妥当。萨瓦斯认为：“服务的生产者直接组织生产，或者直接向消费者提供服务”，而“服务安排者（亦称服务提供者）指派生产者给消费者，指派消费者给生产者，或选择服务的生产者”。[1]

① 〔美〕E. S. 萨瓦斯：《民营化与公私部门的伙伴关系》，周志忍等译，中国人民大学出版社，2002。

此外，作为公共服务的安排者或者提供者，在服务提供过程中主要需要做出如下决策："第一，指定一组人提供各类物品和服务，确定被供应物品和服务的数量和质量；第二，决定与这些物品和服务有关的私人活动被管制的程度，决定如何安排这些物品和服务的生产；第三，决定如何对这些物品和服务的供应进行融资；第四，决定如何对生产这些物品和服务的人进行管理。"① 需要指明虽然公共服务的供给可以划分为提供与生产两个不同环节，分别对应公共服务的提供者和生产者角色，但这并不意味着提供者和生产者角色必须绝对分离，即由两个不同的供给主体扮演，提供者和生产者有时可能是一个主体，这个主体既扮演提供者角色，又扮演生产者角色，此时，供给主体则集提供者和生产者角色于一身。

是否应当将公共服务的提供者与生产者角色分离主要判断依据是公共服务的类别。对于公共服务分类，学界探讨较多，比较实用的分类方法是将公共服务划分为维护性公共服务、经济性公共服务和社会性公共服务。维护性公共服务主要在于保护国家机器的存在和运作，如政府的一般行政管理、国防、法律与司法等；经济性公共服务主要在于促进经济发展，通常来看主要是生产性的，比如，政府对国有企业的投资等；社会性公共服务主要在于保障公民权利，并具有较为强烈的再分配功能，如文化教育、福利性收入转移支付、社会保障福利等②。此外，联合国还根据政府职能体系对公共服务做出划分，按照联合国"政府职能分类法体系"，公共服务则主要包括四方面内容：普通公共服务与安全、社会服务（包括教育事务和服务、社会保障和福利、健康事务和服务、住房、供水、文化等方面）、经济服务（包

① 〔美〕埃莉诺·奥斯特罗姆等：《制度激励与可持续发展》，毛寿龙译，上海三联书店，2000。

② 郑晓燕：《中国公共服务供给主体多元化发展研究》，华东师范大学博士学位论文，2010。

括燃油和电力、交通运输和通信、农林渔业等方面）、未按大类划分的支出（如政府间转移支付）[①]。

我们以第一种划分方式为例探讨公共服务的提供者与生产者是否应当进行分离，在经济性公共服务中，通常需要将提供者和生产者主体分离开来，政府仅仅作为经济性公共服务的提供者，具体生产任务交由企业，因为经济领域更注重效率与效益，而政府直接参与生产已被事实证明缺乏效率，难以适应市场优胜劣汰的规则体系；在社会性公共服务中，需要根据具体情况对待提供者与生产者的分离，政府购买公共服务则主要是针对社会性公共服务，政府购买公共服务是指政府通过公开招标、定向委托、邀标等形式将原本由自身承担的公共服务转交给社会组织、企事业单位履行，以提高公共服务供给的质量和财政资金的使用效率，从而改善社会治理结构，满足公众的多元化、个性化需求[②]；在维护性公共服务中，主要由政府自身完成，但也有部分维护性公共服务可以实现提供和生产的分离。现阶段，国外在这一点上走在了我国之前，如美国有些州政府直接将行政调解外包给社会组织，自身并不参与处理矛盾纠纷的具体事务，通过社会组织提供行政调解服务。

因此，农村人民调解服务供给也可以划分为农村人民调解服务的提供和生产环节，与此相对应的则是农村人民调解服务的提供者和生产者角色，而提供者与生产者角色都是农村人民调解服务的供给主体，共同构成农村人民调解服务供给不可或缺的要件，倘若只有提供者没有生产者，则没有从事化解矛盾纠纷具体工作之执行者，倘若只

① 萨尔瓦托雷·斯基亚沃－坎波、丹尼尔·托马西：《公共支出管理》，张通译，中国财政经济出版社，2001。

② 徐家良、赵挺：《政府购买公共服务的现实困境与路径创新：上海的实践》，《中国行政管理》2013 年第 8 期。

有生产者而没有提供者，化解村民矛盾纠纷也不具有可持续性，整个生产者队伍将是一盘散沙，行动没有统一性、规范性。虽然从理论上看，农村人民调解服务供给主体存在提供主体和生产主体之说，但事实表明农村人民调解服务供给的提供者和生产者都是村人民调解委员会，即村人民调解委员会垄断了农村人民调解服务供给，缺乏其他主体参与到农村人民调解服务的提供与生产过程中，完全由村人民调解委员会负责对农村人民调解服务进行安排与生产。

与其他诸如公共教育、劳动就业、人才服务、社会保险、社会救助、养老服务、儿童福利服务、残疾人服务、优抚安置、医疗卫生等基本公共服务供给主体不同，这些基本公共服务供给主体是政府，是政府为了保障公民基本权利而积极履行责任的一种体现，也是现代政府的主要职责之一。农村人民调解服务供给主体是人民调解委员会，人民调解委员会是依法设立的调解民间纠纷的群众性组织，而正是人民调解委员会的群众性组织属性决定了此项服务是一项民间自我供给的公共服务，与政府供给的公共服务之间存在显著区别，即整个供给责任全由人民调解委员会承担，政府在此领域不用承担供给责任。而政府在化解民间纠纷中主要承担行政调解责任，行政调解才是政府作为供给主体提供的一种解纷性公共服务，所谓行政调解是指由国家行政主体主持的，以国家法律和政策为依据，以自愿为原则，通过说服教育等方法，解决与其行政管理职能相关的民事纠纷和行政纠纷的诉讼外调解活动①。

依照《人民调解法》相关规定，人民调解委员会的产生方式主要有以下几种，一是村民委员会、居民委员会设立人民调解委员会，二是企事业单位设立人民调解委员会，三是乡镇、街道及社会团体或者其他组织根据需要设立人民调解委员会。回归到农村人民调解服务供

---

① 张海燕：《大调解视野下的我国行政调解制度再思考》，《中国行政管理》2012 年第 1 期。

给层面，由于人民调解服务供给范围是本居住地区，因此，从理论上来看，农村人民调解服务供给主体可以是村民委员会设立的人民调解委员会、乡镇设立的人民调解委员会及社会团体或者其他组织设立的人民调解委员会三种。

通过实证调研，我们发现农村人民调解服务供给中存在供给主体单一问题（见表4.14），31位访谈对象均表示本村只有村民委员会设立的人民调解委员会帮助群众化解矛盾纠纷，没有其他人民调解组织，村民发生矛盾纠纷，想要求助人民调解委员会，只能向村人民调解委员会寻求帮助，占比达100%，正如访谈对象QJW－1－55所述，“我们村里只有村设人民调解委员会化解矛盾纠纷，没有其他人民调解组织存在”。所调查的七个行政村只有村人民调解委员会作为农村人民调解服务供给主体提供人民调解服务，像《人民调解法》中明文规定的人民调解委员会的其他设立情形在这些行政村中都不存在，即所调查行政村并未于法律规定允许中形成农村人民调解服务多元主体共同供给局面，继而利用多元供给主体之间竞争机制，在一定程度上弥补了各供给主体的不足之处。因而，当村民之间发生矛盾冲突，或者人民调解委员会所在行政村区域范围内发生矛盾冲突，利用人民调解服务方式解决矛盾纠纷则只能选择村人民调解委员会，由村人民调解委员会委员负责化解矛盾纠纷，且村人民调解委员会的人员构成中以村委会干部为主，缺乏普通民众。

表4.14　农村人民调解服务供给主体状况

行政村	供给主体
BS村	BS村人民调解委员会，暂无其他人民调解组织
QJW村	QJW村人民调解委员会，暂无其他人民调解组织
TGZT村	TGZT村人民调解委员会，暂无其他人民调解组织
CJY村	CJY村人民调解委员会，暂无其他人民调解组织

续表

行政村	供给主体
WY 村	WY 村人民调解委员会，暂无其他人民调解组织
XBL 村	XBL 村人民调解委员会，暂无其他人民调解组织
HL 村	HL 村人民调解委员会，暂无其他人民调解组织

资料来源：从调研中获得。

这里需要说明，这些行政村所在乡镇纷纷设立了乡镇人民调解委员会，但乡镇人民调解委员会虽然以“人民调解委员会”命名，但并非《人民调解法》中认定的人民调解委员会，即由乡镇领导干部主导并任职的乡镇人民调解委员会不属于农村人民调解服务供给主体范畴，它在本质上是行政调解，设立乡镇人民调解委员会更多的是政府为了充当地方法治竞争的门面。

究其原因，首先，《人民调解法》将人民调解委员会认定为群众性组织，群众性组织则意味着应依靠群众自身化解矛盾纠纷，组织成员中不应有政府在任行政人员，而若是政府在任行政人员出面化解民间纠纷，则属于行政调解范畴，不应被认定为人民调解，但调研地乡镇人民调解委员会均违背了此原则。通过表 4.15，我们可以清晰地看出，乡镇人民调解委员会构成人员全部具有行政职务，尤其是主任委员和副主任委员全部由乡镇的领导干部担任，因而，由乡镇领导干部出任主要职务的乡镇人民调解委员会不符合《人民调解法》的相关规定。

表 4.15　乡镇人民调解委员会人员构成状况

任职 / 行政村所在乡镇	主任委员	副主任委员	委员
HA 镇	镇党委书记	镇党委副书记、镇长、镇人大主席、司法所所长	派出所所长、国土所所长、综治办主任、妇联主席、司法所科员

续表

任职 行政村所在乡镇	主任委员	副主任委员	委员
TY 乡	乡长	副乡长	综治办主任、司法所所长、计生办主任、信访办主任
BD 乡	乡人大主席	乡人大副主席	纪检书记、派出所所长、司法所所长、宣传委员
TGLS 镇	镇党委副书记、副镇长	镇党委副书记	派出所所长、综治办主任、司法所所长
WY 乡	乡党委副书记、副乡长	乡党委副书记	派出所所长、司法所所长、信访办副主任、乡安办主任、财政所所长、卫生院院长
LY 乡	乡党委副书记	副乡长	司法所所长、派出所所长、综治办主任、司法所工作人员、妇联主任
HL 镇	镇党委书记	镇长、镇副党委书记	司法所所长、司法所科员、林业站站长、村镇办主任、综治办副主任、经管站站长、林业站副站长

资料来源：从调研中获得。

其次，《人民调解法》对人民调解委员会的产生程序进行明确规定，人民调解委员会委员应当通过推选方式产生，法律只对村民委员会设人民调解委员会和居民委员会设人民调解委员会的程序做出明确规定，对于乡镇等其他组织设立人民调解委员会则使用了“参照本法相关规定”之说，因而，可以视乡镇人民调解委员会委员的产生也需要经过乡镇人员推选，但上述调查地乡镇人民调解委员会的设立并未遵从推选程序，仅是基层政府自上而下的一种安排，是基层政府对中央“健全人民调解组织体系”政策的回应。

综上，农村人民调解服务供给主体单一是摆在农村人民调解服务供给方面的首要问题，具体表现为农村人民调解服务供给主体只有村人民调解委员会，虽存在设立乡镇人民调解委员会的现象，但这些组织并不符合法律对人民调解委员会的认定，故被排除在供给主体范畴之外。而在农村人民调解服务供给主体问题层面，所调研的七个行政村之间并不存在任何差异，所处情形完全相同，唯一区别在于人民调解委员会委员人数有差异。

二　供给经费匮乏

任何公共服务供给都应以人才和经费作为基础，因此，可以看出人才和经费在公共服务供给方面的重要性，我们形象生动地将人才和经费视作公共服务供给的“两条腿”，无论离开上述哪“一条腿”，公共服务供给目标都难以有效地实现。农村人民调解服务供给也不例外，它必然需要一定的经费支出和人才作为有效支撑，才能更好地开展服务活动，因此，我们在此审视农村人民调解服务供给经费现状。

早在 2007 年 7 月 9 日，财政部、司法部就联合下发《财政部、司法部关于进一步加强人民调解工作经费保障的意见》（以下简称《意见》），其中对人民调解工作经费的开支范围进行明确规定，主要包括三项开支，即司法行政机关指导人民调解工作经费、人民调解委员会工作补助经费和人民调解员补贴经费。司法行政机关指导人民调解工作经费主要包括人民调解宣传经费、培训经费、表彰奖励经费等，这类经费的使用主体是司法行政部门，目的在于扩大人民调解的影响力、提升人民调解员的专业素质及调动人民调解员的工作积极性；人民调解委员会补助经费是指对人民调解委员会购置办公文具、文书档案和纸张等的补助费，这类经费的使用主体是人民调解委员会，这说明人民调解委员会拥有自己的经费使用权；人民调解员补贴经费是指发放给司法行政部门正式聘请的人民调解员调解纠纷的生活补贴费，这类经费的使用主体也是司法行政部门，由其将补贴经费发放给当事人。

而 2011 年实行的《人民调解法》肯定了政府对人民调解服务提

供经费支持的行为，毕竟人民调解并非一般意义上的民间调解活动，而是具有独特法律内涵、性质和组织体系的社会制度模式，属于社会主义法律制度范畴，体现了中国独特的民族文化、心理、世界观和价值观念，是我们党创造性地将传统法律文化实现向现代性转变的成功范例[①]，只有从经费方面支持该项服务发展，才能使之有活力地持续下去，发挥自身功效。《人民调解法》中有关经费支持的规定如下，“县级以上地方人民政府对人民调解工作所需经费应当给予必要的支持和保障”，“村民委员会、居民委员会和企业事业单位应当为人民调解委员会开展工作提供办公条件和必要的工作经费”，“人民调解员从事调解工作，应当给予适当的误工补贴”。

通过对《人民调解法》有关经费的规定进行梳理，不难发现除了延续《意见》中指导人民调解工作经费和人民调解委员会补助经费的相关规定外，对人民调解员补贴经费内容进行了变更，并不是司法行政部门正式聘任的人民调解员调解民间纠纷才能获得补贴，由村民委员会和居民委员会共同推选出的人民调解员和聘任的人民调解员都应获得补贴。不过，推选出的人民调解员并不以调解民间纠纷为生，他们只能间断性地从化解民间纠纷中获得相应补贴，而由司法行政部门正式聘请的人民调解员，这类人士以人民调解员为职业，需要获得与付出相对应的报酬。因而，依照法律相关规定，农村人民调解服务经费保障至少应当保证县级司法行政部门指导人民调解工作经费、人民调解委员会补助经费和人民调解员补贴经费。从法律规定中不难看出，作为供给主体的村人民调解委员会应当拥有自己的使用经费，一方面用于村人民调解委员会自身开展工作，另一方面用于给人民调解

① 秦国荣：《人民调解制度：法律性质、文化成因及现代意义分析》，《兰州大学学报（社会科学版）》2004 年第 3 期。

员支付一定的务工补贴。

但在针对农村人民调解服务供给经费问题的实证调研中发现，绝大多数村人民调解委员会在供给经费上处于缺失状态，即没有经费供村人民调解委员会用以日常工作开支和人民调解员务工补贴，只有QJW村人民调解委员会近年来每年拥有200元供给经费支出。具体来看，19.4%的访谈对象提及农村人民调解委员会拥有200元供给经费支出，而80.6%的访谈对象提及农村人民调解服务没有经费支出（见表4.4），这说明大多数地方村人民调解委员会供给经费缺乏，没有供给经费则意味着供给经费处于缺乏状态，而200元的供给经费支出也不足以保障人民调解委员会的正常运作及为人民调解员提供务工补贴。正如访谈对象BS-1-35所言，“我们村人民调解委员会一直没有供给经费支出，处于缺乏状态，很多工作难以开展”。

农村人民调解服务供给经费支出在地域上出现了差异性，位于西南地区的QJW村人民调解委员会有别于其他村人民调解委员会，拥有200元的供给经费支出，这主要得益于村人民调解委员会自身的争取，经村民大会会议表决通过，可从村民委员会获得的政府财政转移支付中获得一些经费，而其他村人民调解委员会根本没有经费收入，如果没有经费收入，何谈供给经费的支出和使用。QJW村就村民委员会在经费上支持人民调解委员会的整个协商过程进展最初并不顺利，经村支部书记多次召开村民大会协商后才最终确定。其实，农村人民调解委员会缺乏供给经费的情形并不局限于所调研村庄，很多研究均显示农村人民调解委员会供给经费长期处于缺乏状态，如许庆永在河南的单县、安丘调研中也发现了此问题[①]，但需要肯定的是也有部分地区

① 许庆永：《乡土社会人民调解员群体研究——以单县、安丘为例》，南开大学博士学位论文，2014。

的村人民调解委员会积极努力，外加当地政府等的大力支持，获得了一些经费收入，这便为供给经费的投入创造了可能。

相较于没有经费支出的农村人民调解委员会，虽然 QJW 村人民调解委员会拥有 200 元供给经费投入，但这笔投入并不足以维持服务正常供给，通过前文我们可知，该村在 2017 年共发生民间纠纷 35 起，平摊下来，解决一个民间纠纷人民调解员的务工补贴只有几元，而这 200 元供给经费投入，并非完全用于支付人民调解员的务工补贴，还需支付调解委员会自身的工作开销，如《人民调解法》中规定“经人民调解委员会调解达成调解协议的，可以制作调解协议书”，制作调解协议书必然也需要支付部分费用。像前文没有供给经费支出的人民调解委员会，调解农村民间纠纷过程中均未签订正规的人民调解协议书，而法律规定后续可以对人民调解协议书进行司法确认的程序更是遥不可及，毕竟这需要以签订人民调解协议书作为前提条件。此外，当前农村公共交通等基础设施建设取得了良好效果，几乎实现了村村通公路，很多人民调解员化解民间纠纷都不再像以往步行到纠纷当事人家庭所在地或者矛盾纠纷发生地，如果自己与纠纷当事人距离较远，他们更多地选择乘坐摩托车方式去化解矛盾纠纷，而乘坐摩托车化解矛盾纠纷无形之中也会产生解纷成本，这笔费用理应从人民调解委员会供给经费中支付，但当前农村人民调解委员会没有此笔经费，必然会对人民调解员的解纷带来影响。毕竟整个解纷过程更多的属于志愿性行为，而志愿性行为实施过程中须人民调解员自身承担成本，于人民调解员队伍有失公平。

由于村人民调解委员会供给经费支出不足，关于人民调解员的补贴经费根本难以落到实处，以所调查行政村 2017 年人民调解员补贴落实情形为例。通过表 4.16 可以看出，80.6% 的访谈对象表示农村人民调解员没有获得任何经费补贴，19.4% 的访谈对象表示农村人民调解员拥有一定的经费补贴，但很少。正如访谈对象 WY－1－52 所言："我做人民调解员已经长达十年时间，但从来没有获得过任何补贴，因为我们村人民调解委员会根本就没有经费可以支配，何谈获得务工补贴，现在调解纠纷不要我们自己贴钱进去就很好了，如果纠纷当事人家太远，或者遭遇一些极端天气，我们去化解矛盾纠纷都是乘坐摩托车，这时费用都由我们自己出，你说现在免费帮忙解决矛盾纠纷，还有自己贴钱的事情。"该访谈对象无疑表达出了绝大多数人民调解员的无奈心声，调查过程中，我们从其他农村人民调解员处也了解到较多类似表达。

表 4.16　农村人民调解员补贴经费状况

单位：次，%

关联编码	开放编码	提及次数	百分比
农村人民调解员经费补贴	无	25	80.6
	有，但很少	6	19.4
	总计	31	100

资料来源：对访谈资料的分析。

因此，农村人民调解服务供给经费处于缺乏状态，绝大多数村人民调解委员会没有供给经费支出，农村人民调解员也大多属于无偿提供人民调解服务，只有 QJW 村人民调解委员会在供给经费上有小部分的支出，但这笔小的经费支出并不足以支撑整个供给服务活动。QJW 村人民调解委员会开始有自身的使用经费，为整个农村人民调解服务供给经费的未来发展指明了方向，这种在解纷过程中不收取任何费用的社会组织需要一定的经费支持，才能更好地提供人民调解服务，维护基层社会稳定。此外，农村人民调解服务供给经费的有无与地区经济发展之间的关系似乎并不大，QJW 村村民的人均年收入在所调研行政村中排名较为靠后，并不是经济较为发达的地区。

三 供给意愿偏低

积极性属于工作态度问题，体现了人员的工作意愿，是人员受到内在激励程度的具体反映[①]，这对于服务的供给质量和供给水平都会造成影响。一项研究显示，人员绩效是其能力和动机的函数，人力资本是实现组织高绩效的潜在能力，人员态度和行为则是将潜力转化为现实能力的工具[②]与催化剂[③]。一个人能力再强，如果他在工作中没有积极性，不能将自身能力运用到工作中，对于组织绩效的提升必然无益。相反，如果一个人能力很高，且愿意将自身能力全部运用到工作中，对待工作充满热情，将极大地提升组织绩效，并且积极性高的人员会主动追求那些比较有挑战性的任务，热衷于解决那些充满挑战性和冒险性的问题，这些问题可为他们提供展现自己才能的机会，使他们感受到极大愉悦[④]，因此，组织人员的工作积极性在整个服务供给过程中的重要性不言而喻。

回归农村人民调解服务供给意愿问题，我们仅仅探讨农村人民调解员在服务供给工作的积极性，而不探讨村民是否愿意参与到人民调解服务供给过程中。农村人民调解服务在本质上是农村公共物品，且由于当前农村人民调解服务供给主体只有村人民调解委员会，因此属于村民自我供给公共服务范畴。每个行政村为了及时有效地化解民间

① Snyder, C. R., *Handbook of Hope: Theory, Measures, and Applications*, San Diego: Academic Press, 2000.

② Tsui, A. S. Nifadkar, S. S. & Ou, Y., "Cross – National, Cross – cultural Organizational Behavior Research : Advances, Gaps, and Recommendations", *Journal of Management*, 3 (2007): 426 – 478.

③ 蒋建武、赵曙明：《战略人力资源管理与组织绩效关系研究的新框架：理论整合的视角》，《管理学报》2007 年第 6 期。

④ Luthans, F., Jensen, S. M., "Hope: A New Positive Strength for Human Resource Development", *Human Resource Development Review*, 3 (2002): 304 – 322.

纠纷都需要成立人民调解委员会，并组建一支人民调解员队伍。因为村人民调解委员会是在法律规定下建立起来的，即法律要求每个行政村都设立人民调解委员会，并对人民调解委员会及人民调解员产生方式进行规定，“村民委员会、居民委员会的人民调解委员会委员由村民会议或者村民代表会议、居民会议推选产生”，“人民调解员由人民调解委员会委员和人民调解委员会聘任的人员担任”。

人民调解员参与农村人民调解服务供给意愿高低与农村人民调解服务供给质量和供给水平密切相关，因为农村人民调解员的意愿是将其潜力转化为现实能力的工具和催化剂，如果一名农村人民调解员的能力很强，但在服务供给中缺乏意愿，工作积极性不高，则难以将其能力完全发挥出来，这对于农村人民调解服务供给不利；如果一名农村人民调解员的能力很强，并在服务供给中积极性很高，他不但可以很好地完成化解一般性矛盾纠纷的任务，而且会主动地挑战那些较为复杂的矛盾纠纷化解任务，即便自身能力不够，也会努力增强自身能力去应对复杂的矛盾纠纷，毕竟这些复杂问题为其提供了一个展现自身才能的机会，能增强其在工作中的愉悦感。因而，弄清农村人民调解员的农村人民调解服务供给中的意愿高低是审视农村人民调解服务供给现状的一个重要内容。

通过对调研地农村人民调解员工作积极性访谈资料进行分析可知（见表 4.5），绝大多数访谈对象表示农村人民调解员在提供人民调解服务过程中没有积极性，占访谈对象总人数的 74.2%；有 5 名访谈对象表示农村人民调解员在提供人民调解服务中处于积极性较低状态，占访谈对象总人数的 16.1%；有 3 名访谈对象表示农村人民调解员在提供人民调解服务过程中的积极性处于一般状态，占访谈对象总人数的 9.7%。因而，从总体上来看，农村人民调解员提供人民调解服务意愿并不高，缺乏工作意愿，毕竟认为农村人民调解员供给积极性较低和没有积极性的人数占比高达90.3%。

农村人民调解员在提供人民调解服务过程中缺乏积极性主要表现在以下三个方面（见表4.17）。

表4.17　农村人民调解员工作积极性不高的表现

单位：次，%

关联编码	开放编码	提及次数	百分比
农村人民调解员工作积极性低的表现	不主动化解矛盾纠纷	28	49.1
	不及时赶到事发地	26	45.6
	缺乏排查、预防和跟踪矛盾纠纷	3	5.3
	总计	57	100

资料来源：对访谈资料的分析。

第一，农村人民调解员并不会主动地介入化解矛盾纠纷，只有发生矛盾纠纷的村民求助于人民调解员，他们才会参与调解矛盾纠纷，此类情形占49.1%。《人民调解法》规定“当事人可以向人民调解委员会申请调解；人民调解委员会也可以主动调解”，这说明人民调解员主动介入矛盾纠纷调解是其一份责任。所调研行政村中，HL村2017年共计发生30起矛盾纠纷，其中30起矛盾纠纷都是村民主动要求人民调解委员会化解矛盾纠纷，人民调解委员会并没有主动介入化解矛盾纠纷，其他行政村人民调解委员会也与HL村较为相似，做得比较好的村人民调解委员会，也只主动地介入几起矛盾纠纷调解。此现象发生的最为极端的情形是访谈对象XBL-1-59所讲述的事件：“有一次，两家人因为土地纠纷发生争吵，并在肢体上发生冲突，闹得不可开交，邻里们都在努力劝解，希望双方冷静处理，不要意气用事，以免矛盾纠纷扩大化，此时有一位人民调解员路过事发地，看了一会儿，什么话都没有讲，便直接离开了，后面大家都在议论此事，不知该名人民调解员的想法。”

第二，农村人民调解员即便接收到调处民间纠纷的信息，但并不及时赶到事发地，此类情形占 45.6%。由于农村人民调解员绝大部分以兼职为主，意味着农村人民调解员需要从事自身工作，只有在空闲时间调处民间纠纷，这便为不能及时赶到事发地提供人民调解服务留下一定的投机空间。我们了解到有的人民调解员即便是空暇时间接收到需要处理矛盾纠纷的信息，都会出现完全当作不知此事、根本不放心上的情形，对于这类人民调解员自身没有事情的情形下，对待服务工作的态度尚且如此，倘若他们正有自己的事情需要处理，能第一时间赶到矛盾纠纷现场的可能性几乎为零。访谈对象 CJY－1－54 对此问题回应道："其实早去和晚去之间差别不大，又不急这一下，最终还是要调解，不会说就不调解了。"但有些矛盾纠纷可能因为处理时间不当则会进一步扩大，从一般的民事纠纷则直接演变为刑事纠纷，日常生活中因家庭之间的口角而导致家破人亡的事件并不在少数，故解纷及时性相当重要。

第三，农村人民调解员没有对矛盾纠纷化解进行过任何排查、预防和跟踪，此类情形占 5.3%。从理论上讲，化解矛盾纠纷并非一蹴而就的，虽然当矛盾纠纷出现之后，农村人民调解员对村民之间的矛盾纠纷进行化解，但化解现场的行动是否合理，及其结果是否被良好地执行，经过农村人民调解员调解民间纠纷之后，纠纷当事人是否还心存芥蒂等问题，都需要人民调解员进行后期跟踪，只有这样，才能更有助于农村民间纠纷的解决，促进农村社会和谐发展。但访谈中所有的人民调解员均表示没有对化解矛盾纠纷进行过跟踪，默认经过调解之后矛盾纠纷已得到有效解决，而这种默认显然则并不具有科学性。此外，国家鼓励人民调解可以发挥排查民间纠纷的功能，这种功能在调研地也未能落实，如被访谈对象 HL－2－36 所言："我们怎么知道矛盾纠纷是否会发生，并且每天这么多事情要做，不可能守着村民看他们是否会发生矛盾纠纷吧。"

综上，农村人民调解员在人民调解服务供给中缺乏意愿，绝大部分人民调解员表示自身在调解民间纠纷过程中没有工作积极性，具体体现在农村人民调解员并不会主动地介入化解矛盾纠纷；即便农村人民调解员接收到调处民间纠纷的信息，但并不愿意及时赶到事发地；农村人民调解员没有对矛盾纠纷化解进行任何排查、预防和跟踪。

四　供给能力有限

公共服务能力是公共管理学的一个热门词语。如彭向刚、张世杰认为，“公共服务能力是指以政府为主的公共组织为社会提供公共产品和服务，不断满足民众日益增长的社会公共需求的本领和力量”[①]。段德玉认为：“公共服务能力则是公共服务主体为生产和提供优质的公共服务产品以满足公共服务客体的公共服务需求而具备的技能、技术和技巧。”[②] 张序、劳承玉认为：“公共服务能力是指公共部门获取、配置和运用资源进行公共服务的本领。”[③] 通过对这些学者观点的梳理可以发现，目前学界尚未对公共服务能力形成较为一致的看法，可谓众说纷纭。由于政府在公共服务供给中占据主导地位，因而，当前对政府公共服务能力的研究相对较多，对其他公共服务主体能力的研究有所忽视。此外，公共服务能力完全集中在研究组织公共服务能力层面，而组织层面仅是对公共服务提供做出安排，具体服务过程需要由个体完成，作为个体的公共服务直接提供者，也存在服务能力之说，且个体服务能力高低直接关系着服务对象的满意度，不容忽视，而既

① 彭向刚、张世杰：《论构建和谐社会中的政府能力建设》，《吉林大学社会科学学报》2005年第3期。

② 段德玉：《浅析我国地方政府公共服务能力建设的问题及对策》，《科技创业月刊》2011年第5期。

③ 张序、劳承玉：《公共服务能力建设：一个研究框架》，《理论与改革》2013年第2期。

有研究对个体能力的忽视不得不说是莫大遗憾。基于此，本书将调解员能力问题作为审视农村人民调解服务供给现状的重要内容。

对能力的研究，源于心理学领域。博亚特兹（Boyatzis）最早提出能力理论，认为个体胜任工作角色或完成任务的绩效是人格特征、知识、技能和能力等综合作用的结果，而能力是其中的决定性因素，并且强调能力必然蕴含于具体行为并能够经由行为得到观测①，但博亚特兹并未对能力的概念做出详细的界定。依据《当代汉语词典》对能力的解释，即“能胜任某项工作或做好某一事情的才能、力量或条件”，我们将调解员的能力界定为人民调解员胜任调解工作应当具备的条件。而能力大小需要通过现实行动进行测量，例如，如果人民调解员的能力比较强，在应对各种矛盾纠纷过程中则会遇到较少阻碍，可以更加从容地应对农村矛盾纠纷，满足纠纷当事人需要；反之，如果人民调解员的能力有限，在应对各种矛盾纠纷过程中则会遇到较多阻碍，不能很好地处理农村矛盾纠纷，无法使纠纷当事人满意，甚至不得不将化解矛盾纠纷任务转交给其他组织或人员。

通过对调研地的审视，我们发现绝大部分农村人民调解员在处理当前民间纠纷过程中并不能得心应手。访谈对象对农村人民调解员解纷能力评价的整体情形如表 4.6 所示：有 2 名访谈对象认为农村人民调解员解纷能力强，可以有效地应对农村发生的民间纠纷，占总数的 6.4%；有 10 名访谈对象认为农村人民调解员解纷能力一般，占总数的 32.3%；有 19 名访谈对象认为农村人民调解员解纷能力弱，在遇到很多民间纠纷时，不知如何按照法律规定进行处理，占总数的 61.3%。因此，我们得出农村人民调解员供给能力有限的结论，毕竟

① Boyatziz R. E., *The Competent Manager: A Model for Effective Performance*, New York: Wiley Press, 1982.

认为农村人民调解员解纷能力强的访谈对象占比较少，而超过一半的访谈对象认为农村人民调解员解纷能力弱。这也与民众对农村人民调解员解纷能力的评价相契合，如访谈对象 TGZT - 1 - 63 所言："我们村人民调解员的能力参差不齐，既有能力很弱的，也有能力还可以的，但总体来说还有待于进一步提升，尤其是涉及法律问题，很多调解员都无法提供法律依据。"

而农村人民调解员化解矛盾纠纷能力不足领域中，土地纠纷占总数的45.1%，医疗纠纷占总数的13.7%，环境纠纷占总数的9.8%，答案多为新型矛盾纠纷，像土地纠纷、医疗纠纷和环境纠纷等新型矛盾纠纷占到总数的68.6%，表明大多数农村人民调解员化解这些新型矛盾纠纷的能力不足。此外，农村人民调解员化解打架、斗殴类矛盾纠纷也会感到能力不足，并且对于此种矛盾纠纷的化解，感到能力不足的农村人民调解员占据较高比例，为31.4%，这说明对于一些传统的矛盾纠纷，农村人民调解员在处理过程中也并非得心应手，否则，不会出现如此多访谈对象提及化解打架、斗殴纠纷的能力不足现象（见表4.18）。下文我们将论述农村人民调解员在化解新型矛盾纠纷和打架、斗殴纠纷中能力不足的具体表现。

表4.18　农村人民调解员化解矛盾纠纷能力不足的领域

单位：次，%

关联编码	开放编码	提及频次	百分比
农村人民调解员化解矛盾纠纷能力不足的领域	土地纠纷	23	45.1
	医疗纠纷	7	13.7
	环境纠纷	5	9.8
	打架、斗殴纠纷	16	31.4
	总计	51	100

资料来源：对访谈资料的分析。

首先，农村人民调解员处理新型矛盾纠纷存在能力不足的现象，访谈对象提及的化解矛盾纠纷能力不足领域中有 68.6% 的矛盾纠纷属于我们所称的新型矛盾纠纷。众所周知，民间纠纷正在日益复杂化，除了传统的邻里纠纷、家庭婚姻纠纷之外，还包括土地纠纷、环境纠纷及医疗纠纷、扶贫纠纷等，处理这些矛盾纠纷比处理前面所列出的邻里之间的一些口角纠纷更为复杂，并且当前国家和群众对于化解民间纠纷的要求不断提高，不再停留于“和稀泥”层面，要求调解员认真遵循“依法调解”原则，调解必须有法可依、有法可循，将法律真正践行到解纷过程中，确保解纷过程和结果的合法性，而纠纷当事人在化解矛盾纠纷过程中会问及一些专业性的法律问题，这时农村人民调解员都难以回答。如访谈对象 CJY - 1 - 50 所言：“我们这里以草地、草场为主，村民们因为草地问题时常发生纠纷，既有村民与村民之间的，也有村民与承包企业之间的，由于这些纠纷背后直接是经济利益的大小，在化解这些纠纷时，纠纷当事人都会询问法律规定，希望按照国家相关法律规定办事，但我们对法律都不了解，无法回答村民的问题。”

其次，农村人民调解员处理打架、斗殴等纠纷存在能力不足的现象，访谈对象提及的化解矛盾纠纷能力不足领域中有 31.4% 的打架、斗殴纠纷。打架、斗殴等突发性事件比一般性民间纠纷的处理显得更为复杂，因为打架、斗殴的情景更为混乱，倘若不能及时处理这类纠纷，很可能造成更大危害。但纠纷当事人正处于情绪激动时期，这时不但纠纷当事人难以平复情绪，而且也会给人民调解员自身的安全带来一定威胁，因而，对调解员的能力提出较高要求。而访谈中反映了多数人民调解员认为自身在处理打架、斗殴事件时往往压力较大，不知道如何进行介入，即便介入，也难以在有限时间内将矛盾纠纷及时化解，如访谈对象 QJW - 1 - 52 所言：“我们村以前发生打架、斗殴现象较多，而打架、斗殴过程中，有些人拿着刀，扬言要砍死对方，现场情景一片混乱，搞得我们也不知道如何处理，一方面担心自己上前会误伤自己，另一方面如果自己不上前劝解，又担心真的发生砍人事件，原本小的矛盾纠纷就扩大化了，对纠纷当事人不利，真是左右为难。”

综上，提供农村人民调解服务供给的人民调解员存在供给能力不足的现象，农村人民调解员对于自身能力的自我评价显示，绝大多数农村人民调解员认为自己能力较弱，不足以妥善地处理村里发生的所有矛盾纠纷，主要表现为应对新型矛盾纠纷中难以做到依法调解，不能在调解中使用法律规定，完全从法律角度帮助纠纷当事人化解纠纷及应对打架、斗殴现场显得左右为难，手足无措，不知从何入手化解矛盾纠纷。

五　供给监督不力

有效监督是保障公共服务有序、合理供给的重要抓手和关键一环，因为公共服务供给过程中存在各种利益博弈，无论供给主体还是服务直接提供者都可能受到各种因素影响在供给公共服务过程中出现有违组织规章制度的行为，这些行为对于组织发展和服务提供均不利，而有效监督则可以降低组织和服务提供者出现不当行为的概率。对于公共服务供给，我国呈现“先提供服务，后研究监督”或者说“重服务，轻监督”[①] 的倾向，这种倾向在一定程度上反映了我国公共服务供给存在监督意识较为薄弱的现象。而有效监督的缺失，在公共服务供给环节可能会造成众多问题，大的方面讲，可能出现寻租、腐败现象，利用公权力为自身谋取利益；小的方面讲，可能出现工作不

① 容志：《公共服务监督体系的逻辑建构：决策、过程与绩效》，《中国行政管理》2014 年第 9 期。

认真、敷衍了事现象，使服务对象不满意，损害相关机构的信誉和形象。

农村人民调解服务作为公共服务的一种，如果在供给方面缺乏有效监督，会存在众多问题，继而带来一系列不良影响，不过可能没有政府供给基本公共服务过程中出现的问题严重。因为农村人民调解服务供给主体是人民调解委员会，更确切地讲当前就是村人民调解委员会，尚没有出现其他人民调解委员会专门负责农村人民调解服务供给情形，而村人民调解委员会在诸多方面都无法与政府相提并论，如政府权力更大、财政收入更多及权威性更高，而村人民调解委员会的权力较小、经费收入有限、权威性较低，故在农村人民调解服务供给过程中不可能出现像有的政府官员挪用巨额公款的现象，不过，工作人员也存在挪用经费的可能。因为从理论上讲，法律已经明确规定人民调解委员会有两种经费来源途径，一是县级以上地方人民政府应当为人民调解工作一定的经费支持和保障；二是村民委员会应当为人民调解工作提供一定的经费，如果这些经费到位，人民调解委员会则拥有可以使用的经费，如果没有监督，并不排除一些损公利己的现象发生。因而，从农村人民调解服务供给监督方面审视农村人民调解服务供给现状的重要性不言而喻。

通过对调研地的检视，我们发现农村人民调解服务供给监督行为并不到位，这为一些不当行为甚至不法行为的发生留存了空间，主要表现在以下三个方面。

第一，农村人民调解委员会经费收支缺乏监督，访谈对象均表示当前没有对农村人民调解委员会的经费收支进行有效监督，占比达100%。而多项研究均表明社会组织的经费收支缺乏监督是社会组织面临的一个重要问题，外部对社会组织的经费使用一无所知，并不清楚是用于组织建设、人才培养、业务开展还是流入一些不法分子手中。

农村人民调解委员会也不例外，农村人民调解委员会经费收支处于“黑箱”状态，调研中的七个行政村无一例外地都没有形成对农村人民调解委员会经费管理的监督（见表4.19），即外界人士对人民调解委员会究竟如何使用经费及是否获得外部经费支持缺乏了解，只有人民调解委员会委员对此较为清楚，外界对农村人民调解委员会经费的基本信息都缺乏了解，何谈对其使用进行监督，而人民调解员完全由人民调解委员会委员担任，内部监督也缺乏可行性。正如访谈对象BS-1-54所言：“从未听说村人民调解委员会公示经费收支，不过大家对此似乎也并没有引起足够重视，村人民调解委员会不公示，也没有村民问及此事。”

第二，农村人民调解员提供服务过程缺乏监督，访谈对象均表示当前没有对农村人民调解服务过程进行有效监督，占比达100%。农村人民调解员提供人民调解服务过程中可能出现程序不合法情形，而程序合法与结果合法在法治中国建设中处于同等地位，国家已经意识到程序合法的重要性，并将此作为法治中国建设的重要一环。因此，农村人民调解员调解矛盾纠纷的程序是否合法相当重要，但当前对于农村人民调解员提供人民调解服务过程缺乏有效监督，农村人民调解员在整个矛盾纠纷调解过程中均没有其他组织审视其程序是否合法、正义，这便可能助长农村人民调解服务供给的不正之风。这种现象并不占少数，所调研的七个行政村均存在（见表4.19），没有任何一个行政村对农村人民调解员提供人民调解服务过程进行监督，只要农村人民调解员没有做出过分举动，纠纷当事人都不会与农村人民调解员发生冲突。如《人民调解法》中明确规定：“当事人一方明确拒绝调解的，不得调解”，这说明是否接受人民调解委员会介入矛盾纠纷调解，完全基于纠纷当事人自愿，而现实生活中却存在农村人民调解委员会强制性调解现象，如访谈对象XBL-1-49所言，“村民不满意村民委员会在土地流转中少算个人土地面积而与村支部书记发生冲突，这时有农村人民调解员出现处理矛盾纠纷，而这名农村人民调解员也是村委会委员，村民不愿意接受调解，村民的理由是他们都是一伙的，肯定为自己说话，不会站在公正立场处事，但此位人民调解员却没有停止调解工作”。

第三，农村人民调解服务供给实效缺乏监督，访谈对象均表示当前没有对农村人民调解服务供给实效进行有效监督，占比达100%。对农村人民调解服务供给实效展开监督可以审视农村人民调解委员会工作绩效，继而审视农村人民调解服务供给的价值大小。农村人民调解委员会内部对服务供给实效展开监督，可以更好地认识自身问题，便于后期改进，而政府对农村人民调解服务供给实效也存在监督责任，虽然农村人民调解委员会是群众性组织，但人民调解服务却具有公共属性，此外，政府在农村人民调解的发展上给予一定支持，有必要审视支持是否具有价值和意义，而审视的依据则可以选择对农村人民调解服务供给实效进行监督。不过，当前调研地并没有对农村人民调解服务供给实效进行任何监督，农村人民调解委员会没有针对调解结果进行监督，政府也没有监督农村人民调解委员会服务供给实效（见表4.19）。

表4.19　农村人民调解服务供给监督状况

监督类型	行政村	监督状态
农村人民调解委员会经费收支	BS村 QJW村 TGZT村 CJY村 WY村 XBL村 HL村	缺失

续表

监督类型	行政村	监督状态
农村人民调解员提供服务过程	BS 村 QJW 村 TGZT 村 CJY 村 WY 村 XBL 村 HL 村	缺失
农村人民调解服务实效	BS 村 QJW 村 TGZT 村 CJY 村 WY 村 XBL 村 HL 村	缺失

资料来源：对访谈资料的整理。

更有甚者，群众向基层政府反映农村人民调解委员会调解民间纠纷结果存在问题，基层政府并未及时处理。有村民反映农村人民调解委员会做出的调解结论不合理，并拿出相关法律依据，要求政府派人协助纠正农村人民调解委员会的不当行为，基层政府却置若罔闻，并在纠纷当事人多次求助政府的情形下，才勉强派工作人员到村里，组织当事人及新的人民调解员重新开展解纷活动，指出原有调解的不足，认定原有调解协议无效。如访谈对象所言："乡政府很少出面核实农村人民调解委员会的处理结果是否合理、合法，我们村有人发现调解协议存在问题，并拿出依据，找政府，政府都是在当事人多次反映的情形下才派工作人员到村里，庆幸的是后面认定原调解协议无效，还了当事人一个公道。"综上，农村人民调解服务供给的监督存在众多问题，主要表现为农村人民调解委员会的经费收支缺乏监督、农村人民调解员提供服务过程缺乏监督及对农村人民调解服务供给实效缺乏监督，因而，我们认为农村人民调解服务供给监督不力。

总之，本书采用实地研究法诊断农村人民调解服务供需概况与现实问题，以不同的农村类型为基础，并结合村庄经济发展情况、人口流动情况及民间纠纷复杂情况等，从全国范围内选择七个行政村进行实证调研，相较于调研单一地区的研究结果更具科学性与合理性。而通过对多地农村人民调解服务供给与需求访谈资料的内容分析，我们发现农村人民调解服务供给中存在供给主体单一、供给经费缺乏、供给意愿偏低、供给能力有限和供给监督不力等问题，主要表现为供给主体仅有村人民调解委员会，难以形成充分竞争；供给经费无法满足人民调解委员会工作日常开销与人民调解员的务工补贴需要；农村人民调解员并不会主动地介入化解矛盾纠纷，只有发生矛盾纠纷的村民要求人民调解员介入，他们才会参与调解矛盾纠纷，而且参与及时性难以得到保障；农村人民调解员无法按照法律依据提供人民调解服务，在化解矛盾纠纷过程中更多地采用“和稀泥”方式，而且在遇到打架、斗殴现象时往往显得手足无措，不知如何应对；农村人民调解委员会的经费收支缺乏监督，农村人民调解员提供服务过程缺乏监督，农村人民调解服务供给实效缺乏监督。

第五章　农村人民调解服务供给问题的重要诱因

“科学研究的终极目标是理论解释，对现象的描述和分类是前科学阶段，社会科学的理论解释包括两类风格——因果解释（explanation）和意义阐释（interpretation），解释性（因果解释）研究力图揭示社会现象发生的原因，意释性（意义阐释）研究则阐释行动的文化意义”[①]，而“因果分析是科学研究的基础，也是科学知识积累和学科建设的核心”，因为“我们知道，仅仅发现问题对于我们改造社会、促成进步是远远不够的，对于社会现象‘为什么’会发生的解释正是我们解决问题的出发点”[②]。基于此，本章主要探讨农村人民调解服务供给问题的重要诱因，揭示农村人民调解服务供给问题的生成逻辑，为有针对性地提出农村人民调解服务供给问题的解决路径奠定基础。

第一节　意识缺位：构建和扶持新型调解组织的意识弱

农村人民调解服务供给出现供给主体单一问题，主要缘于村民和政府参与组织构建的意识不强。事实上，农村人民调解服务供给主体向多元化方向发展受法律保护，《人民调解法》明确规定村民委员会、

---

① 彭玉生：《社会科学中的因果分析》，《社会学研究》2011 年第 3 期。

② 王天夫：《社会研究中的因果分析》，《社会学研究》2006 年第 4 期。

居民委员会、企事业单位、乡镇、街道、社会团体及其他组织都可设立人民调解委员会，故农村人民调解服务供给责任并非只能由村人民调解委员会承担，其他主体也可加入农村人民调解服务供给过程，成为农村人民调解服务供给主体。从村民和政府两个方面出发分析农村人民调解服务供给主体单一问题之原因主要在于我们发现村民和政府可从不同角度促进农村人民调解服务供给主体的多元化发展。在此处，村民主要是一种内生性力量，是构建农村人民调解服务供给主体的内核，而政府主要是外部性力量，在农村人民调解服务供给过程中发挥支持、帮扶作用。

一　村民欠缺构建新型人民调解组织的意识

村民欠缺构建新型人民调解组织的意识直接影响农村人民调解服务供给主体培育。究其原因，村民具有构建新型人民调解组织的意识是新型农村人民调解服务供给主体产生与发展的逻辑起点，只有村民具有构建新型人民调解组织的意识，新型人民调解组织成立才指日可待，新型人民调解组织成立则会改变农村人民调解服务供给主体单一现状。反之，倘若村民缺乏构建新型人民调解组织与村人民调解委员会共同处理民间纠纷的意识，通过乡村内生力量构建新型人民调解组织则不具有现实可行性，毕竟此方式主要依靠乡村社会内部力量实现对农村人民调解服务供给主体的构建，优势在于村民之间较为熟悉、彼此了解，“熟人社会”印记浓厚，可从情、理要素出发化解农村矛盾纠纷。“公共服务中的公民参与是一种特殊的政治参与形式，政府作为公共权威的代表，需要通过相关路径的设计以充分发挥公民参与公共服务的积极作用”①，由此可以看出村民作为构建新型人民调解组

---

① 孙晓莉：《公共服务中的公民参与》，《中国人民大学学报》2009 年第 4 期。

织内生力量的重要性，这也符合国家社会关系的未来发展方向，因为无论是“强政府、强社会”，还是“小政府、大社会”，都充分突显了国家还权于社会的价值导向，依靠乡村内生力量构建新型调解组织则是国家还权于社会的一种现实行动。

村民欠缺构建新型人民调解组织意识主要体现为大部分村民都未曾设想构建新型人民调解组织与村人民调解委员会共同处理农村民间纠纷，以致农村社会除村人民调解委员会之外，没有出现其他类型的人民调解组织，调研中我们问及村民是否想过构建新型人民调解组织参与农村人民调解服务供给及是否听说过其他村民建议构建新型人民调解组织供给人民调解服务，答案都是否定的，没有一个村民存有此想法，他们也没有听说周围人士提及此问题。造成村民欠缺构建新型人民调解组织意识现象的原因主要有以下三个方面：首先，村民不了解法律法规，事实上正如前文所言，除村民委员会可设立人民调解委员会之外，村民自身也可组成团队设立人民调解组织，为化解农村民间纠纷贡献一分力量，构建新型人民调解委员会的程序较为简单，只需到司法所备案即可，在正常情况下，司法所没有取缔村民设立新型人民调解委员会的权力，即只要村民申请设立新型人民调解组织，组织都能依法成立，村民由于对法律法规认识不到位，故没有产生构建新型人民调解组织的想法，以致遇到纠纷只能求助村人民调解委员会；其次，农村人口结构变化使得设立新型人民调解委员会缺乏人员队伍，当前我国农村是以留守老人和小孩为主，中青年劳动力外出务工现象较为普遍，留守老人多以安享晚年为乐，参与公共事务意愿不高；最后，农村社会环境变化也改变了无偿提供农村人民调解服务的乡村文化，村民志愿主义精神在一定程度上受到折损，缺乏构建新型人民调解组织的动力。

以调研地为例，大部分村民的想法为既然村里已经存在人民调解委员会，如果有志从事人民调解工作，可以加入村人民调解委员会，成为人民调解员，而《人民调解法》规定“人民调解委员会由委员三至九人组成”“人民调解员由人民调解委员会委员和人民调解委员会聘任的人员担任”，这便为吸纳更多村民加入人民调解队伍创造了制度环境。可当前农村人民调解委员会委员或者农村人民调解员绝大部分都由村干部兼任，事实表明很少有普通村民参与农村人民调解服务供给，本书所调研的7个行政村共有27名人民调解员，仅有4名人民调解员不在村委会任职，其他人民调解员均属于村干部兼任性质，占总人数的85.2%，此现象足以说明村民参与农村人民调解服务供给的意识处于欠缺状态，故直接加入村人民调解委员会的人数非常有限，何谈让村民自己组建新型人民调解组织与村人民调解委员会共同处理民间纠纷。因此，村民欠缺构建新型人民调解组织的意识是农村人民调解服务供给主体单一的重要原因。

二　政府缺乏扶持新型人民调解组织的意识

农村人民调解组织的构建除了可通过村民内部自觉方式之外，还可以通过政府外部扶持方式实现，即通过政府扶持新型人民调解组织嵌入农村社会化解民间纠纷，实现两者之间“共赢”，这也可以在一定程度上改变农村人民调解服务供给主体单一的现状，但地方政府缺乏扶持新型人民调解组织的意识，这里的意识专指为解决农村民间纠纷扶持新型人民调解组织的意识，并非将扶持城市新型人民调解组织的意识纳入其中。城市与农村人民调解组织的发展呈现两种截然不同的景象，而政府扶持新型人民调解组织行为在农村社会几乎不存在，因此，以政府扶持方式出现的新型人民调解组织在农村社会非常稀有，甚至可以说没有以政府扶持方式产生的农村新型人民调解组织化解矛盾纠纷，故造成农村人民调解服务供给主体单一的现象。

需要明确的是，虽然农村人民调解服务供给主体为社会组织，属于第三部门范畴，与政府不是直接隶属关系，但政府对第三部门发展具有扶持责任，毕竟我国第三部门的发展与西方国家存在差异，很难脱离政府独立运作，尤其是经费来源方面，较为严重地依赖政府，况且人民调解委员会提供的人民调解服务是我国特有的一种公共服务，具有一定的中国特色和悠久的历史传统，是中国共产党人集体智慧的体现，充分利用人民群众解决自身内部矛盾纠纷。此外，法律对于政府在人民调解发展中应发挥的作用做出明确规定，因而，以政府扶持方式建立新型人民调解组织是改变农村人民调解服务供给主体单一现状的重要方式之一，它不但不会改变农村人民调解服务的性质，而且有利于服务质量进一步提升，更好地满足群众所需。

政府缺乏扶持新型人民调解组织的意识主要表现为政府缺乏扶持新型人民调解组织与人民调解委员会共同处理农村矛盾纠纷的意识，调研中发现，众多官员没有扶持农村人民调解服务供给主体的想法，而且可从农村人民调解组织与城市人民调解组织现实发展中形成的反差展开审视，当前城市人民调解组织发展得如火如荼，除了居民委员会和街道纷纷设立人民调解组织之外，其他各种行业性和专业性人民调解组织如雨后春笋般迅速成长，如旅游纠纷人民调解组织、劳动纠纷人民调解组织、交通事故纠纷人民调解组织、医疗纠纷人民调解组织等，这些人民调解组织的建立基本上都与政府的有力扶持密切相关，可以反映政府在城市地区扶持新型人民调解组织的意识较强，故城市人民调解服务供给主体较早地迈入多元化发展阶段，生活在城市地区的居民遇到矛盾纠纷，不仅可以寻找社区人民调解委员会，还可以求助这些行业性和专业性的人民调解组织。此外，社区人民调解委员会和行业性与专业性的人民调解组织之间无形之中会形成竞争，有助于提升服务供给质量。我们之所以将这些行业性和专业性人民调解组织纳入城市人民调解组织范畴，主要因为这些组织未曾到农村为解决村民之间的矛盾纠纷而服务，几乎都只解决发生在城市地区的矛盾纠纷。农村人民调解组织的发展正如前文所言，并没有政府通过扶持方式构建新型人民调解组织为解决农村矛盾纠纷服务，故政府扶持农村新型人民调解组织的意识薄弱是农村人民调解服务供给主体单一的重要原因。

第二节　经费制约：经费的来源途径与落实程度有限

农村人民调解服务供给出现供给经费缺乏问题，主要缘于调解经费来源途径与落实程度有限。众所周知，资金来源途径与落实程度决定供给经费数量，倘若资金来源途径众多，且每种来源途径的经费支持可以落实到位，供给经费则会增加，反之，倘若资金来源途径有限，且每种来源途径的经费支持难以落实到位，供给经费则会减少，尤其是对这种承担免费公共服务供给责任的人民调解委员会，《人民调解法》规定它们在提供人民调解服务供给过程中不能收取任何费用，想要借提供人民调解服务从服务对象处获得资金不具有现实可行性，否则，需要承担违反法律规定的后果，因此，只能从资金资助上获得供给经费。正是农村人民调解委员会调解经费来源途径与落实程度有限导致农村人民调解服务供给经费缺乏的问题。

一　资金来源途径仅有政府和村民委员会

从理论上看，农村人民调解委员会的资金来源途径当前仅有政府和村民委员会，这两种资金来源途径受到法律保护，国家于制度中对此做出明确规定，即《人民调解法》第 6 条和第 12 条分别规定：“县级以上地方人民政府对人民调解工作所需经费应当给予必要的支持和保障，对有突出贡献的人民调解委员会和人民调解员按照国家规定给予表彰奖励”和“村民委员会、居民委员会和企业事业单位应当为人民调解委员会开展工作提供办公条件和必要的工作经费”。这足以说明县级以上地方人民政府和村民委员会对农村人民调解服务供给经费的支持应当承担一定责任，需要指明的是这种责任具有强制性特征，属于法律责任范畴，如果县级以上地方人民政府和村民委员会未能将此规定落实到位，则存在违背法律规定之嫌，应当接受一定的惩罚。

但众所周知，社会组织的资金来源途径应当更为多元化，即除了政府和村民委员会应当给予农村人民调解委员会一定的经费支持之外，还可以将其他组织和个人作为资金的重要来源途径，比如企业基金会及一些具有爱心的志愿人士，它（他）们可以通过捐赠方式给予社会组织一定的经费支持，并且像企业基金会等在经费支持上的作用不容小觑，有些企业基金会的捐赠资金非常多，不仅足以保证社会组织正常运作，解决社会组织在经费上的后顾之忧，而且可以减轻政府和村民委员会的经费压力。毕竟农村人民调解委员会供给经费需求非常有限，并不像其他一些社会组织需要较多的经费支持，故一种经费来源途径倘若资金量足够多，则可在一定程度上缓解其他经费来源途径的压力，于政府和村民委员会均有利。

企业捐赠经费支持社会组织发展的动力主要源于企业社会责任，此种行为被统称为“企业慈善”，而企业社会责任具有一定的“公共性”，与企业原有的经济人属性之间有所区别，企业在此领域不再完全以追求经济利益为目的，不过，社会责任这个概念自古至今都尚未存有统一的定论。如胡德认为，企业社会责任是指企业积极从事对社会负责任的行为，超越企业经济和法律要求①，克拉克森（Clarks-

① Wood, D. J., “Corporate Social Performance Revisited”, *The Academy of Management Review*, 4 (1991): 691 - 718.

on)[①] 和卡罗尔（Carroll）[②] 以利益者相关为视角，提出企业不仅应当对股东承担经济责任，还应当对员工、供应商、消费者、所在社区和环境承担社会责任，故“企业需要平衡多种利益相关者的利益诉求，而不是只重视单个利益相关者的要求”[③]，对除股东之外的其他主体负责。即便企业社会责任在概念上没有实现统一表达，但其具有两个特征已然初步达成共识，一是企业社会责任坚守自愿原则，不能强迫企业捐赠钱财、物资，否则，慈善行为失去了本有意义；二是企业社会责任除企业对股东承担的传统责任之外，还包括对消费者、雇员、供应商与企业所在社区等社会群体应承担的责任。

因而，既有制度设计中只规定政府和村民委员会为农村人民调解委员会提供经费支持，未能赋予农村人民调解委员会通过其他方式获得经费支持，弱化了农村人民调解委员会的经费来源途径，在一定程度上减少了农村人民调解委员会经费收入总量。在此制度规定下，调研中我们发现，村人民调解委员会除了等待政府和村民委员会给予一定的经费支持外，并没有采用其他方式获得经费支持，这使农村人民调解委员会可供支配的经费更加有限，以致投入服务供给过程的经费严重不足。

二 政府和村民委员会经费支持落实度低

农村人民调解服务供给经费缺乏问题产生的原因除了资金来源途径有限之外，还包括有限的资金来源途径在实践中未能落实到位。究

① Clark son, M. E., “A Stakeholders Framework for Analyzing and Evaluating Corporate Social Performance”, *Academy of Management Review*, 1 (1995): 92 - 117.

② Carroll A. B., Buchholtz A. *Business and Society: Ethics and Stake Holder Management*, Cincinnati, South - Western College Publishing, 2011.

③ Freeman R. E., *Strategic Management: A Stakeholder Approach*, Cambridge: Cambridge University Press, 2010.

其原因，即便农村人民调解委员会的资金来源途径有限，如果这些有限的资金来源途径能够给予较充足的资金支持，农村人民调解服务在供给经费层面则不会存在严重不足的现象。反之，如果农村人民调解委员会的资金来源途径有限，并且这种资金来源途径无法将经费支持行为落实到位，必然限制农村人民调解委员会可供使用的经费总量，农村人民调解委员会可供使用的经费总量有限，农村人民调解服务供给经费的投入必然下降，出现经费不足现象。而当前农村人民调解工作中经常出现政府和村民委员会的经费支持未能落实到位现象。

以本书调研地为例，所调研的七个行政村人民调解委员会仅有一个行政村人民调解委员会获得经费支持，其他行政村人民调解委员会均没有从政府和村民委员会处获得经费支持，这足以说明绝大部分政府和村民委员会对农村人民调解委员会的经费支持未能落实到位。此外，多项调查显示此问题在我国大范围存在，如 2006 年 3 ~ 4 月，河北省政协的社会和法制委员会组织部分政协委员赴沧州、衡水和石家庄市调研农村人民调解工作，发现该省“63 万多名人民调解员大部分在没有任何报酬的情况下开展工作”①，而无独有偶，同年来自四川的一个调研也揭示该省调解经费困难问题，“全省已落实工作经费（不是专项经费）的村级调解委员会只占全省调委会总数的 30%，已落实补贴的调解员只占调解员总数的 16%”②。农村人民调解委员会作为社会组织，法律规定其不能从服务过程中收取费用，而制度体系下明确要求提供资金的政府和村民委员会也未能给予村人民调解委员会一定的经费支持，这限制了农村人民调解组织可供支配的经费总量，绝大部分农村人民调解组织可供支配的经费总量有限，甚至可以说根本没有

---

① 赵桂英：《将农村人民调解员补贴纳入财政预算》，《河北日报》2006 年 6 月 2 日。

② 张革成、王欢：《低成本调解也要“成本”》，《四川日报》2006 年 12 月 18 日。

可供支配的经费，出现供给经费缺乏的现象则在情理之中。

关于政府和村民委员会为何没能按照法律规定给予农村人民调解委员会一定的经费支持，我们在相关调研中获得的最多回复是经费紧张，难以承担此笔支出，故始终没有将此笔费用落实到位。这说明政府和村民委员会工作人员了解应当给予农村人民调解委员会一定经费支持的相关规定，但限于各种因素的影响，落实比较困难。综上，政府和村民委员会的经费未能落实造成农村人民调解服务供给经费缺乏。

第三节　激励不足：调解员激励制度优势未有效转化

农村人民调解服务供给出现供给意愿偏低问题，主要缘于调解员激励制度的制定与执行不合理，合理制定激励制度是落实激励行为的前提条件，而严格执行激励制度是落实激励制度的有效保障。众所周知，一个工作人员是否有积极性，能否在工作中全力以赴主要在于这项工作对其的吸引力，而工作对从业人员的吸引力主要与激励制度密切相关。农村人民调解员在提供农村人民调解服务的过程中积极性不高，出现一系列怠工、懒工现象，我们认为主要问题在于激励制度的制定与执行环节，而正是调解员激励制度的制定与执行不合理降低了农村人民调解员提供人民调解服务的积极性，继而影响到农村人民调解服务供给质量。

一　人民调解员激励制度规定笼统

《人民调解法》对人民调解员激励方面的内容规定较为笼统，仅在第 6 条中提及“对有突出贡献的人民调解委员会和人民调解员按照国家规定给予奖励”。此条法律规定较为笼统、宽泛，以致落到实际行动时政府具有较大的自由裁量权，由此造成很多地方的激励措施流于形式，未能按照法律规定对人民调解员的激励落实到位。从某种程度上讲，法律对于人民调解员的激励规定较为宽泛，没有指出应当如何对人民调解员进行激励，赋予地方政府较大自由裁量权，地方政府可以通过当地实际情况采取激励手段对人民调解员进行奖励。缺乏强有力的指导条例，地方政府的行为则具有随意性，毕竟只要实施激励手段，激励效果的好坏并不在考核范围内。

当前对人民调解员的激励手段以精神激励为主，国家和地方每年会对人民调解员进行表彰，通过层层选拔方式推荐模范人民调解员，由司法行政部门授予在人民调解服务提供过程中表现优异的人员“模范人民调解员”荣誉称号，以期促使更多的人民调解员认真提供人民调解服务，维护基层社会稳定，这既是对表现行为优异人员的一种高度肯定，也可以增强其他人民调解员乐于奉献的动力。但此种方式对于人民调解员的激励作用有限，因为人存在一定的差异，能够调动每个人民调解员工作积极性的内容不尽相同，需要具体问题具体分析，如有些人民调解员对于获得荣誉称号存有浓厚兴趣，他们可以为了获得荣誉称号积极投入人民调解服务提供过程，但有些人民调解员对于获得荣誉称号并不感兴趣，如果只以授予“模范人民调解员”的荣誉称号作为奖励手段，则难以激起这些对获得荣誉称号不感兴趣的人民调解员认真工作的积极性，使得有效激励作用对象非常有限，难以充分调动整个人民调解队伍的工作积极性，激励制度的实际作用必然大打折扣。

激励理论中明确提及需要坚持物质激励和精神激励相结合的原则，只有把物质激励和精神激励完美地结合在一起，才能更好地调动人民调解员的工作积极性。可是，当前国家各个层面过于强调对人民调解员进行精神激励，忽视物质方面的激励，不符合激励机制设计理论内容，应当在坚持物质激励和精神激励相结合原则的基础上，从物质和精神两个方面出发实施多项举措调动人民调解员工作积极性。综上，人民调解员激励制度内容规定较笼统，使各级政府采取激励措施的方式偏向于仅从授予“模范人民调解员”称号方面给予人民调解员奖励，不足以完全调动农村人民调解员的工作积极性。

二　农村人民调解员的表彰规模小

当前人民调解员的激励手段以授予“模范人民调解员”荣誉称号为主，各级政府每年定期评定“模范人民调解员”，对该年度表现优秀的人民调解员给予肯定。而农村人民调解员的表彰规模小，能够获得“模范人民调解员”称号的农村人民调解员人数可谓屈指可数，这便使该项激励制度对于农村人民调解员的激励作用减弱。究其原因，各级地方政府评定“模范人民调解员”未对城市和农村做出区分，而农村由于区位影响，相较于城市矛盾纠纷，农村矛盾纠纷的涉案标的等远不及城市，在整个评比中明显处于弱势地位，无法与城市人民调解员相媲美。

从国家层面来看，每年对人民调解员的表彰规模较小，以 2017 年为例，“为表彰先进，激励士气，进一步推进新形势下人民调解工作创新发展，司法部近日决定授予北京市通州区梨园镇金侨时代社区人民调解委员会等 300 个人民调解委员会‘模范人民调解委员会’称号；授予北京市东城区崇文门外街道人民调解委员会调解员郭卫东等 995 名人民调解员‘模范人民调解员’称号”①，而当前人民调解组织共计 76.6 万个，人民调解员共计 366.9 万名，通过计算可以看出，大约 2554 个人民调解委员会中才能产生一个“模范人民调解委员会”，

① 《司法部授予 300 个人民调解委员会 995 名人民调解员全国模范人民调解委员会模范人民调解员称号》，《法制日报》2017 年 6 月 28 日。

大约3688名人民调解员中才能产生一个“模范人民调解员”，故获得此表彰的难度非常大。并且人民调解员的评比中将乡镇人民调解委员会委员纳入其中，很多“模范人民调解员”的称号被乡镇人民调解委员会委员获得，而这些人员中多数具有公职，属于行政调解人员范畴，如某司法所所长、镇调委会副主任于2017年被司法部表彰为全国模范人民调解员①，该现象比比皆是，而且并不符合国家对人民调解的现实定位，这明显会降低农村人民调解员获得“模范人民调解员”称号的概率。以调研地为例，所调研的7个行政村人民调解委员会委员及其周边地区人民调解委员会委员均没有因为人民调解工作出色而获得过相关荣誉称号（见表5.1），访谈对象均透露当地及周边地区没有农村人民调解员因为工作出色而获得来自政府的表彰，占比达100%，不用说获得国家级“模范人民调解员”的荣誉称号，连获得县级、市级“模范人民调解员”荣誉称号的人民调解员在这些地区都没有出现，可见授予荣誉称号对于农村人民调解员的激励实效较小。

表5.1　农村人民调解员获得表彰状况

行政村	人民调解员获得表彰
BS村	无
QJW村	无
TGZT村	无
CJY村	无
WY村	无
XBL村	无
HL村	无

资料来源：对访谈资料的整理。

① 《化解矛盾纠纷的行家里手——记全国模范人民调解员李双双》，法治甘肃网，2018年4月19日。

综上，各级政府对农村人民调解员的表彰规模小，使农村人民调解员难以获得表彰，降低了农村人民调解员的工作积极性。

第四节　专业素养欠缺：法律知识与调解技能较匮乏

农村人民调解服务供给出现供给能力有限问题，主要缘于农村人民调解员专业素质普遍偏低，以致农村人民调解员无法按照国家要求和现实需要妥善地处理农村矛盾纠纷。究其原因，农村矛盾纠纷复杂多变，这是一个既存事实，相较于以往的传统民间纠纷，当前民间纠纷不仅在范围上不断扩大，而且复杂性也骤然增加，外加国家和群众对于依法解纷的要求越来越高，对于农村人民调解服务提出更大挑战，但如果农村人民调解员的专业素质有足够保障，则不会出现难以应对新型矛盾纠纷和要求依法调解的时代需要，完全可以得心应手地处理农村矛盾纠纷。因此，农村人民调解员专业素质普遍偏低是农村人民调解服务供给能力有限的重要原因，而农村人民调解员专业素质低主要表现为法律知识储备不足和调解技能掌握有限。

一　农村人民调解员法律知识匮乏

农村人民调解员法律知识匮乏是农村人民调解员专业素质低的首要表现，与农村人民调解服务供给的能力有限问题密切相关，强调农村人民调解员的法律知识储备问题，原因在于法治社会建设对依法调解提出要求，希望调解过程中能够严格依照法律法规，不再像以往采取“和稀泥”方式展开调解，纠纷当事人碍于情面等因素考虑而缓解关系。而今，农村矛盾纠纷的发生更多的是利益之间的博弈，村民不愿在利益面前让步，希望按照法律规定维护自身合法权益，人们逐渐采取法律手段解决土地财产、家庭内部纷争等方面的纠纷，纠纷解决机制逐渐由世俗化向法制化转变①，这也对农村人民调解员法律知识储备提出了要求。

农村人民调解员法律知识匮乏主要表现为农村人民调解员对法律知识的了解和熟悉度不够，自身积累存在一些局限，以调研地为例，我们在访谈中对 24 名人民调解员的法律知识掌握程度进行了解，这 24 名人民调解员对法律知识的储备情形如表 5.2 所示。24 名人民调解员中有 2 人认为自身法律知识储备一般，有 16 人认为自身有所储备，但储备较少，有 6 人认为自身基本没有储备，认为法律知识储备一般的占总人数的 8.3%，认为法律知识储备较少的占总人数的 66.7%，认为基本没有法律知识储备的占总人数的 25%，这足以说明农村人民调解员的法律知识储备整体上不容乐观，具有较大提升空间。

表 5.2　农村人民调解员储备法律知识状况

单位：次，%

关联编码	开放编码	提及频次	百分比
储备法律知识	储备一般	2	8.3
	储备较少	16	66.7
	基本没有储备	6	25.0
	总计	24	100

资料来源：对访谈资料的分析。

农村人民调解员法律知识储备不足，与队伍的受教育程度及后期培训工作的不到位等密切相关，当前农村人民调解队伍在受教育程度上以初中及其以下为主，很少人接受过大学教育，这与其他研究结果基本吻合，如北京市的一项调研结果显示，356 名人民调解员中高中

① 贺东航、孙敬良：《基层治理视阈中的乡村人民调解制度——以一个村庄人民调解文本为例》，《社会主义研究》2015 年第 4 期。

及以下学历的人占总人数的60.4%[①]，作为我国首都的北京，人民调解队伍建设尚且如此，其他农村地区可想而知，而早前有一项数据指出，达到高中和中专以上文化知识水平或法律中专以上水平的调委会委员有220多万人，仅仅占调解委员人数的25%[②]，这足以说明人民调解员的文化程度总体偏低。而初中、小学教育属于通识教育范畴，没有专业之分，也不涉及法律知识传授，故多数农村人民调解员并未接受过相关知识学习，且后期培训工作没有跟进，农村人民调解员法律知识主要依靠个人经验和独立学习，这必然导致他们法律知识储备不足。

因此，可以看出农村人民调解员在法律知识储备方面的整体情形不容乐观，绝大部分农村人民调解员的法律知识存在储备不足现象。农村人民调解员自身法律知识储备不足，在提供人民调解服务过程中必然无法严格按照法律规定办事，造成农村人民调解服务供给能力有限，无法完全满足国家和群众需要。

二　农村人民调解员调解技能有限

农村人民调解员调解技能技巧的掌握与农村人民调解服务供给能力有限问题也密切相关。若农村人民调解员掌握的调解技能技巧较好，则可以在应对农村矛盾纠纷过程中游刃有余，理论结合实际，提高化解农村矛盾纠纷的能力，继而提升农村人民调解服务供给质量，反之，若农村人民调解员掌握的调解技能技巧不理想，遇到较为复杂的矛盾纠纷，则会陷入慌乱和不知所措状态，必然无益于确保农村人民调解服务供给质量，使农村矛盾纠纷无法得到及时、有效的解决。

农村人民调解员调解技能有限的结论可以通过访谈得出，通过对

---

① 柳春香、杨春：《基层人民调解工作现状、问题及对策研究——以北京市为例》，《北京政法职业学院学报》2016年第1期。

② 邵军：《从ADR反思我国的民事调解现状》，《华东政法学院学报》2005年第3期。

24 名人民调解员自身掌握调解技能状况的访谈，我们发现，其中有 2 人认为自身对调解技能技巧的掌握较好，占总人数的 8.3%；有 5 人认为自身对调解技能技巧的掌握一般，占总人数的 20.8%；有 15 人认为自身对调解技能技巧的掌握较少，占总人数的 62.5%；有 2 人认为自身基本没有掌握调解技能技巧，占总人数的 8.3%（见表 5.3）。有 70.8% 的农村人民调解员认为自身掌握的调解技能技巧不足，掌握较少和基本没有掌握属于掌握不足范畴；29.2% 的农村人民调解员认为自身掌握的调解技能技巧处于一般或较好状态；没有一名被访谈对象认为自身对调解技能技巧的掌握处于非常好的状态。

表 5.3　农村人民调解员掌握的调解技能技巧状况

单位：次，%

关联编码	开放编码	提及频次	百分比
掌握的技能技巧状况	掌握较好	2	8.3
	掌握一般	5	20.8
	掌握较少	15	62.5
	基本没有掌握	2	8.3
	总计	24	100

资料来源：对访谈资料的分析。

调研地农村人民调解员掌握调解技能技巧的情形与其他研究成果也较为相似，如巴桑旺堆等基于对西藏农牧区人民调解的实证调查发现，“达孜县德庆镇范围内村庄中的调解人员基本上就是各村村委会成员担任，文化及业务水平偏低，调解技能的掌握较少，难以有效地处理矛盾纠纷”①；许晋基于对阿坝藏族自治州人民调解的调研发现：“人民调解员的素质有待提高，导致人民调解组织和人民调解员缺乏

① 巴桑旺堆、欧珠永青等：《新时期西藏农牧区基层人民调解制度研究》，《西藏大学学报（社会科学版）》2009 年第 2 期。

调解工作的职业精神与专业素养，调解技能技巧缺乏，降低了纠纷当事人对调解的期望。”① 因此，农村人民调解员掌握的调解技能技巧有限也会对农村人民调解服务供给能力问题造成影响，使整个服务供给能力较为有限。

第五节　监管体系局限：监管行为未形成系统性规范

农村人民调解服务供给出现供给监督不力的问题，主要缘于农村人民调解监督体系设计存有一定的局限性。供给监督体系的设计存有一定的局限性表现为人民调解过程监督限于原则性规定并缺乏对经费收支与供给实效做出监督制度安排，究其原因，公共服务监督体系按照系统论的流程进行分解，通常包括决策监督、过程监督和绩效监督三个核心维度，在这三个核心维度中，都可能存在监督不力的现象，而“公共服务监督体系是公共服务供给体系的有机组成部分，缺乏科学、完善和有效的监督体系，公共服务生产和供给系统则必然不完整，也缺乏强有力的支撑”②。

一　人民调解过程监督限于原则性规定

《人民调解法》对农村人民调解服务过程的监督主要落实到人民调解员身上，而人民调解委员会虽然是独立的社会组织，但整个组织管理工作的建设不到位，缺乏组织层面制定的监督制度。以调研地为例，所调研行政村人民调解委员会均没有建立组织监督制度，故只遵

① 许晋：《论阿坝自治州基层纠纷解决中的人民调解制度》，《贵州民族研究》2014 年第 11 期。

② 容志：《公共服务监督体系的逻辑建构：决策、过程与绩效》，《中国行政管理》2014 年第 9 期。

循《人民调解法》对农村人民调解服务过程的监督做出规定。相关规定集中于《人民调解法》第 15 条，此条款中明确提出人民调解员在调解民间纠纷过程中不得存在以下情形，“偏袒一方当事人”“侮辱当事人”“索取、收受财物或者谋取其他不正当利益”“泄露当事人的个人隐私、商业秘密”，否则，由其所在的人民调解委员会给予批评教育、责令改正，情节严重的，由推选或者聘任单位予以罢免或者解聘。

通过对《人民调解法》中关于人民调解员监督条例的梳理，可以发现，关于人民调解服务过程的监督规定大多限于原则，从“偏袒一方当事人”“侮辱当事人”“索取、收受财物或者谋取其他不正当利益”“泄露当事人的个人隐私、商业秘密”等条款中，我们并不能看出应当如何对人民调解服务过程进行监督，而仅仅是描绘了监督过程中如果存在这些现象，可以对人民调解员进行批评教育、责令改正，甚至罢免及解聘。正因为监督规定过于原则，对农村人民调解服务供给过程的监督出现不力现象，纠纷当事人没有举证意识，在矛盾纠纷化解过程中难以保留农村人民调解员“偏袒一方当事人”“侮辱当事人”“泄露当事人的个人隐私、商业秘密”的证据，而农村人民调解员“索取、收受财物或者谋取其他不正当利益”大多较为隐蔽，纠纷当事人难以发现，这都致使对整个服务供给过程的监督流于形式。

二　经费公开和供给实效监督制度缺失

目前，只有《人民调解法》对农村人民调解服务供给进行监督做出制度安排，但《人民调解法》仅仅涉及对人民调解员的监督，并未涉及对人民调解委员会的经费使用和服务供给实效的监督，即这两个方面的监督制度安排尚处于缺失状态，这便造成了实践过程中缺乏对人民调解委员会的经费收支和服务供给实效的监督，根本没有监督主体对此进行排查及审查。但作为社会组织的人民调解委员会，其经费使用情况及服务供给实效都应当被纳入监督范畴，当前由于绝大多数农村人民调解委员会经费支持未能落实到位，对经费收支情况的监督缺失相对而言危害不大，但要提升农村人民调解服务供给质量，保障农村人民调解服务供给经费势在必行，当农村人民调解委员会的经费完全落实到位，农村人民调解委员会经费的使用则必须依靠监督制度进行保障。此外，农村人民调解服务供给实效的监督也非常重要，它属于公共服务监督体系中的绩效监督维度，政府对农村人民调解委员会进行经费支持，需要了解农村人民调解委员会提供人民调解服务的实效，只有能够保障服务供给质量的农村人民调解委员会，才可以获得更多的经费支持，政府可以将对服务供给实效的评估结果作为确定经费支持力度的依据，这也契合新公共管理理论要求政府引入工商管理方法与技术到管理活动中的主张。

总之，农村人民调解服务供给出现供给主体单一、供给经费缺乏、供给意愿偏低、供给能力有限和供给监督不力问题是诸多因素影响的结果，但主要受限于村民和政府参与组织构建的意识不强，调解经费来源途径与落实程度有限，调解员激励制度的制定与执行不合理，农村人民调解员专业素质普遍偏低，农村人民调解监督体系设计存在局限，具体表现为村民欠缺构建新型人民调解组织的意识，政府缺乏扶持新型人民调解组织的意识，资金来源途径仅有政府和村民委员会，政府和村民委员会经费支持落实度低，人民调解员激励制度的规定笼统，农村人民调解员的表彰规模小，农村人民调解员的法律知识匮乏，农村人民调解员的调解技能技巧有限，人民调解过程监督限于原则性规定，经费公开和供给实效监督制度缺失。

第六章　农村人民调解服务供给问题的解决原则与目标

原则与目标可为解决农村人民调解服务供给问题指明方向，为解决路径提供参考。本章主要结合农村人民调解服务供给问题的现状，探讨农村人民调解供给问题的解决原则与目标，以期为解决路径设计奠定良好的基调。

第一节　农村人民调解服务供给问题的解决原则

解决农村人民调解服务供给问题是一项复杂的系统工程，整个改革必须坚守依法改革原则、因地制宜原则、循序渐进原则、风险规避原则和效益最优原则，避免改革过程中出现无视法律与现实情况或者力求快速实现改革目标而采用一些具有较大改革风险措施及花费更多成本获得相同改革效果的现象。因为这些现象不仅对整个改革本身是一种不负责的行为，也会影响政府及农村人民调解的形象，从长远来看，并不利于农村人民调解的发展。

一　依法改革

依法改革要求做到改革于法有据，即改革应当从法律中找到相应依据，而非偏好运用权力直接主导改革活动，未把法律视为必须遵守的规则，忽视法律这条改革红线。这里的法律主要是指由立法机关制定并颁布实施的规则，不包括政府自身制定的行政法规，因为政府可以利用行政法规为自身行为寻找“合法性”。虽然我们不得不承认“在特定历史条件下一段时间采取权力主导方式不仅必要，甚至别无选择”[①]，但随着改革不断深入，权力主导改革问题日渐显现，在应对市场经济体制、多种所有制形式并存且利益多元化和“单位人”向“社会人”转变的既有事实上均表现出不适应性。

正是基于这样的现实，从2013年召开的十八届三中全会开始，“改革”就被明文地置于“依法”前提下。有机构做出统计，在全面深化改革方案全文中“依法”一词共出现26次，而在次年召开的十八届四中全会上，完整的“依法改革”理念已经成形并被理论化[②]，即“全面深化改革固然需要勇于突破，但必须依赖法治思维和法治方式，坚持依法‘变法’，先立后破，确保法治全程参与，在法治轨道上推进经济体制、政治体制、文化体制、社会体制、生态文明体制、党的建设制度改革及深化国防与军队改革，保证改革举措与法律立、改、废同步推进”[③]。

解决农村人民调解服务供给问题也不例外，其具有的对原有制度的“突破”本质就是一种改革行为。既然是一种改革行为，在整个改革过程中就必须坚守“依法改革”原则，这不仅是对党中央顶层设计的一种积极回应，有助于推进国家治理体系和治理能力现代化进程，而且是对人民群众的一种负责任态度，践行了代表最广大人民根本利益的“三个代表”思想。因为改革如果不在“依法”前提下进行，整个行动停留在人治层面概率偏大，而几千年以来的历史经验将人治弊

---

① 侯水平：《深化改革须从权力主导转向依法推进》，《社会科学研究》2009年第1期。

② 郝诗楠、龚思文：《“依法改革”的理念、实践与前景》，《党政论坛》2015年第9期。

③ 姜伟：《全面深化改革与全面推进依法治国关系论纲》，《中国法学》2014年第6期。

病暴露无遗，它具有较大的随意性，可能温情脉脉，也可能残酷暴戾，偏好直接将统治者的个人意志上升到国家意志。

倘若统治者的个人意志出现错误，将给国家带来巨大灾难，且在人治模式下，统治者的权力往往缺乏有效制约，“普天之下，莫非王土，率土之滨，莫非王臣”便是对此的最好说明，整个国家及人民都属于统治者，何来对统治者进行有效监督。与“人治”相比，法治用制度权威取代个人权威，更具稳定性和持久性，并且旨在创造治理者与被治理者间的平等型社会关系，是现代社会最为有效的天下归心方式[①]。

解决农村人民调解服务供给问题在“依法改革”原则指导下应当严守法律这条红线。如果解决思路违背法律，则直接更换解决思路，绝不允许与法律背道而驰的解决思路出现并被执行，倘若发生，理应严肃地追究改革者的责任；如果出现法律制定和修改滞后现象，则应先科学立法，再在法律允许的情形下出台和执行改革方案，立法机关则应顺势推动修改法律，为改革创造良好的法治环境，只有这样改革才能真正做到于法有据。

二　因地制宜

因地制宜是对马克思唯物辩证法中矛盾特殊性观点的一种实践，即无论主要矛盾、次要矛盾，还是矛盾的主次方面均具有一定的特殊性，这使对待问题时应坚持具体问题具体分析思维方式，所谓“具体问题”就是在一定条件、地点、时间下客观事物的多样规定性统一或一定条件、地点、时间下客观事物的多样规定性的统一在思维中的再

① 韩春晖：《人治与法治的历史碰撞与时代抉择》，《国家行政学院学报》2015 年第 3 期。

现[①]，与之相对的是抽象问题。因地制宜不仅要求对待具体问题应坚持具体分析的原则，还需要在分析的基础上恰当地解决问题。

“因地制宜”原则的运用具有很长历史，早在春秋战国时期，就有思想家提及此，儒家学派创始人孔子提出的“因材施教”与“因地制宜”实则属于同种含义，虽然针对的具体问题有所不同，但对其内涵在本质上的把握与理解则没有任何区别，“因材施教”主要是指针对学生的具体情况选择适合的教学方法，从而提高学生学习效率。如果说“因材施教”与“因地制宜”只是表义相同，《管子》中则明确地记载到“因地制宜”，表现最为突出的就是其“因地制宜”的生态意识[②]，提倡顺应“天地之道”“人与天调”“无为自然”“以时禁发”“因时治事”。

解决农村人民调解服务供给问题属于具体问题范畴，符合一定的条件、地点和时间判断要素，是现实中的实际问题，并非为仅存在于脑海中的臆想问题，故理应坚守因地制宜原则。具体而言，在设计改革方案中应当充分结合地方实际情况，比如，想要采用政府“购买”人民调解服务的方式提供农村人民调解服务解决农村人民调解员能力有限问题，就要审视地方财政是否有足额的经费用于“购买”服务，当地是否形成相对成熟的“购买”服务市场，即政府在农村人民调解服务方面是否存有“购买”对象，以及整个“购买”制度构建是否科学合理，能否保障购买成功等，倘若公共财政不足以支付“购买”农村人民调解服务费用，即便采用“购买”方式，只能维持一段时间，利用政府“购买”服务的方式创新农村人民调解供给的改革方案则不具有可行性，政府需要采取其他方式改革农村人民调解供给才能解决

① 林先发：《论具体问题具体分析及其价值》，《武汉大学学报（哲学社会科学版）》1986 年第 6 期。

② 张全明：《论〈管子〉“因地制宜”的环境理论及其特点》，《管子学刊》2010 年第 4 期。

现实问题。

尽管“购买”一词的运用值得商榷，但这种思路却具有非常重要的意义，这里的“购买”主要是“政府通过资金投入进行支持、扶助和利用，在不改变农村人民调解服务原有性质和运行方式的前提下，通过资金投入提供其生存发展的条件”①，即农村人民调解服务供给责任并未发生变化，依然是人民调解委员会，而政府通过注资形式支持人民调解发展，使政府对于资金的使用及是否能够实现政府注资的初衷等具有监督职能，只有满足政府“购买”条件的人民调解委员会，才能从政府处获得更多的资金资助。政府“购买”人民调解服务的合理性主要在于人民调解服务的公共性及政府购买人民调解服务整个行为的公共性，人民调解服务的公共性可由物的规定性和价值追求而定，它在本质上是一种公共服务，只是供给责任不在于政府，《人民调解法》中明确认定人民调解委员会是依法解决民间纠纷的群众性组织，而群众性组织在本质上是社会组织，社会组织承担人民调解服务供给责任是为了弥补政府失败和市场失灵，现实意义尤为重要。

三　循序渐进

以改革速度和方法为判断依据，通常可以将改革划分为渐进改革和激进改革。以经济改革为例，中国采用的是渐进改革路径，“摸着石头过河”，“走一步，看一步”，循序渐进地由社会主义计划经济体制向社会主义市场经济体制转变，俄罗斯在20世纪90年代的经济改革中则采用的是激进改革路径，采用“休克疗法”，力图一夜便实现从社会主义计划经济向资本主义市场经济的转变。渐进改革与激进改

① 范愉：《社会转型中的人民调解制度——以上海市长宁区人民调解组织改革的经验为视点》，《中国司法》2004年第10期。

革的差异不仅是广泛的，而且是深刻的，从改革的方式、方法，到改革的性质、目标，都各不相同[①]。由于渐进改革的周期性较长，它不试图在短时间内对原事物进行颠覆性改变，通过采用多次的局部改革方式实现对原有事物的整体性改变，因而，改革者在行动中更能适应瞬息万变的环境，更好地把握改革度。倘若改革中遇到意想不到的困难及险阻，能够及时终止改革进程，以免造成更大损失，不像激进改革首先便需要较为系统的改革策略，并试图从全局出发处理整体与部分的关系，但改革者总是有限理性的，无法完全保证改革策略的科学性，这组矛盾是激进改革短时间内难以解决的，而改革从整体上推动，但改革方案存在瑕疵，后果不堪设想，可能引起社会不稳定，动摇国家治理基石。

新中国成立以来的改革以渐进改革居多，尤其是改革开放以来，较少采用激进改革方式，并且渐进改革在中国总是能够取得成功，这与中国的特殊国情难脱关系，中国改革者将稳定视为改革的底线，无论什么改革，都须以稳定秩序为基础。倘若对社会稳定造成影响，则不会擅自推动改革，对于影响社会稳定的改革方案也是谨慎践行，不贸然突进，这便在很大程度上减少了改革失败的风险。正如学者所言："中国的改革道路是一条代价低、风险小，又能及时带来收益的成功的道路，它最接近于'帕累托改进'或'卡尔多改进'，它具有内在逻辑上的有序性和不可逆性，它可以使'分两步跨越鸿沟'成为现实，它有利于平衡改革过程中速度和稳定两种要求，因而，获得了巨大成功。"[②] 不过，维稳所付出的代价巨大，一些学者开始审视花费巨大精力、物力维稳的必要性，学界及实务界在这一点上出现了分歧。

---

① 赛晓序：《激进改革与渐进改革的差异之透析》，《齐鲁学刊》2003 年第 4 期。

② 张宇：《中国的渐进式改革为什么能获得成功》，《中国人民大学学报》1996 年第 3 期。

解决农村人民调解服务供给问题应当坚定改革传统，采用渐进改革方式，分步骤地推进局部改革，进而实现对整个供给不适宜要素进行调适的目标。以解决农村人民调解员供给意愿偏低问题为例，在设计解决农村人民调解员供给意愿偏低问题对策时必然需要开展多项措施，而在设计和开展这些政策的过程中一定要深思熟虑，“走一步，看一步”，在决定全面推广政策之前可选择部分地方进行试点，并根据试点情况对政策进行适当修改，如此可以更好地根据既有情况对政策及政策实施进行调整，从而更好地适应改革环境，而非急切地制定公共政策，并全方位地推动政策实施，因为如果采取激进方式推动改革，当改革行为付诸实践后，若发现问题需要停止改革，改革将付出巨大代价。

四　风险规避

风险原本存在于以保险为核心的商业管理活动中，是对投入回报关系的一种现实考量，市场主体都偏爱投资风险性不大或者即便风险性较大但有高回报的项目，继而获得利润。从 20 世纪 60 年代开始，该词逐步转移到社会、政府管理等公共领域中，进而形成了现代全方位的风险管理格局①，这表明政府开始重视风险。这里不仅包括社会中存在的风险，即作为政府治理对象的风险，以免引起社会动乱，威胁国家政权，也包括政府自身行为引发的风险，如改革风险，即因改革行动而引发的系列风险。

我们应当对改革风险存有正确认识，改革必然会面临很多风险，尤其是当前中国正处于改革的深水区，政府需要啃硬骨头，且要敢于

① 刘泽照、朱正威：《公共管理视域下风险及治理研究图谱与主题脉系——基于国际 SSCI 的计量分析（1965—2013）》，《公共管理学报》2014 年第 3 期。

啃硬骨头，才能获得更好的发展，“但若因为改革有风险而不改革，同样也会面临风险，这种不改革的风险就是要对历史负责任”①，即倘若一味地故步自封，政府对于不合时宜的事物不能做到与时俱进地改变，便可能引发一系列的其他风险。其实，改革风险在本质上是一个概率事件，改革的风险性大说明改革可能失败的概率大，反之，改革的风险性小说明改革可能失败的概率小，通常情形下改革应当选择风险性小的方案，这样获得成功的概率更大，毕竟谁也不愿意获得失败的改革结果，这样于国于民于政府均不利。

随着政府治理能力稳步提升，政府对于改革风险的评估开始正式进入制度体系，要推动一项改革，应当对改革风险进行科学的评估，这里既可以通过政府主体自身进行评估，也可以委托给专业性的异体评估机构。不过，对于风险评估，除了在事先进行之外，还应推广到整个改革过程中，毕竟改革是一个动态过程，不存在静态改革，动态意味着改革所面临的环境会发生各种变化，风险的大小也会随着这些变化而变化，我们这里将改革中可能变化的因素统称为“介入性扰动”②，这些“介入性扰动”有的具有正面价值，可以降低改革风险，但有的则会带来负面影响，增加改革风险。

解决农村人民调解服务供给问题，从改革风险角度考虑，应当选择风险性小的改革方案，这便要求政府和人民调解委员会事先应确立多个改革方案，如果只有一个改革方案，则无从选择，只能对仅有的一个方案进行评估，根据改革风险评估系数直接确定是否采用该方案，如风险评估系数低便采用，反之，则放弃，这没有比较出来的改革方案具有说服力。

---

① 杨海：《全面深化改革中的改革风险应对研究》，《宁夏社会科学》2016 年第 6 期。

② 廉如鉴、姜丽萍：《重大工程社会稳定风险评估过程中的“介入性扰动”》，《中国行政管理》2014 年第 7 期。

关于改革风险的评估，应根据地区实际情况进行，评估指标设计可以参考借鉴做得好的地方，虽然评估可能没有放之四海而皆准的模式，但是评估指标的设计在很大程度上具有相似性，像改革成本、改革认可度等是任何改革都需要进行的风险考量。依据政府公共财政的承担能力选择改革措施，避免出现仅能承担 100 万元经费但策划一个需要花费 500 万元经费的改革方案现象。否则，到最后或者以失败告终，政府支付不了相关费用，改革因资金链的断裂而中断；或者扩大政府财政赤字额度，从而增加地方政府的财政压力，这其实也是一种失败，是在决策过程中出现失误导致的失败。

五　效益最优

效益最优就是追求效益的最大化，在有限投入下实现更多产出，则可称为效益最优。效益最优最先使用在经济领域，惯常使用的词语为经济效益最优。倘若一项经济活动投入量固定，则衡量产出值，在投入量既定情形下，产出值越高，效益越优；相反，如果一项经济活动的产出值既定，则衡量投入量，在产出值既定情形下，投入量越少，效益越优。第一种情形在现实生活中更为常见，第二种情形只是理论上的一种分析，作为市场主体的企业通常将此原则作为选择投资项目和方案的重要判断依据，企业的角色定位和理性经济人性质，决定了仅仅考虑经济方面的回报即可，在多个投资项目和改革方案中，经济成本投入量越少，而产出值越大的投资项目和方案则越能获得这些主体的青睐。

作为公共部门的政府，与作为市场主体的企业在考虑效益层面则存在差别。政府不仅需要考虑经济效益，而且需要考虑社会效益，甚至生态效益，不能像企业只追求利润，趋利避害，选择能够赚取更多利润的项目及方案，忽视其他方面的效益。而社会效益正如前文所述，并不像经济效益那样容易核算清楚，它的影响可能是无形的，或者是长远的，这使得政府在改革时不能像企业那样有着明确的选择标准，无法通过比较改革方案的经济效益选择最优策略。

因而，相较于市场，把握效益最优价值取向对于政府更具有挑战性，其复杂程度更高。但一些常识性原理，在政府坚守效益最优价值取向过程中也具有适用性，比如，尽量以少的投入获取更多效益，秉承节约原则，毕竟“节约型政府”的理念已经深入人心，“节约型政府”的内涵概括定位指以相同或相对较少的自然资源消耗或自然成本投入，取得相对较高或较优的经济效益、社会效益与生态效益及其统一，最终能够形成促进人与自然和谐的政府[①]。

解决农村人民调解服务供给问题应将坚持“效益最优”原则贯穿全过程，在节约改革成本的基础上，积极追求改革效益的最大化、最优化，保质、保量地实现改革目标。比如在确定公共财政投入前，了解农村人民调解服务供给现实需要，从而对整个供给的现实需要进行系统性把握，再结合公共财政投入制定和出台相关改革政策，如果有条件采用政府“购买”服务方式，则采用。事先要对购买价格等进行充分调研，根据当地现实状况确定购买价格，既要保证专职人民调解员的生活需要，使之通过从事人民调解工作维持日常生活，调动群众从事此项工作的积极性，又不能将“购买”价格约定太高，让政府在公共财政上负担过多，增添政府财政压力。反之，当地如果缺乏实施政府“购买”人民调解服务的条件，政府则应通过采取其他办法的方式解决农村人民调解服务供给问题。

① 黄爱宝：《“节约型政府”与“服务型政府”的内涵定位与范式契合》，《社会科学研究》2007 年第 5 期。

第二节 农村人民调解服务供给问题的解决目标

解决农村人民调解服务供给问题的目标应当确立为供给主体层面向多元化方向发展，供给经费层面保障服务有序运作，供给意愿层面形成积极参与氛围，供给能力层面满足解纷专业需要，供给监督层面发挥监督的实际功效。

一 供给主体：向多元化方向发展

事实表明公共服务供给处于垄断状态，存在缺乏效率、服务质量难以得到有效保证等问题，而公共服务供给垄断则揭示了供给主体单一的现象。公共服务供给0处于垄断状态会出现缺乏效率的情况，服务质量难以得到有效保证等问题的主要原因是垄断意味着竞争缺失，而竞争是提升效率和质量的催化剂，只有在强而有力的竞争秩序中脱颖而出，才能更好地适应“顾客”需要。此外，工业化社会使社会分工越发细化，每个行业的专业性要求越来越高，而垄断情形下并不能满足社会分工的专业化需要，这对服务质量会造成影响。基于此，公共服务供给主体的多元化发展是未来趋势，符合国内外发展潮流，这也体现了治理理论的核心内容，即治理理论强调主体的多元化，以期利用各个治理主体优势共同应对日益复杂的公共事务。

解决农村人民调解服务供给问题需要引导供给主体向多元化方向发展，并且相较于其他公共服务供给主体多元化发展，农村人民调解服务供给主体多元化发展显得更为迫切。究其原因，农村人民调解服务供给主体是人民调解委员会，属于群众性组织，和基本公共服务供给主体为政府完全不同。当前农村人民调解服务供给主体仅有村人民调解委员会，即村民委员会下设人民调解委员会，每个行政村发生矛盾纠纷，倘若纠纷当事人想要求助人民调解委员会，只能选择村人民调解委员会，但村人民调解委员会委员几乎全部由村干部兼任，村干部的个人能力并不足以有效化解所有矛盾纠纷，而且村干部与村民之间发生矛盾纠纷已成为一种常态，让村干部化解与自己相关的矛盾纠纷并不符合常理，因而，有必要构建新型人民调解组织，与村人民调解委员会共同化解农村矛盾纠纷，弥补当前村人民调解委员会供给农村人民调解服务的不足。

此外，农村人民调解委员会的供给主体为群众性组织，即我们通常意义上讲的社会组织，而社会组织的发展需要利用各种途径筹集经费。国家为支持人民调解工作发展，在《人民调解法》中明确规定了县级以上地方人民政府和村民委员会应当对人民调解工作给予一定的经费支持，现阶段农村人民调解委员会仅有村人民调解委员会，理论上看，县级以上地方人民政府的支持经费只能给予村人民调解委员会，如此一来，政府支持人民调解委员会则存在使竞争机制缺失问题，政府不能利用经费支持行为使农村人民调解服务供给主体实现充分竞争，毕竟只有村人民调解委员会承担了农村人民调解服务供给责任。倘若农村存在多个人民调解委员会，政府完全可以设计制度在多个人民调解委员会间引入竞争，让多个人民调解委员会实现充分竞争，只有在竞争中脱颖而出的人民调解委员会，才能获得政府更多资助，竞争机制的引入更利于提升农村人民调解服务供给质量，促使人民调解委员会更好地满足群众现实需要。

引导农村人民调解服务供给主体的多元化发展也与国家发展社会组织的需要相契合。2018 年民政部制定的《关于大力培育发展社区社会组织的意见》中明确提出“力争到 2020 年，社区社会组织培育发展初见成效，实现城市社区平均拥有不少于 10 个社区社会组织，农村社区平均拥有不少于 5 个社区社会组织的目标”，这足以表明基层社会组织建设的重要性，本书在此倡导农村人民调解服务供给主体的多元化发展，在村人民调解委员会的基础上，建立其他新型人民调解组织，使之与村人民调解委员会共同化解农村矛盾纠纷，这是对国家政策的响应，具有一定的合理性与现实可行性。

二　供给经费：保障服务有序运作

供给经费与公共服务供给活动能否正常开展密切相关，“巧妇难为无米之炊”揭示的便是此道理，因而，农村人民调解服务供给经费上至少应当保障服务有序运作，避免出现整个服务供给因受经费所限而对质量产生影响的现象，不能让人民调解员不仅无偿地化解农村矛盾纠纷，而且需要自己支付部分费用于服务活动。从前文可知，作为农村人民调解服务供给主体的人民调解委员会，至少会涉及两项经费支出，一项是人民调解委员会的工作经费支出，另一项是人民调解员的补贴经费支出，人民调解委员会的工作经费支出主要是购买办公物品，即纸、笔及印刷人民调解协议书，而人民调解员的补贴经费支出主要是指人民调解员在化解农村矛盾纠纷过程中应当获得的务工补贴。其实，作为一个普通的社会组织，人民调解委员会还应当对人民调解员进行业务培训，以此提升人民调解员素质，而人民调解委员会对人民调解员进行业务培训必然涉及经费问题，但因为法律要求由县级人民政府司法行政部门定期对人民调解员进行业务培训，因而，我们则不将对人民调解员进行业务培训的经费纳入人民调解委员会必须支付经费的范畴。事实上，如果县级人民政府司法行政部门和人民调解委员会都承担业务培训等事项，更利于提升农村人民调解员业务素质，倘若人民调解委员会经费充足，也可以组织人民调解员进行业务培训，这与县级人民政府司法行政部门组织人民调解员之间的培训并不存在冲突。

因而，从供给经费层面保障服务有序运作则主要强调供给经费支出上应当至少保证人民调解委员会工作经费和人民调解员补贴经费。而人民调解委员会工作经费和人民调解员补贴经费的总额可以通过计算统计得出。究其原因，人民调解委员会共有多少名人民调解员登记在册可在政府核实，而每位人民调解员在工作过程中需要配备哪些物品，都可事先确定，继而根据物品的价格统计人民调解委员会的工作经费所需；对农村人民调解员补贴经费的统计，需要首先根据矛盾纠纷的复杂程度划分补贴标准，化解一个较为复杂的矛盾纠纷应当比化解一个简单的矛盾纠纷获得更多补贴，而矛盾纠纷的复杂程度主要根据涉事人员数量与涉事金额两个方面进行综合确定，这种划分方式已经在一些地方得以实施，如北京怀柔区司法局和财政局联合印发了《人民调解案件补贴办法的通知》，该文件对如何补贴人民调解员进行了详细规定，当化解矛盾纠纷补贴标准确立之后，每位人民调解员在化解农村矛盾纠纷中可以获得多少补贴一目了然，故可以统计需要给予农村人民调解员的务工补贴经费，人民调解委员会工作经费和人民调解员补贴经费之和便是人民调解委员会需要支出的最少供给经费。

三　供给意愿：形成积极参与氛围

供给意愿即人民调解员的工作积极性，与农村人民调解服务供给质量间存在紧密联系，正如前文所言，供给能力决定了人民调解员是否有能力完成化解农村矛盾纠纷的任务，而供给意愿是人民调解员主观心态的一种体现，一个有能力的人民调解员，如果其在农村人民调解服务供给过程中缺乏积极性，不愿意把自己的能力展现出来，对于保障农村人民调解服务质量也无济于事，而一个能力相对较弱的人民调解员，只要其具有极高的工作积极性，即便其能力有限，但也会主动学习，提升自己的能力，继而使自身更好地应对农村矛盾纠纷，由此可以看出供给意愿在农村人民调解服务供给过程中的重要性。但通过调研，我们发现绝大部分农村人民调解员在提供农村人民调解服务过程中缺乏工作积极性，因而，农村人民调解服务在供给意愿上需要形成积极参与的氛围，充分调动农村人民调解员的工作积极性，使之更好地参与到农村人民调解服务供给中，为维护农村社会稳定贡献一分力量。

农村人民调解服务在供给意愿上形成积极参与氛围需要改变以往人民调解员遇到矛盾纠纷不主动参与调解，人民调解员接到化解矛盾纠纷的信息之后拖延等不良现象，促使人民调解员主动地为村民及其他人士提供化解矛盾纠纷的服务，当遇到矛盾纠纷时，可及时赶到矛盾纠纷现场，热心、认真地了解矛盾纠纷发生的缘由，平复纠纷当事人情绪，以免矛盾纠纷扩大化，待纠纷当事人情绪稳定之后，再对纠纷当事人的对错进行评判，甚至形成一种当矛盾纠纷爆发之后，多名人民调解员争先恐后地争取化解矛盾纠纷机会的现象，如此，各人民调解员不用等纠纷当事人主动求助，而是直接热情地提供农村人民调解服务，将农村矛盾纠纷消解在初现端倪之际。而农村人民调解员工作积极性不高的原因主要是激励制度的制定和执行不合理，后文将秉承激励制度设计的众多原则，坚持正激励和负激励相结合原则、物质激励和精神激励相结合原则，紧紧围绕激励制度的完善提出政策建议。

四　供给能力：满足解纷专业需要

供给能力直接决定农村人民调解服务的质量，关系能否按照现有要求对农村人民调解服务进行有效化解，其重要性不言而喻。当前农村人民调解服务供给能力由于受到调解员专业素质制约显得非常有限，使化解农村矛盾纠纷的实效难以与以往媲美，而国家和群众对农村人民调解的要求主要在于可以更为专业地提供解纷服务，这里的专业则主要是指人民调解员应当掌握一些调解技巧和法律知识。这与我们的时代发展密切相关。

首先，民间纠纷的复杂化要求解纷专业化。民间纠纷是农村人民调解服务的作用对象，起初是指公民之间有关人身、财产权益及其他日常生活中发生的纠纷，但随着国家进入社会转型期，社会经济结构与利益的调整，民间纠纷在发生主体上出现了一些变化，不再局限于公民自身，除公民自身之外，还包括公民与法人之间、法人与法人之间、公民或法人与其他社会组织之间及社会组织相互之间的纠纷。此外，民间纠纷在内容上也出现一些变化，不再局限于传统的邻里、婚姻、家庭、赡养等简单性纠纷范围，还包括要处理拆迁纠纷、物业纠纷、交通事故纠纷、劳资纠纷、医疗纠纷、环境纠纷等社会热点、难点问题。故民间纠纷主体及其内容的变化要求解纷专业性，只有更为专业的解纷服务才能更好地调处矛盾。

其次，依法调解原则的提出要求解纷专业化。习近平总书记指出要“坚持依法治国、依法执政、依法行政共同推进，坚持法治国家、法治政府、法治社会一体建设”，另将“全面依法治国”与“全面建成小康社会”、“全面深化改革”及“全面从严治党”纳入“四个全面”战略布局，这说明我国在社会主义法治化国家建设中将迈上新台阶、新进程。法治国家、法治政府和法治社会一体建设要想取得良好的成效，不仅需要国家与政府共同努力，也需要社会积极参与，而农村人民调解作为化解民间纠纷的一项公共服务，属于法治社会建设范畴，因此需要向依法调解目标努力。依法调解则不能与以往的“和稀泥”式调解一样，调解必须有法可依、有法可循，将法律真正践行到解纷活动，确保解纷过程和结果的合法性。故向国家提出的依法调解目标努力要求解纷专业化。

最后，民众法律意识的增强要求解纷专业化。我国从 1985 年开始进行普法教育，强调法律意识和法律思维，要求人民群众遇到矛盾纠纷首先需要依靠法律。普法工作至今已开展30多年，民众法律意识获得显著提升，遇事找法、办事依法、解决问题用法现象在现实生活中大量存在，“民告官”不再是天方夜谭，当政府侵害人民群众利益的时候，人民群众可以拿起法律武器保护自己。因而，人民群众对调解工作的期待也在不断提升，农村人民调解服务过程中经常会出现纠纷当事人询问法律依据的情形，他们主动提出希望按照法律规定办事，即法律怎么规定，按照法律执行，双方不用始终纠缠，简单明了。故民众法律意识的提升对农村人民调解解纷专业化的需要也提出了一定的要求。

五　供给监督：发挥监督实际功效

监督是保障公共服务供给质量的一道有效防线，究其原因，如果公共服务供给出现问题而影响到公共服务供给质量，可以采取监督措施对错误和不当行为进行矫正，给予当事人或者当事组织一定的惩罚，以示警诫，从而树立良好的工作作风。而要发挥监督实际功效需要从两个方面努力，一方面需要强化制度建设，制定科学合理的监督制度，这是发挥监督实际效能的前提条件，如果监督制度的制定不合理，存在漏洞，监督效果则会锐减，难以发挥监督实效；另一方面是落实对监督制度的执行，监督制度的执行与监督制度的制定同等重要，毕竟科学合理的监督制度需要人来落实，如果没有人落实此项监督制度，监督制度则会流于形式，无法发挥监督的实际功效。

农村人民调解服务供给监督也不例外，服务供给监督不力会导致农村人民调解服务供给中存在诸多问题，而服务供给监督不力的诱因主要是监督体系设计存在局限，忽略了对很多监督环节的制度安排，如忽略了对农村人民调解委员会经费使用的监督，忽略了对农村人民调解委员会化解矛盾纠纷实效的监督，这些并不利于规范农村人民调解委员会及其成员的行为，容易促使农村人民调解委员会及其成员在农村人民调解服务供给过程中出现滥用权力，谋取私利及提供服务态度不认真、缺乏工作责任感等情形，这于农村人民调解的长远发展不利。

因而，农村人民调解服务在供给监督层面需要树立发挥监督实际功效的目标，从完善供给监督体系出发，将监督完全落实到位，弥补农村人民调解服务在供给监督方面的不足，为农村人民调解服务提质增效创造良好的监督环境。

总之，解决农村人民调解服务供给问题需要坚持依法改革原则、因地制宜原则、循序渐进原则、风险规避原则和效益最优原则，解决目标应确立为供给主体层面向多元化方向发展，供给经费层面保障服务有序运作，供给意愿层面形成积极参与氛围，供给能力层面满足解纷专业需要，供给监督层面发挥监督的实际功效。只有坚持这些解决原则并明确解决目标，政策建议才能更有针对性，做到有的放矢。

第七章　农村人民调解服务供给问题的解决路径

农村人民调解服务供给主要存在供给主体单一、供给经费缺乏、供给意愿偏低、供给能力有限及供给监督不力等问题，充分考虑农村人民调解服务供给问题的重要诱因，构建和扶持新型调解组织的意识弱，经费的来源途径与落实程度有限，调解员激励制度优势未有效转化，法律知识与调解技能较匮乏及监管行为未形成系统性规范等因素影响，才导致了既有问题，故而，本章主要从意识构建、经费保障、激励完善、素质提升及绩效考评出发对解决路径做出详细探讨，从而推进农村人民调解服务供给提质增效。

第一节　增强村民和政府构建调解组织的意识

改变农村人民调解服务供给主体单一现象，打破村人民调解委员会垄断农村人民调解服务供给状态，需要增强村民和政府参与新型人民调解组织构建的意识。从激发乡村内生动力和通过政府外部扶持方式两方面努力建立新型人民调解组织，促使有意通过农村人民调解服务解决矛盾纠纷的民众不再完全依赖村人民调解委员会，可以拥有更多解纷方式的选择权，间接引入竞争机制，营造竞争氛围。

一　激发乡村内生动力构建调解组织

激发乡村内生动力建立新型人民调解组织、改变农村人民调解服务供给主体单一现象，在方向上是自下而上的，属于社会自发性活动，这便意味着此路径主要依靠乡村内部力量，由村民自发地根据本地现实需要设立新型人民调解委员会，整个组织运作都由村民自身操纵，政府对组织正当行为不做任何干涉，实现村民真正意义上的自我管理、自我约束和自我调解民间纠纷，毕竟村一级的人民调解委员会在法律性质上就是群众性组织[①]。由村民自发建立的新型人民调解委员会在一定程度上需要村民对组织的正常运作做出合理安排，比如，新型人民调解组织是否需要经费支持，如若不需要，完全属于志愿性行为，则不必为筹集经费问题而犯难，但如果认为有必要给予组织和人员一定的经费保障，则需要设立一定的筹资方式获得经费，便于后期工作有序开展。村民自发建立新型人民调解组织应以兼职人民调解员为主，他们需要从事其他方面的工作，附带调解农村民间纠纷，此类人民调解员与村人民调解委员会中的人民调解员相同，大多由推选产生，不能从调解农村民间纠纷过程中获得维持生计的工资待遇，因为让村民承担相应的经费根本不具有可行性。

激发乡村内生动力建立新型人民调解组织的逻辑起点在于增强村民构建人民调解组织的意识，意识是人所特有的对客观现实的高级心理反应。只有村民具有构建新型人民调解组织的意识，通过村民内部力量完成新型人民调解组织构建才成为可能，此种路径下建立的新型调解组织人员构成依然以行政村户籍人口为主，他们提供农村人民调

---

① 李秀芬：《关于人民调解组织的性质及法律地位的思考》，《山东社会科学》2007 年第 12 期。

解服务的优势在于熟悉、了解纠纷当事人，提供农村人民调解服务过程中可以较多地融合情、理要素，在一定程度上避免调解专业化、法律职业化倾向①，防止纠纷当事人因发生矛盾纠纷而出现感情破裂、关系恶化现象。具体而言，如下。

第一，让村民对《人民调解法》中有关人民调解组织的设立内容有所了解。毕竟绝大部分村民由于受学识、文化程度及其他方面的影响对《人民调解法》不甚了解，对人民调解委员会设立程序更是一无所知，往往存在路径依赖思维，认为人民调解委员会只能由村民委员会设立，其他组织没有权力设立人民调解委员会。此举主要目的在于使村民树立除村民委员会可设立人民调解组织之外，自身也可通过组织方式设立人民调解委员会的意识，究其原因，法律赋予了村民通过其他方式设立人民调解委员会的权力，只要设立程序符合法律规定，无论是村民委员会设立的人民调解委员会还是村民构建社会组织中设立的人民调解委员会都满足法定要求，都可以为解决农村民间纠纷贡献一分力量，尤其是乡村振兴中，各种农业组织蓬勃发展，在这些组织中建立人民调解委员会具有相当的现实可行性。宣传方式的选择可采用召开村民会议和粘贴公告等形式，村民会议在一定程度上可以保证多数村民参与，由村民委员会干部在会议上对人民调解委员会的设立进行介绍与说明，使村民了解人民调解委员会设立的信息。为最大限度地扩大宣传面，防止信息宣传过程中出现遗漏现象，让更多村民及时获得信息，一方面有必要在会议上要求参会村民及时将信息传递给未能参会的村民，这里面既包括不“在场”的家庭成员，也包括“在场”但有事耽误的邻里成员，另一方面村民会议后应当在村民委员会活动中心粘贴此公告，“不在场”村民或者“在场”但理解不到

① 范愉：《人民调解与我国台湾地区乡镇市调解的比较研究》，《清华法学》2011 年第 1 期。

位的村民可通过粘贴公告获得准确信息。

第二，让村民认识到通过社会组织设立人民调解委员会的重要性。人民调解委员会属于群众性组织，国家高度重视创新发展人民调解的主要原因是公权力矛盾纠纷解决机制具有自身难以克服的痼疾，而人民调解正好有助于弥补公权力矛盾纠纷解决机制的不足之处，且每年通过人民调解服务方式化解民间纠纷的数量足以说明人民调解服务在当代具有重要价值，不可能将利用人民调解服务方式化解的民间纠纷完全转交给公权力矛盾纠纷解决机构，否则，极易引发机构膨胀和人员冗杂现象。利用农村人民调解服务化解村民之间内部矛盾纠纷于国家和村民二者皆有利，对村民而言，可以防止矛盾纠纷扩大化，及时将矛盾纠纷消解在初现端倪之际，并且不收取任何费用，村民不用为化解矛盾纠纷而增添家庭开销；而且以村民委员会干部兼职的村人民调解委员会也有一些劣势，比如，村民委员会委员身兼数职，无法保证化解矛盾纠纷的及时性，只能抽出空暇时间处理矛盾纠纷，但化解矛盾纠纷的及时性可能影响到社会稳定，如果村民自身建立了其他新型人民调解委员会，则可直接求助于该类型人民调解组织，不用等村人民调解委员会出面处理矛盾纠纷，况且村人民调解委员会由村干部兼任，而村干部与村民间发生矛盾纠纷在农村社会较为普遍，这时由村干部作为人民调解员处理矛盾纠纷并不合适，此种情形下也需要作为独立第三方的其他人民调解组织出面化解矛盾纠纷。

第三，明晰村民构建人民调解委员会的方式方法。村民构建人民调解委员会应从构建社会组织出发，建立社会组织，如农村土地承包经营权流转区域内的村民即可建立村民土地权益保护协会，在村民土地权益保护协会中设立人民调解委员会，该组织成立的人民调解委员会专门负责区域内村民因为土地利益被侵害而引发的矛盾纠纷，此举的优势主要有两个方面，一方面组织相关人士化解土地矛盾纠纷有助于对村人民调解委员会化解农村民间纠纷起到分流作用，另一方面相关人士只需解决因土地而引发的纠纷，使化解农村民间纠纷出现了分工趋势，而分工更利于保证解纷人士的专业性，该调解组织中的人民调解员日常以积累化解土地矛盾纠纷方面的知识为主，可以集中精力储备专业知识，而在化解养老纠纷方面也可以建立专属的人民调解委员会，邀请当地较有声望的人士从道德角度调解养老方面的矛盾纠纷，毕竟养老纠纷属于我国传统文化调解范畴，纠纷当事人并不希望因此而对簿公堂，导致家庭关系破裂，成为邻里间的话柄，故采用传统方式从道德层面化解此类纠纷更为合适，如果利用道德方式调解无法化解的矛盾纠纷，再走法律程序，寻求司法救济。这里需要明确无论是在哪个社会组织中成立人民调解委员会都需要到基层司法行政部门备案，基层司法行政部门对于人民调解委员会具有监管职责，而人民调解委员会也应当拥有自己的印章等，如果群众需要在人民调解协议书上签字盖章，则应走正规化程序，以此提升农村人民调解服务的权威性。

二　凭借政府扶持方式构建调解组织

凭借政府扶持方式构建新型人民调解组织改变农村人民调解服务供给主体单一现象，在方向上是自上而下的，这意味着政府在新型人民调解组织构建中发挥主导作用，是政府为弥补当前村人民调解委员会不足之处、主动扶持新型调解组织的举措。此类人民调解组织在性质上依然保留了群众性属性，但它的产生方式并非由群众自发性建立、由群众单独负责整个组织运作的，而是在政府推动之下形成并发展起来的，设立初衷主要是完成政府交予的任务，继而从政府处获得稳定的经费资助，维持整个组织及其人员的日常开销和工作薪酬发放，需要对政府负责，由政府对其进行考核，政府有权力选择是否对该组织进行经费资助，以及客观、合理地选择合作伙伴，倘若政府认为扶持效果不理想，可以中断对该类人民调解委员会的扶持行为。

由政府扶持方式建立的新型人民调解组织之职能任务为专一化解农村民间纠纷，无偿地帮助村民解决彼此之间的利益冲突。寄希望于凭借政府扶持方式建立调解组织首要任务便是增强政府扶持新型人民调解组织建立的意识，这里需要注意的是政府在新型人民调解组织构建中发挥扶持作用，并非自身亲力亲为地建立人民调解组织，将人民调解组织纳入政府部门予以发展，扶持方式可以选择政社合作，此举既能延续民间性属性，又能弥补人民调解委员会在经费保障和法律素养方面的缺陷。这里的合作不是将政府化解社会矛盾纠纷的职能转移给社会组织，而是政府单纯从经费等层面对社会组织进行支持。但关于政社合作推进人民调解组织发展问题，既有法律存在未以纲领性规定明晰政府和人民调解委员会关系的不足之处。

纵观《人民调解法》可以发现，整部法律渗透着政府支持人民调解发展的思维，强调政府在人民调解发展中的责任，无论在经费保障方面，还是在调解员表彰及培训等方面，《人民调解法》都要求政府有所作为，但缺乏认定两者关系的纲领性规定，单纯将人民调解委员会认定为群众性组织，要求政府从各个方面帮扶人民调解委员会这个群众性组织发展，以致给人民调解形象造成了误解，使人思考为什么人民调解具有民间性属性，但政府仍然需要在人民调解发展中承担一定的责任。其实政府支持人民调解发展在本质上已经属于政社合作范畴，是政府与社会组织的良性互动方式，但政社合作通常要求以合同形式明确双方权利和义务，利用合同关系保障当事人合法权益，如若当事人出现违约现象，可以通过合同寻求司法救济，政府和人民调解委员会合作也不例外，需要政府和人民调解委员会通过签订合同方式明确双方权利与义务，因为法律具有滞后性，应当留有一定的裁量权，不可能将两者合作中的细节问题完全纳入《人民调解法》调节范畴，合同则能弥补此缺陷，遗憾的是当前法律并未对此做出回应。

因此，推动政社合作的前提是以纲领性规定明确政府和人民调解委员会的关系，为政府支持人民调解发展的行为奠定基调，一方面避免给人民调解民间性形象带来误导，另一方面为人民调解向政社合作转型提供制度保障。建议在《人民调解法》总则部分添加“政府应当以政社合作方式支持人民调解工作，并以合同形式明确双方权利和义务”条款，在《人民调解法》总则部分中添加此项规定具有指引整部法律的功能，《人民调解法》后面关于政府在经费和培训等方面支持人民调解委员会的论述均是政社合作的具体形式，符合立法逻辑，而要求以合同形式明确双方权利和义务，为政府积极落实从经费方面支持人民调解工作以及对人民调解委员会绩效展开评估提供了空间，相关内容可以在合同中进一步明确，弥补既有法律制度不足，且政社合作表明了政府和人民调解委员会的关系，不存在政府吸纳人民调解委员会、使人民调解委员会成为准司法性或者准行政性组织的情形，人民调解委员会依旧为群众性组织，不过该组织在化解社会矛盾纠纷中依赖的部分资源需要政府支持，与政府间是合作关系。回归到实践，在此法律制度规定下，基层政府应当与所辖区域内所有人民调解委员会签订合作合同，确立合作关系①。

而增强政府扶持新型人民调解组织的意识与以政府扶持方式构建新型人民调解组织需要从以下几个方面努力。

第一，使地方政府认识扶持新型人民调解组织的重要性。农村矛盾纠纷日益复杂化，原有的村人民调解委员会由于受到多方面因素限制在处理农村矛盾纠纷方面表现出诸多不适应性，无法像往常般及时

① 何阳：《政社合作下的人民调解及转型之路——兼论〈人民调解法〉的回应性调适》，《河北法学》2020 年第 9 期。

有效地处理农村民间纠纷，故扶持新型人民调解组织，与村人民调解委员会之间形成竞争关系，给村民提供更多途径获得人民调解服务，增强农村人民调解服务质量乃大势所趋。此举不仅是创新发展农村人民调解服务供给的有效形式，而且有利于农村人民调解长远发展，使这朵“东方一枝花”再创解纷辉煌成绩。此外，化解农村矛盾纠纷是基层政府的重要职能之一，倘若可以利用农村人民调解服务方式对农村矛盾纠纷进行分流，使众多矛盾纠纷及时有效地被农村人民调解委员会消解，一定程度上也可以缓解政府化解矛盾纠纷的压力，给政府节约更多时间投入其他工作中。因而，地方政府应当充分认识到扶持新型农村人民调解组织发展的重要性，像城市地区扶持新型人民调解组织那样使农村人民调解组织向多元化方向发展，践行“健全人民调解组织”的政策设计要求。促使地方政府认识扶持新型人民调解组织的重要性应通过召开政府会议的方式进行，采用自上而下的方式增强政府扶持新型人民调解组织的意识，如此可能取得更好的效果，这与我国政府的绩效考核体系，偏好于采用自上而下的系统推进方式密切相关①。下级以完成上级下达的各类指标为行动指南，被形象地描述为“一手高指标，一手乌纱帽”，以致政府行动偏好对上级负责，绩效考核也顺理成章地成为上级政府控制下级政府的有效手段。

第二，使地方政府正确理解人民调解组织的性质。为了更好地扶持新型人民调解组织发展，政府正确理解人民调解组织的性质是前提条件，否则容易出现“匡扶失败”现象，如当前出现乡镇人民调解组织异化问题，主要表现在组织功能与组织性质两个方面。

关于农村人民调解组织功能的异化，主要通过历史制度梳理与调

---

① 周志忍：《政府绩效评估中的公民参与：我国的实践历程与前景》，《中国行政管理》2008年第1期。

查资料审视两方面展开，从历史和实践视角观测人民调解功能变迁。新中国成立后，国家最早颁布与人民调解有关的规章制度为《人民调解委员会暂行组织通则》（以下简称《通则》），该通则颁布于1954年3月，第一条则对人民调解制度的功能和定位做出安排，即“为建立人民调解委员会（以下简称调解委员会）及时解决民间纠纷，加强人民中的爱国守法教育，增进人民内部团结，以利人民生产和国家建设，特制定本通则”，通过对《通则》第一条详细内容的介绍，我们不难发现新中国成立初国家对人民调解的功能定位为纠纷解决功能、政治教育功能及增进人民团结功能，而增进人民团结功能又可被称为政治动员功能，在政治学中，“政治动员”主要用于描述政治权威对公众实施某种诱导或操纵以获得政治支持，它的行动路线是自上而下的①，三个功能之间为并列关系，不存在主辅之别，政治教育功能在《通则》的第三条得以细化，第三条规定：“调解委员会的任务为调解民间一般民事纠纷与轻微刑事案件，并通过调解进行政策法令的宣传教育。”

1989年6月国务院颁布了《人民调解委员会组织条例》（以下简称《条例》），《条例》生效之日起，《通则》随即废止。《条例》第一条提出：“为了加强人民调解委员会的建设，及时调解民间纠纷，增进人民团结，维护社会安定，以利于社会主义现代化建设，制定本条例”，由此可以看出《条例》认定下的人民调解功能主要有纠纷解决功能与政治动员功能，政治教育功能在《条例》第一条中未被提及，而被放置到《条例》第五条第一款“人民调解委员会的任务为调解民间纠纷，并通过调解工作宣传法律、法规、规章和政策，教育公民遵纪守法，尊重社会公德”，虽然政治教育功能在《条例》第五条中有

---

① 陈星：《社会运动、政治动员与台湾政治生态的变迁》，《台湾研究》2018年第4期。

所体现，但其重要性不如前者。

2002年9月，司法部根据1982年《宪法》、《中华人民共和国民事诉讼法》（以下简称《民事诉讼法》）和《条例》等法律、法规的规定，结合人民调解工作实际，发布了《规定》，该规定延续了《条例》对人民调解功能的定位，但将此放置于人民调解委员会任务中。

2010年8月，第十一届全国人民代表大会常务委员会第十六次会议审议通过了《人民调解法》。《人民调解法》第一条规定："为了完善人民调解制度，规范人民调解活动，及时解决民间纠纷，维护社会和谐稳定，根据宪法，制定本法"，通过《人民调解法》第一条相关规定可知，人民调解在功能上定位为纠纷解决，纵观《人民调解法》全文，并未发现政治教育功能与政治动员功能，因而，可以说《人民调解法》已经摒弃了新中国成立初国家对人民调解在政治教育与政治动员上的功能定位，仅保留了人民调解的纠纷解决功能，这与一些学者的主张相契合，因为有学者认为"人民调解制度的衰落主要缘于纠纷解决的核心功能被政治宣传、政治动员和行政功能所取代"，"人民调解回归正朔应重拾其解决民间纠纷与减少诉累的核心功能"①。

但笔者对此持相反态度，究其原因，从理论上讲，人民调解承载越多功能，则可从国家获得更多支持，国家对人民调解的重视度会越高，即便人民调解因受到某些因素影响而在某种功能上出现衰落，其他功能的正常延续也不会轻易降低人民调解在国家顶层设计中的定位。以人民调解发展史来看，改革开放以来经历了否定之否定的过程，其中主要因素则有实践中人民调解从多功能回归到纠纷解决功能之

---

① 王丹丹：《法律制度的功能及其异化——人民调解制度演变史》，《政法论坛》2016年第6期。

后，“诉讼时代”的降临使官方和群众对调解这种非诉讼纠纷解决机制的认识存有局限，以致人民调解长时期处于自由发展状态①，难以从国家获得支持。该时期直接造成了人民调解衰落，人民调解解决矛盾纠纷数量直线下滑，与法院一审民事案件受理数量形成强烈反差。如若实践中人民调解保留了政治教育功能与政治动员功能，即便纠纷解决功能因官方和群众认识局限而出现衰落现象，国家也不会放任人民调解自由发展，除非人民调解失去这三种功能。

从实践经验看，通过对全国多个地区调研发现，人民调解功能的实现大多按照国家制度执行，1989～2002年属于例外，即国家制度层面对人民调解的政治教育功能和政治动员功能有所提及，但实践中忽视了此功能。此处，我们对人民调解新功能定位的情形下化解矛盾纠纷数量与法院一审民事案件受理数量进行比较，测量人民调解制度实效，选择化解矛盾纠纷数量效果作为依据主要缘于纠纷解决功能从始至终伴随人民调解，而其他功能存在缺失情形。在国家制度引领下，调研地行政村利用人民调解方式解决矛盾纠纷数量与法院民事案件一审受理数量之比几乎整体性地处于下降状态，未直接以人民调解化解矛盾纠纷的数量结果作为比较依据主要缘于社会转型期矛盾纠纷存有多发的社会条件，这可为利用人民调解解决矛盾纠纷提供更多机会。

新中国成立初期，村里矛盾纠纷几乎全部通过人民调解方式化解，打官司、走诉讼途径解决矛盾纠纷不符合地域风俗，BS村、QJW村、CJY村等所调研村庄无一例外，如BS村被访者所述：“新中国刚成立时，大家都认可人民调解，人民调解在村里威望很高，群众遇到矛盾纠纷化解及其他需要咨询国家政策事项，完全依靠人民调解委员会，以致大家都以争当人民调解员为荣。”此时人民调解委员会除了

① 孙萍、何阳：《创新发展人民调解的合作化之道》，《理论学刊》2016年第5期。

化解矛盾纠纷之外，还常常宣传与解读党和政府的路线、方针、政策，发挥一定的教育功能，群众通过人民调解委员会了解国家，且人民调解委员会平时会组织一些活动，要求群众参与。

改革开放初期，村里矛盾纠纷解决方式开始出现变化，存在利用人民调解委员会和法院处理矛盾纠纷等不同形式，但整体而言，利用人民调解委员会处理矛盾纠纷的情形更多，所调研行政村在该时期利用人民调解方式化解矛盾纠纷的数量与法院一审民事案件受理数量之比最高为十几比一，发生在 HL 村，仅有部分村庄老人回忆到本村改革开放初期存有少数利用法院诉讼方式化解矛盾纠纷的情形，如 QJW 村被访者谈及："上个世纪 80 年代初，村里有几个小伙共同偷窃了一户在外地从事药材生意的家庭，偷盗现金高达几千元，几个小伙后面害怕东窗事发，将用剩的钱归还了失主，但失主依然向公安机关报案，最后几个小伙子分别被判刑几年到十几年不等，当时村里大部分人都认为既然别人已经归还部分钱财，并承诺后期将剩余经费补足，失主不应做得太绝，影响了年轻人一生。"这便是利用法院诉讼解决矛盾纠纷的典型。此时虽然农村地区出现了利用法院解决矛盾纠纷的情形，但并不占主导地位，调解依然有较为广阔的市场，人民调解委员会解决矛盾纠纷同时继续发挥政治教育和政治动员功能，是基层群众了解国家大政方针的窗口。

20 世纪 90 年代前后，国家制度层面对人民调解功能的认定发生了部分变化，将政治教育功能纳入人民调解任务中，不再体现在制度制定目的层面，实践过程中政治教育功能相对于以往则有所减弱，且政治动员功能逐渐消失，正如 WY 村被访者所言："人民调解委员会主要负责处理矛盾纠纷，群众遇到矛盾纠纷才会找人民调解委员会，其他情形很少接触人民调解"，这与同时期其他调研地情形相同，而此时利用人民调解方式解决矛盾纠纷的数量与法院一审民事案件受理数量之比发生了较大变化，绝大部分村庄利用法院处理矛盾纠纷的观念开始被群众普遍接受并积极付诸实践，如TGZT村利用人民调解方式处理矛盾纠纷的数量与法院一审民事案件受理数量之比约为1∶1，XBL村法院一审民事案件受理数量开始超过利用人民调解方式处理矛盾纠纷的数量，实现了反超。

近些年，人民调解在乡村社会中仅仅发挥纠纷解决功能，政治教育功能与政治动员功能消失殆尽，而定位为纠纷解决的人民调解在矛盾纠纷处理中并未实现复兴，所调研行政村利用人民调解方式解决矛盾纠纷的数量与法院一审民事案件受理数量基本持平，这意味着一半左右的矛盾纠纷被求助人民调解，剩余的一半则诉诸法院。调研地所反映的利用人民调解方式解决矛盾纠纷的数量与法院一审民事案件受理数量之比的情形与我国总体情形较为相似。

因而，人民调解功能从新中国成立初具有纠纷解决功能、政治教育功能及政治动员功能到当前仅具有纠纷解决功能实则是人民调解功能的异化，这也导致人民调解的衰落。

关于人民调解性质的变化。调研中发现，行政村除了村民委员会设立了人民调解委员会之外，所在乡镇也纷纷设立了人民调解委员会，以乡镇为单位设立人民调解委员会受到《人民调解法》保护，因为《人民调解法》第34条规定："乡镇、街道以及社会团体或者其他组织根据需要可以参照本法有关规定设立人民调解委员会，调解民间纠纷。"但以乡镇为单位设立的人民调解委员会在人员构成上与村级人民调解委员会存在差异（见表4.15），即村级人民调解委员会委员全部由村民兼任，来自村庄内部，乡镇人民调解委员会主任委员主要由镇党委书记、乡（镇）党委副书记、乡长、副乡（镇）长、乡人大主席等兼任，副主任委员主要由乡（镇）党委副书记、镇长、镇人大常委会主任、乡人大副主席及副乡长等兼任，委员主要由司法所所长、派出所所长、综治办主任、妇联主任、信访办主任、纪检委员及司法所科员等兼任，故乡镇人民调解委员会实则配备了一套行政班子成员，如XBL村被访者诉说“我们乡人民调解已经不再是群众自己解决自身矛盾了，到处都有政府人员身影，失去了原有的优势与活力，几乎都由政府人员兼任人民调解员”，这错误地将人民调解与行政调解混为一谈。究其原因，行政调解是行政机关依法履行职能的行为①，且是一种事实行为，并非一种行政法律行为②，而行政机关具有特定含义，专指各级政府及其下属机构，现今以基层政府行政班子为主要成员的乡镇人民调解委员会必然属于行政调解范畴，是行政机关处理民间纠纷的一种方式，它不再是一项民间性行为活动，更不符合由村民推选组成的自我管理、自我教育、自我服务的群众性组织定位。

而农村人民调解的异化具有重要危害，主要表现为降低了人民调解的权威性，限制了乡规民约的发展空间，改变了人民调解的原有形象，违背了创新社会治理体制要求。

第一，降低了人民调解的权威性。人民调解从承担多元性功能到承担单一性功能的转变降低了人民调解的权威性，这里的权威性更多地体现为群众对人民调解的认可度。以往人民调解承担多元性功能，除了需要化解群众内部矛盾纠纷之外，还具有政治教育功能与政治动员功能，国家政策方针、民间乡规民约基本上由人民调解委员会进行宣讲，并贯彻执行到矛盾纠纷化解过程中，将其作为化解矛盾纠纷的重要依据之一，故人民调解委员会成为群众了解国家高层政策方针、社会基层地域规范的窗口。人民调解承担多元性功能增加了人民调解委员会及其成员与群众接触的机会，扩大了人民调解委员会及其成员

① 刘旺洪：《论行政调解的法制建构》，《学海》2011年第2期。

② 罗智敏：《改革开放以来的行政调解：适用瓶颈与解决路径》，《中国行政管理》2018年第10期。

在群众中的影响力，形成了群众遇事找调解、了解国家政策找调解员的惯习，继而使人民调解具有较高权威。但由人民调解承担纠纷解决单一性功能之后，人民调解委员会及其成员无疑只有在矛盾纠纷处理中才能与群众接触，缩小了群众依赖人民调解委员会及其成员的范围，人民调解的权威性仅能通过纠纷解决功能得以维持，无法形成多功能情形下权威性的合力秩序。此外，如果纠纷解决功能发挥实效不佳，人民调解的权威性将直线下滑，而现实层面正如理论所言，人民调解由于受到法治意识强化、纠纷形态变化①、农村“空心化”及政府对人民调解的支持落实不到位等因素影响出现了衰落现象，群众对人民调解的认可度难以与以往相媲美。

第二，限制了乡规民约的发展空间。人民调解从承担多元性功能到承担单一性功能的转变限制了乡规民约的发展空间，群众对乡规民约的认同与延续应以合理的传播媒介为基础，需要潜移默化地将乡规民约渗透到群众内部，才可能利用乡规民约规范群众行为，促进乡风文明建设，助推乡村文化兴盛。而人民调解从承担多元性功能到承担单一性功能缩减了人民调解委员会及其成员与群众的接触机会，人民调解委员会及其成员原本在政治教育、政治动员及纠纷解决过程中均可以扩散乡规民约的影响力，将乡规民约作为一项政治宣传内容，利用乡规民约对群众展开动员，化解群众内部矛盾纠纷，现今随着政治教育与政治动员功能消失，只能在纠纷解决过程中发挥宣传乡规民约的作用，宣传乡规民约的场景呈现单一化特征。令人遗憾的是，人民调解的纠纷解决功能实效在社会转型中并不符合政策制定者的预期，利用人民调解化解矛盾纠纷数与法院一审民事案件受理数之比由 1986

① 郭松：《人民调解解纷数量为何下降？——超越已有理路的新论说》，《清华法学》2010年第 3 期。

年的最高值5.57∶1降到2002年的最低值0.71∶1，随后此比例虽有所回升，但回升幅度不大，利用人民调解化解矛盾纠纷数与法院一审民事案件受理数之比基本维持在1∶1状态，因而，可以说人民调解化解矛盾纠纷的黄金时段已经悄然过去。既然人民调解纠纷解决功能实效出现了下滑现象，那么依附于人民调解纠纷解决过程的乡规民约宣传则亦受限，故限制了乡规民约的发展空间。

第三，改变了人民调解的原有形象。人民调解从民间性属性到行政性属性的转变改变了人民调解的原有形象，这里应明确人民调解性质转变是从实践层面认定的，并非从制度和理论层面，因为我国《人民调解法》坚持了人民调解的民间性本质，将人民调解认定为一项群众性活动，只是基层政府在执行过程中出现了偏差。人民调解性质从民间性到行政性的转变给原有形象造成了巨大冲击，因为民间性意味着人民调解委员会在本质上是社会组织，是人民群众根据现实需要自身解决内部矛盾的组织，它相较于其他纠纷解决机制更加注重用情感维系解纷过程和结果，毕竟人民调解员由群众推选产生，他们与纠纷当事人长期生活在一起，对纠纷当事人个人情况较为了解，人民调解员在法律法规允许范围内动之以情、晓之以理，不仅可以化解群众内部矛盾纠纷，而且可以尽量避免纠纷当事人因矛盾纠纷而出现关系恶化现象。而另外，行政性意味着人民调解委员会在本质上是政府机关，是政府为了及时解决群众矛盾纠纷所采取的纠纷解决行为，这时的人民调解与行政调解之间没有任何实质性区别，均是国家公务员出面对矛盾纠纷的化解，而国家公务员与社会化的人民调解员存在显著差异，他们难以将情感要素充分运用在矛盾纠纷解决中，必然无法产生柔性治理带来的实效，拉开了群众与人民调解的距离，并且行政化的人民调解在应对官民纠纷上易陷入尴尬状态。

第四，违背了创新社会治理体制要求。人民调解从民间性属性到行政性属性的转变违背了创新社会治理体制要求，创新社会治理体制是国家治理体系和治理能力现代化的重要内容，也是新时代化解我国社会主要矛盾的关键路径①。党的十九大报告指出，“发挥社会组织作用，实现政府治理和社会调节、居民自治良性互动”，这说明创新社会治理体制应高度重视社会组织的作用，改变政府以往垄断公共事务治理的状态，促使政府从“划桨”转为“掌舵”，形成政府与社会组织的合作共赢格局，在此思想指导下，应大力培育和孵化社会组织，引导社会组织良性运行，唯有此，社会组织才能更好地承接来自政府的任务，政府和社会组织的合作关系才能长久存续，否则，难以形成政府与社会组织的合作共赢格局。人民调解行政化将原本属于社会组织范畴的人民调解委员会纳入政府机关中，由基层党委及政府工作人员扮演人民调解员角色，负责化解乡土社会中出现的矛盾纠纷，使人民调解和行政调解混为一谈，给民众对人民调解和行政调解的认识造成误解，不但未能促进社会组织良好运行，反而缩小了社会组织的作用空间，此举无形之中增加了国家公务员的工作压力，在原有工作基础上需要承担更多的矛盾纠纷化解工作，并且国家公务员化解矛盾纠纷在效果层面可能没有社会化的人民调解员化解矛盾纠纷理想，故此有违创新社会治理体制的要求②。

第二节　拓宽经费来源途径与落实执行

解决农村人民调解服务供给经费缺乏问题，保障农村人民调解服

① 张国磊、张新文：《基层社会治理的政社互动取向：共建、共治与共享》，《内蒙古社会科学（汉文版）》2018 年第 3 期。

② 何阳、娄成武、汤志伟：《从异化到回归：乡村振兴中人民调解复兴的挑战与应对》，载于《广西大学学报（哲学社会科学版）》2019 年第 3 期。

务供给经费充足，维持农村人民调解服务正常开展，需要拓宽调解经费来源途径并保证经费的落实。可通过针对不同群体开展募捐活动，将人民调解经费纳入财政预算及落实村委会对人民调解经费支持的方式，共同保障农村人民调解服务供给经费。

一 针对不同群体开展募捐活动

针对不同群体开展募捐活动属于拓宽经费来源途径范畴，毕竟法律只规定了县级以上地方人民政府和村民委员会应当给予人民调解委员会一定的经费支持，未对农村人民调解委员会采取其他途径获得经费进行限制，因此，按照“法无明文规定即自由”原则，村人民调解委员会针对不同的群体开展募捐活动具有合法性与合理性，如果《人民调解法》中明确提及“人民调解委员会可以针对不同群体开展募捐活动筹集经费”，则更利于村人民调解委员会对于经费来源的理解，并付诸筹集经费活动实践，可将此规定与村民委员会应该给予人民调解工作一定的经费支持并列列出。

村人民调解委员会针对不同群体开展募捐活动首先需要弄清不同群体对象的范畴，再针对不同对象群体选择具体募捐形式，做到具体问题具体分析，提升现实可行性。

首先，村人民调解委员会开展募捐活动的对象可以为常年生活在此的村民、原本生活在此但已经在外安家的人士及村里的企业。确定这三类主体的理由是考虑现实可行性，村人民调解委员会是每个村民委员会根据法律而设立的，这便意味着每个行政村都设立了村人民调解委员会，本村人民调解委员会到其他村开展募捐活动则并不具有现实可行性，有捐赠意愿的村民，更愿意将经费捐赠到本村落，获得本村村民认可，塑造个人在村里的声誉与形象。法律倘若规定村人民调解委员会可以采用针对不同群体开展募捐活动的形式获得农村人民调解服务供给经费，这便意味着每个村人民调解委员会都会针对农村人民调解服务经费缺乏的现象而开展此项募捐活动，因此，可以依托本村人士及企业获得经费支持。

常年生活在此的村民是农村人民调解服务的直接受益者，他们遇到任何矛盾纠纷，都可以无偿性地求助村人民调解委员会，他们具有为农村人民调解服务捐赠经费的动力，捐赠经费属于村民志愿性行为，与法律规定的人民调解服务不收取任何费用之间没有矛盾冲突，并非纠纷当事人在获得村人民调解委员会提供服务过程中为人民调解员支付的薪酬，当前有村庄在村规民约中对村民小组调解民间纠纷进行明确规定，要求双方当事人分别向村民调解小组缴纳调解费 30 元，向村委会缴纳调解费 50 元①，与此类收费调解相比，农村人民调解服务优势突显，即便村民捐赠部分经费用以支持农村人民调解发展，也符合经济人本性，毕竟捐赠行为并没有对经费做出要求，生活在此的村民可以根据实际情况捐赠，倘若农村人民调解服务因为经费缺乏出现问题，村民不得不依靠其他缴费方式化解矛盾纠纷，这时明码标价对村民而言并非最佳选择，标价可能远超过村民自愿捐赠的数额。

原本生活在此但已经在外安家的人士对于家乡存有一种特殊的感情，而村人民调解委员会则可能从这种特殊的感情中获得一定的经费支持，相关研究表明“乡愁是一直萦绕在近代中华民族脑海中的一种情结，许多客走异乡的人，都希望在功成名就后，以各种各样的方式建设家乡，改变家乡的面貌，特别是落后的农村和偏远山区”②；村人民调解委员会可以从村里企业处获得经费捐赠主要缘于企业的社会责任，正如前文所言，企业社会责任除企业对股东承担的传统责任之外，

① 高其才：《规范、制度、机制：村规民约与社会治安维护》，《学术交流》2017 年第 5 期。

② 叶强、谭怡恬、张森：《寄托乡愁的中国乡建模式解析与路径探索》，《地理研究》2015 年第 7 期。

还应对消费者、雇员、供应商与企业所在社区等社会主体承担责任，这里则明确提及企业所在社区，因此，完全可以将给予村人民调解委员会一定的经费支持作为村里企业履行社会责任的一种方式，但前提条件是企业自愿承担社会责任。不过，此途径只有村里设有企业的地方采用，而我国农村地域范围广阔，村里设有企业的地域不占多数，故很多村人民调解委员会不具有向企业募集经费的可行性，但只要村里设立了企业，村人民调解委员会都不应放弃机会。

其次，针对不同的群体开展募捐活动应当采取不同方式。针对常年生活在此的村民可以通过召开村民大会的方式为农村人民调解服务募集经费支持，由村人民调解委员会到村民家里就捐赠农村人民调解服务经费问题进行走访，一方面可以提前了解村民对于捐赠农村人民调解服务经费事情的态度，另一方面对村民空闲时间进行了解，确定一个绝大多数人都较为空闲的时间召开会议，再将村民聚集在一起捐赠农村人民调解服务经费；针对原本生活在此但已经在外安家的人士，可以采取远程方式，充分利用微信、支付宝等转账功能，让有意愿支持农村人民调解服务供给经费的人士通过上述方式转账，毕竟已经外出安家的人不在村里生活，要求其到村里参加募捐活动存在一定难度，会给这类人士带来不必要的麻烦，并且离家乡较远人士往返费用可能远超过所捐赠费用，但这里的前提是村人民调解委员会需要获得这些原本生活在此但已经外出安家人士的联系方式，并与他们取得联系，只有与这类人士取得联系，告知他们村里在为人民调解服务的提供开展募捐活动，询问对方是否有意愿参与捐赠行为，捐赠才可能得以实现；针对村里的企业，村人民调解委员会可以派出一些代表到企业与领导就捐赠农村人民调解服务经费事项进行商谈，告知企业来意，并给予企业领导一定的考虑时间，由企业会议商定之后回复村人民调解委员会。捐赠过程中应当详细记录捐赠人员名称和捐赠经费数量，便于后期核实及对经费使用进行监督，不能因为村民有无捐赠及捐赠多少而对村民另眼相看，否则，有违自愿捐赠原则，不利于捐赠活动长期开展。

二　将人民调解经费纳入财政预算

县级以上地方人民政府对农村人民调解服务的经费支持未能按照国家法律规定落实到位，关键在于没有将此笔经费纳入财政预算体系，从而对经费投入与使用形成监督，以致地方政府领导在是否从经费方面给予农村人民调解服务支持及给予多少支持具有较大的自由裁量权，他们可以根据地方财政实际情况及个人偏好对农村人民调解服务经费投入问题进行决策，如果地方领导对人民调解工作较为重视，则会投入足额经费支持人民调解发展，反之，如果地方领导对人民调解工作不够重视，则难以投入较多经费到人民调解工作中。而将人民调解经费纳入财政预算则可有效改变上述情形，因为将人民调解经费纳入财政预算意味着每年需要对人民调解工作经费投入进行预算，在地方两会召开之前，由政府将预算形成报告，交由同级人民代表大会及其常务委员会审核，只有审核通过的财政预算方案，才能付诸实际行动，而经过同级人大及其常务委员会审核通过的政府财政预算方案具有一定效力，政府需要按照此预算方案进行财政支出，否则，有悖相关规定，需要承担一定的责任，还可追查领导人责任。

将人民调解经费纳入财政预算的合理性主要有两个方面：一方面是志愿失灵理论中明确提及“政府在社会组织供给公共服务过程中出现失灵现象时具有扶持责任”，这由社会组织性质所决定，因为社会组织主要承担着治理公共事务的职责，与政府在性质和功能上具有一些相似之处，并且有的社会组织是为了弥补政府不足而产生，倘若社会组织出现志愿失灵现象，政府对此不干涉，任其发展，最终将为其不干预行为埋单，毕竟社会组织瘫痪之后，相关公共服务供给需要政府兜底，而政府兜底并不能获得较好的效果，当前农村人民调解服务出现供给经费缺乏而影响农村人民调解服务供给质量问题，这会对基层稳定带来影响，为了更为及时有效地化解农村民间纠纷，政府理应给予农村人民调解委员会一定的经费支持，况且法律规定人民调解服务不能收取任何费用，属于公益性行为，政府更应支持人民调解发展；另一方面《人民调解法》第六条规定："国家鼓励和支持人民调解工作。县级以上地方人民政府对人民调解工作所需经费应当给予必要的支持和保障，对有突出贡献的人民调解委员会和人民调解员按照国家规定给予表彰奖励。"这说明政府从经费上支持人民调解工作受到国家法律保护，将人民调解经费纳入财政预算仅是对此规定的一种细化，应将其完全落实到位。

将人民调解工作经费纳入财政预算，需要政府司法行政部门提前对人民调解工作所需经费进行统计，将此任务交由政府司法行政部门的理由是司法行政部门对人民调解工作具有指导责任，统筹人民调解工作事务，而统计环节建议摒弃政府自上而下的决策方式，采用自上而下和自下而上相结合的决策方式，充分吸纳公众积极参与。以农村人民调解服务经费预算为例，倘要有效地掌握农村人民调解委员会现实需求，则应当建立需求信息采集机制，每年提供农村人民调解服务经费预算之前，征集人民调解委员会需求信息，对各类信息进行甄别和确认之后，再对农村人民调解服务经费进行支持。农村人民调解服务经费需求信息采集机制是指针对获取农村人民调解服务经费现实需要的信息做出的一系列行为安排。

需求信息采集任务可以交由村人民调解委员会，依照《人民调解法》，每个行政村都应设立相关组织，确保任务执行的可行性，由基层政府负责需求信息统筹上报工作，这里的基层政府主要是指乡、镇政府，即基层政府按时要求各管辖地域内农村人民调解委员会依据地方实际情况上报需求信息，经基层政府汇总相关信息，再将各乡镇需求信息统一汇集到县级司法行政部门，由县级司法行政部门依据一定标准对所报信息进行核实、确认，最终安排各农村人民调解委员会经费预算事项。这里有必要提出的是基层政府上报需求信息后，县级司法行政部门应当实施核实确认程序，对上报信息进行审查、评估，以防基层出现虚报现象，故要对如何衡量现实需求做出制度设计，毕竟不可能完全按照农村人民调解委员会意志办事，即基层上报需求信息需要逐一批准，究其原因，一方面，任何组织都有追求自身利益最大化的动机，这由经济人本性所决定，故不能排除农村人民调解委员会出于私心而故意放大需求，争取更多利益；另一方面，这里还涉及对农村人民调解委员会的表彰，而表彰形式可以为在经费上给予更多支持，形成可上可下的经费支持格局，以此调动管辖范围内农村人民调解委员会的工作积极性。

因此，整个农村人民调解服务经费需求信息的采集过程包括两部分内容，一是农村人民调解委员会根据既定标准上报需求信息，二是县级司法行政部门审核农村人民调解委员会上报信息的真实性，只有做好这两部分工作，实现需求信息间良好对接，才称得上一个完整无缺的信息采集流程，否则，都可以认定为没有按既有规章制度办事，整个信息采集结果值得商榷，失责方应当承担责任。关于农村人民调解委员会现实需求认定，可从当地一定周期内民间纠纷发生数、人民调解员解纷状况及人民调解委员会反映的信息三个方面着手。民间纠纷发生数和人民调解员解纷状况根据人民调解协议进行确定，本书建议从国家法律层面保障人民调解协议书的签订，要求人民调解过程中必须签订人民调解协议，这便意味着只要是经农村人民调解委员会调解过的民间纠纷，都能找到相应的调解协议书，对这些调解协议书进行统计、归档便能获得准确的解纷信息，从而对各农村人民调解委员会在一定周期内的解纷数及解纷质量有一个较为全面的了解。唯有此，制定的农村人民调解工作的经费预算才能相对合理。

三　落实村委会对人民调解经费的支持

村民委员会对于农村人民调解服务工作经费的支持未能落实到位主要缘于村民委员会可供支配的经费有限，不足以应对农村人民调解服务经费保障问题，而村民委员会可供支配的经费有限关键在于绝大多数村都缺乏集体经济收入，大多依靠政府财政转移支付，而政府财政转移支付资金在完成政府安排的公共事务上可能较为紧缺，更不用说花费在其他方面，以致有些行政村负债累累，像本书调研地 HL 村村委会欠债 5 万多元，对于这种负债的村庄，不可能指望村民委员会举债为农村人民调解委员会支付经费。因而，要落实村民委员会对农村人民调解服务的经费支持必须努力发展集体经济，由政府和集体共同承担农村人民调解服务经费，这才是长远之计。

集体经济优越于个体经济的地方就在于“生产资料私有制基础上的个体经济可能使少数人获得发展，但伴随社会的分化，生产资料公有制基础上的集体经济有可能实现集体成员的共同发展”①，倘若集体经济得以发展，以集体为单位供给公共服务便成为可能，农村人民调解服务的经费自然也可以从集体收入中获得，则可减轻当地村民志愿分摊部分经费的负担，虽然减轻了当地村民志愿分摊部分经费的负担，但集体经济收入属于村民共同所有，实质上也是当地村民承担了农村人民调解部分供给经费，只是承担形式发生了一些变化。

复兴集体经济，由村民共享集体成果之路任重道远，并非一件容

① 徐勇、赵德健：《创新集体：对集体经济有效实现形式的探索》，《华中师范大学学报（人文社会科学版）》2015 年第 1 期。

易的事情。自新中国成立以来，中国农村集体经济经历了三种不同的发展阶段，也呈现不一样的类型，但是从总体上看，当前集体经济处于衰落时期，徐勇、赵德健认为“农村集体经济的有效实现形式需要产权相叠、利益相关、要素相加、收益相等、治理相适、主体相信、政府相持、头人相带等条件”，只有这些条件有效地结合在一起，集体经济的复兴才指日可待，但要同时具备这些条件可遇而不可求，中国广大农村地区较少能够同时具备这些发展条件，尤其是中西部较为贫困的农村地区，由于当地经济发展落后，青壮年劳动力普遍外出务工，农村“空心化”现象严重，人口以留守老人和留守小孩居多，从人力资源来看则不具备复兴集体经济的条件，利用年迈的老年人和年幼的小孩子复兴集体经济不具有现实可行性。

因而，复兴集体经济需要国家审时度势，做出科学合理的顶层设计，它是一项较为复杂和系统的战略规划，在国家顶层设计指导下，再由各地方政府依据地区具体情况，制定较为详细的复兴政策推进顶层设计实施，秉承有条件的地方先复兴、没有条件的地方创造条件复兴的原则推进集体经济发展。中央政府和地方政府在复兴集体经济过程中需要处理好集权和分权的关系，既保证地方政府依照中央政府的顶层设计办事，不违背中央政府改革初衷，又可以充分赋予地方政府一定的实权，调动地方政府参与改革的积极性，充分结合地方实际推动改革进程。

通过发展集体经济充实村民委员会收入，继而实现村民委员会对农村人民调解服务的经费支持，在具体操作层面，村民委员会使用集体收入支持农村人民调解服务需要经过村民大会商议决定，并非直接由村民委员会委员独立决定，究其原因，当前村人民调解委员会委员大多由村民委员会委员兼任，村民委员会委员可能将过多的经费投入村人民调解委员会，继而从村人民调解委员会中获得好处。为避免此现象发生，村民委员会应当给予村人民调解委员会多少经费支持需要召开村民会议，由村人民调解委员会进行预算，向村民委员会提出经费支持要求，再由村民委员会组织全体村民商议应当给予村人民调解委员会的经费支持度，原则上践行“少数服从多数”理念，多数村民在支持力度上达成共识，则可付诸实践，否则，需要经过多次协商，直到多数村民在支持力度方面满意为止。

第三节 完善农村人民调解员激励制度

解决农村人民调解服务供给意愿偏低问题，充分调动农村人民调解员提供人民调解服务工作的积极性，使其始终保持工作的积极性，不出现懒工、怠工现象，需要改进农村人民调解员激励制度。可通过实施人民调解员经费奖励制度，从制定人民调解员等级评审制度及扩大农村人民调解员表彰规模三个方面入手调动农村人民调解员工作的积极性。

一 实施人民调解员经费奖励制度

实施人民调解员经费奖励制度是指政府通过经费奖励方式肯定农村人民调解员化解矛盾纠纷的行为。主张实施人民调解员经费奖励制度的主要理由是激励制度设计应当坚持物质激励与精神激励相结合的方式，而当前人民调解员激励制度设计中对物质激励的重视度明显不足，使物质激励与精神激励呈现非均衡发展状态，故有必要从经费奖励方面着手，弥补物质激励不足的制度设计。人民调解员经费奖励制度的设计逻辑主要为人民调解员成功地化解一个矛盾纠纷，即可根据事先出台的经费奖励规则从政府处获得奖励经费，这便意味着每位人民调解员，只要成功地化解矛盾纠纷，都可从政府处获得一笔奖励经费。依此逻辑，需要根据化解矛盾纠纷的具体情形制定人民调解员经费奖励制度，从制度层面将此行为规范到位。

人民调解员经费奖励制度的核心内容是对于化解一个矛盾纠纷应当如何奖励，由于矛盾纠纷的复杂程度不一，必然需要针对矛盾纠纷的复杂程度对奖励经费做出区别对待，倘若一视同仁地对待所有矛盾纠纷，将化解所有矛盾纠纷的奖励经费设置为同一标准，这无益于激励制度功效最优化。究其原因，化解一个非常复杂的矛盾纠纷与化解一个较为简单的矛盾纠纷在消耗时间、精力等方面存在差异，如果将化解所有矛盾纠纷的奖励经费都设置为同一标准，人民调解员则会偏好化解简单的矛盾纠纷，置复杂的矛盾纠纷于不顾。关于如何区别对待化解矛盾纠纷的奖励经费，建议以矛盾纠纷的疑难复杂程度及是否达成书面调解协议为依据。

主张将人民调解案件划分为五类，分别是口头协议纠纷、简易性纠纷、一般性纠纷、复杂性纠纷和重大疑难性纠纷，并对如何认定各类纠纷从涉纷人数和涉纷标的两方面进行说明，方便具体工作中的实际认定，即如简易性纠纷的认定条件为标的 1000 元以下且人员少于 10 人，以此类推，对所有纠纷的具体情形做出安排。划分案件的前提是发生矛盾纠纷属于《人民调解法》认定的民间纠纷范畴，法律、行政法规规定应当由专门机关管辖处理的纠纷或者禁止采用调解方式解决的纠纷，不在案件奖励范围之内，即便农村人民调解员对这类案件进行处理，处理结果也没有效力，因为其所在组织没有处理此类案件的权力，从权力来源看，整个解纷过程是非法的。以这五类矛盾纠纷为基础，它们分别对应不同的案件补贴标准，如将口头协议纠纷的奖励经费规定为 20 元/件，将重大疑难性纠纷的奖励经费规定为 2000 元/件，奖励经费金额设置层面应呈现一定的梯度。

这里应对是否达成书面调解协议进行说明，将是否达成书面调解协议作为奖励经费设置指标之一，如将化解重大疑难性纠纷的奖励经费设置为 2000 元/件，其中则可包括 200 元签订书面调解协议的费用，如果人民调解员成功地化解疑难性纠纷并在纠纷当事人自愿情形下签订人民调解协议书，则可从政府处获得2000元奖励经费，反之，如果人民调解员成功化解疑难性纠纷但纠纷当事人没有签订书面调解协议书，则只能从政府处获得1800元奖励经费，无法获得200元书面调解协议经费，以此鼓励人民调解员在化解矛盾纠纷过程中积极签订人民调解协议书。

虽然人民调解协议书的法律性质有待于进一步商榷，有些学者认为人民调解协议书应当具有法律效力，因为人民调解协议书是纠纷当事人意思自治的体现，不存在强迫之说，符合合同法的相关规定，只要纠纷当事人自愿签订人民调解协议书，则符合行为要件，具有法律效力，但也有部分学者认为人民调解协议书需要经过司法确认，才具有法律效力，如果人民调解协议书未经司法确认，则不具有法律效力，但签订人民调解协议书对于整个调解而言更加权威、规范。补贴对象是各乡镇、街道人民调解委员会和各村、社区人民调解委员会调解人员，这里不包括各单位行政事业编制内人员及参照行政事业编制内人员工资待遇由财政供养的编外人员，比如，专职人民调解员，他们拥有稳定的工资待遇，且来自公共财政，因而，不能再获得此笔奖励经费。此外，政府可对经费奖励周期做出具体安排，一个季度或者半年时间发放一次奖励经费，便于提高经费发放效率，减轻政府工作压力。

二　制定人民调解员等级评审制度

人民调解员等级评审制度是指对人民调解员进行等级资格区分，根据一定标准将人民调解员划分为不同等级。通过等级资格评审调动人民调解员工作的积极性，只有满足等级资格评审标准的人民调解员，才能申请相关等级评审，继而以等级资格为基础安排工作补贴和工资报酬，这里的工作补贴针对推选的人民调解员队伍，因为他们不能从调解民间纠纷中获得工资报酬，仅是兼职人民调解员，并非以从事化解矛盾纠纷工作为生，等级资格越高的人民调解员调解一个矛盾纠纷相对地可以获得更多工作补贴，反之，等级资格较低的人民调解员调解一个矛盾纠纷获得的工作补贴则相对较少，而对于专职人民调解员的补贴则是工资报酬，这类人士在当前农村地区几乎不存在，但本书为提高农村人民调解员专业素质，建议跨区域配置专职农村人民调解员，故在此提及他们的等级评审制度，等级资格较高的专职人民调解员在工资报酬方面相对等级资格较低的专职人民调解员会较高。而制定人民调解员等级评审制度需要对推选人民调解员和专职人民调解员进行区别对待，即推选人民调解员队伍内部之间评审等级资格、专职人民调解员队伍内部之间评审等级资格，两支队伍不出现交叉评审现象，否则对于推选人民调解员有失公正。

人民调解员等级评审制度中等级资格的划分类型与评审标准是制定该制度的核心，在该制度中扮演重要角色。人民调解员等级资格的类型可以划分为助理调解员、初级调解员、中级调解员、高级调解员及特级调解员五个等级，由助理调解员向特级调解员等级逐次上升，这便意味着助理调解员是人民调解员等级资格中最低的，而特级调解员是人民调解员等级资格中最高的，倘若人民调解员想要成为特级调解员，需要从助理调解员做起，由初级调解员到中级调解员，再到高级调解员，最终才能申请特级调解员的级别评定，而等级资格评定结果可作为人民调解组织指派人民调解员化解矛盾纠纷的依据，提升解纷成功率，简易性纠纷只需要安排助理调解员和初级调解员，重大疑难性纠纷需要安排高级调解员和特级调解员[①]。

---

① 何阳、孙萍：《人民调解员激励制度审视及其引申——基于双因素理论的视角》，《广西社会科学》2017 年第 1 期。

人民调解员等级资格的评审标准可以包括化解民间纠纷的数量、质量、复杂性及工作年限几个方面。首先，应当对人民调解员化解民间纠纷的数量做出要求，只有在达到预设数量的情形下，人民调解员才能申请相应的等级资格评定。而关于数量的统计应做出区别对待，像前文所言，可以将民间纠纷划分为简易性纠纷、一般性纠纷、复杂性纠纷和重大疑难性纠纷，我们以简易性纠纷为基础进行统计，通过将一般性纠纷视为 2 个简易性纠纷、复杂性纠纷视为 3 个简易性纠纷、重大疑难性纠纷视为 5 个简易性纠纷的方式对化解的矛盾纠纷数量进行认定。倘若将化解一个重大疑难性纠纷和化解一个简易性纠纷同等对待则欠缺合理性，毕竟花费在化解一个重大疑难性纠纷上的精力及对人民调解员的能力要求都比化解一个简易性纠纷多，这便把化解矛盾纠纷的复杂性问题融入化解矛盾纠纷的数量问题中解决了。其次，应当对人民调解员化解矛盾纠纷的质量做出要求，化解矛盾纠纷不但要及时将纠纷当事人的矛盾消解，而且需要依照法律规定进行消解，并且服务整个过程需要让纠纷当事人满意，关于人民调解员化解矛盾纠纷的质量问题，后文中会设计相关评估制度对其进行检视，故这里则不对如何检视人民调解员化解矛盾纠纷的质量予以展开。最后，应当对人民调解员从事工作的年限做出安排，即刚进入人民调解员队伍的人员只能是助理调解员，进入队伍 2 年之后，可以参与评定初级调解员，以此类推，每个人民调解员等级资格的评定之间需要安排一定的时间界限，待从事人民调解工作满足预设时间界限之后，方能申请相关资格等级评审。

人民调解员等级资格评审的具体任务可交由县人民调解员协会，根据党中央、国务院的相关要求，各县均成立县人民调解员协会，属于社会组织性质。县人民调解员协会作为既定区域内由人民调解员组成的社会组织，可以统筹该区域内人民调解员的等级资格评审工作。

而县人民调解员协会评定该区域内人民调解员的等级资格需要在时间和程序方面做出相应制度安排，人民调解员对于县人民调解员协会评定等级资格具有监督权，如果发现县人民调解员协会在人民调解员等级资格评定过程中存在问题，可向县司法行政部门举报，由县司法行政部门对举报信息进行核实与处理。人民调解员等级评审过程应完全践行信息公开原则，将所有信息公布于网站上，更好地发挥监督作用，防止出现权力滥用现象，继而影响评定结果。

三　扩大农村人民调解员表彰规模

扩大农村人民调解员表彰规模可以使更多农村人民调解员获得来自各级政府的表彰，增加农村人民调解员受表彰人数，从而提高农村人民调解员提供服务的工作积极性。毕竟能够获得来自政府的荣誉奖励，即“模范人民调解员”称号，对农村人民调解员工作是一种充分肯定，表明政府对农村人民调解员队伍群体非常重视。需要明确扩大农村人民调解员的表彰规模主要是指村一级人民调解委员会成员，此类群体中受到表彰的人数偏少，而他们在整个人民调解员队伍中的占比却非常高，需要明确这其中不包括当前情形下乡镇人民调解委员会成员，因为虽然乡镇人民调解委员会成员也属于农村人民调解员范畴，主要负责农村地区矛盾纠纷的调解工作，但是现阶段乡镇人民调解委员会出现了异化现象，几乎全部由乡镇各级领导干部担任，这无异于行政调解，违背了人民调解服务的民间性特征，因此并不属于《人民调解法》视域下定位的人民调解服务，也不属于本书所指代的人民调解服务。不过，如果乡镇人民调解委员会实现理性回归，成为群众性组织，其成员则属于农村人民调解员范畴，这时应当将此群体纳入农村人民调解员表彰范畴。

扩大农村人民调解员表彰规模的途径主要有两种，一种是扩大历年政府表彰人民调解员的人数规模，并给予农村人民调解员更多表彰名额，在确保表彰城市人民调解员人数既定的情形下，适当地增加对农村人民调解员表彰的名额，使更多农村人民调解员获得表彰机会。由于各级政府对于农村人民调解员定期会组织表彰活动，因而，扩大历年政府表彰人民调解员的具体方法选择上为基层政府在表彰农村人民调解员层面增加更多名额，而政府层级越高，相对增加的表彰名额数则越少，但总体上需要增加表彰人数规模的原则不能发生任何改变，毕竟政府层级越高，获得表彰的级别则随之提升，乡镇级“模范人民调解员”与国家级“模范人民调解员”之间存在差异性，国家级“模范人民调解员”的荣誉更高，获得的难度也更大，必须符合相关规定要求才能获得表彰，不能为了表彰而对农村人民调解员进行表彰，否则，便失去了表彰农村人民调解员的现实意义。

另外一种途径是政府可以对农村人民调解员获得表彰的周期进行限制，即同一名农村人民调解员不能每年都获得政府表彰，采取间断式表彰方法对农村人民调解员进行表彰。如同一名人民调解员需要间隔1年才能再次参加表彰评选活动，这便为其他农村人民调解员获得“模范人民调解员”荣誉称号提供更多空间，有助于充分调动其他农村人民调解员积极投身人民调解服务供给活动，否则，重复表彰同一名农村人民调解员，表彰的价值会缩小，而间隔1年的周期比较短暂，一定程度上也可以保证获得表彰农村人民调解员的工作积极性，究其原因，虽然提供农村人民调解服务并非完全为了获得政府表彰，但能够获得政府表彰可能是一部分农村人民调解员从事该类工作的动力之一，对于此部分人，如果获得了政府表彰之后需要间隔太长时间才能再次申请评选，他们在此期间则会缺乏工作动力。

第四节 提高农村人民调解员的专业素质

解决农村人民调解服务供给能力有限问题，需要提高农村人民调解员的专业素质。而提高农村人民调解员的专业素质主要有两种思路，一种是从人民调解员的产生源头出发，选择专业素质更高的人士加入农村人民调解员队伍，另一种是后期增强农村人民调解员的专业素质，因此，可采取鼓励乡村贤能人士积极参与，跨区域配置专职农村人民调解员及落实农村人民调解员的培训工作方式提高农村人民调解员的专业素质。

一 鼓励乡村贤能人士积极参与

乡村贤能人士参与基层治理在我国具有悠久历史，可以说“乡贤在乡村社会一直有用武之地，不仅在于它形成了一种沁入人心的文化传统，还在于它有一套约定俗成的礼法体系”①，将这类人士吸纳到农村人民调解员队伍中，对于提高农村人民调解员队伍的素质具有重要的促进作用，毕竟这类人士属于行业精英或者当地较有威望的人士，在调解民间纠纷过程中的专业素质有一定保障，而且从历史角度看，基层矛盾纠纷的处理大多依赖乡贤，无论民间调解中的宗族调解还是乡里调解，都依靠当地较有声望之人，而这些人往往就是乡贤。但当代意义上的“乡贤”比古代界定之范畴实则更为宽泛，即在一定乡村区域范围内，接受过良好教育的，拥有丰厚经济实力的，有德行、才能和声望的且深受当地民众尊敬的人，都可被纳入新乡贤范畴，并非像古代只有乡绅阶层中品行、道德和才华较为优秀的人士才被称为“乡贤”。此概念之提出兼顾了“地方精英”和“民间权威”两种因

① 颜德如：《以新乡贤推进当代中国乡村治理》，《理论探讨》2016 年第 1 期。

素，将地方精英和民间权威人士共同纳入当代乡贤中，以期利用他们的优质资源发展乡村事业。

倘要吸纳乡村贤能人士积极加入农村人民调解员队伍，成为提供农村人调解服务的成员，需要从以下方面努力。

第一，弘扬乡贤文化。文化是事物的土壤，如果掐断文化的根脉，失掉了根本，事物则难以获得强大的生命力。因而，吸纳乡贤加入农村人民调解员队伍的首要任务便是弘扬发展乡贤文化，将这种优秀的传统文化发扬光大，让更多人受到文化洗礼。但传统乡贤文化的内容宽泛，有必要坚持汲取精华、去其糟粕，并结合当代实际延续和创造符合国情之优秀乡贤文化的原则发展新乡贤文化。比如，传统乡贤文化凭借“告老还乡”制度发展得蔚为壮观，可以说，“告老还乡”制度是乡贤文化的重要助推力，是古代乡贤文化体系不可分割的部分，但现今沿用“告老还乡”制度似乎并不现实。究其原因，一方面法律赋予公民自由选择居住地的权利，硬性地要求公民退休离职返乡有违依法治国要求，另一方面城市与农村的公共服务差异化明显，有的退休离职人员不愿返回农村，倘若一意孤行，易给社会稳定造成威胁，故应抛弃此部分内容，而古代乡贤文化包括号召从乡村走出来的优秀人士力所能及地回馈乡村，这种主张便是其精华部分，当前国家完全可围绕此内核构建新乡贤文化，将志愿性、非营利性等特征融入其内，赋予乡贤文化当代意义。此外，弘扬发展乡贤文化的实现方式需因地制宜，对于那些生活面向向内的村庄，积极引导并予以巩固，而对于那些生活面向向外的村庄，需在反复纠正的基础上引导、巩固，因为中国村庄村民生活的面向存在差异，向内的将村庄认同作为其生命意义的组成部分，不仅关注村庄的公共建设、捐款捐物，而且退休后愿意回村居住，但向外的不愿意对村庄未来做出承诺。

第二，建立乡贤表彰制度。乡贤表彰制度是对乡贤行为的一种肯定，对吸纳乡贤加入农村人民调解员队伍具有促进作用，但表彰制度的建立需以乡贤参与特征为基础才能做到有的放矢。由于乡贤加入农村人民调解员队伍更多的是一种志愿性行为，乡贤在物质方面的要求不高，因而，主张秉承以精神奖励为主、以物质奖励为辅的原则构建乡贤表彰制度，即表彰形式主要是授予荣誉性称号，附带少量的经济奖励，倘若乡贤不愿接受经济奖励，可以捐献给农村人民调解委员会，为农村人民调解事业的发展提供经费支持。具体言之，行政村与各级政府都应对农村人民调解服务供给过程中表现优异的乡贤给予奖励，以行政村为原始单位，继而扩大到乡（镇）、县（区）、地级市、省甚至国家层面。以行政村为例，每年年终村委会应依据事先制定好的标准推选出当年在农村人民调解服务中表现优秀的乡贤，并在乡村内宣传获得“优秀乡贤”荣誉称号人员的事迹。而乡（镇）、县（区）、地级市、省和国家层面的表彰则采用层层上报方式进行，如乡（镇）政府对各行政村上报“优秀乡贤”名单进行重新评定，依据评价标准产生乡（镇）内的“优秀乡贤”，由乡（镇）政府召开表彰大会，授予荣誉称号与奖励，县级“优秀乡贤”则从乡（镇）上报人选中产生，以此类推，更好地将乡贤纳入基层治理中。

总之，重拾乡贤文化，鼓励乡贤加入农村人民调解员队伍是当前国家的理性选择，践行这种理念过程势必会遇到很多困难，但只要坚定道路自信、理论自信、制度自信和文化自信，必能促进乡贤与农村人民调解服务紧密结合，形成一个共赢局面，即乡贤在农村人民调解服务中实现自身的社会价值，而农村人民调解服务在乡贤的有效参与中日新月异[①]。

① 何阳、董小红：《乡贤参与乡村治理的政治逻辑与吸纳策略》，《山西农业大学学报（社会科学版）》2018 年第 7 期。

二　跨区域配置专职农村人民调解员

当前农村人民调解员以推选方式产生为主，而推选方式下产生的人民调解员多以村干部兼任，推选范围的局限性及农村精英人才外流现象较为严重等因素，造成农村人民调解员队伍专业素质普遍不高的现象，而跨区域配置专职农村人民调解员不失为解决农村人民调解员专业素质普遍不高的一种有效途径。跨区域配置专职农村人民调解员是指打破人民调解员只负责调解本村范围内发生矛盾纠纷的工作传统，根据具体需要实行跨区域方式给众多行政村配置专职人民调解员，甚至可以突破乡镇地域限制由专职人民调解员与推选人民调解员共同调解农村民间纠纷，将情、理、法三者有效地融合在矛盾纠纷化解过程中。

专职人民调解员是指人民调解已成为一种职业，人民调解员是一种岗位，符合人民调解员条件的人经过一定的程序被聘任为人民调解员，并取得与这一岗位工作量和社会贡献相适应的报酬和待遇[①]。专职人民调解员与推选人民调解员存在众多差异，主要区别有以下几点：一是产生方式不同，专职人民调解员通过政府“购买”方式产生，而推选人民调解员由既定区域内公民推选产生；二是是否从化解矛盾纠纷中领取工资报酬，专职人民调解员需要从化解矛盾纠纷中领取工资报酬，他们将提供农村人民调解服务作为维持生计的一项日常工作从事，而推选人民调解员不会从化解矛盾纠纷中获得工资报酬，最多从化解矛盾纠纷中获得一定的经费奖励；三是工作方式不同，专职人民调解员需要执行正常的上班制度，只要有村民求助解纷，则需要及时赶到现场处理矛盾纠纷，而推选人民调解员日常从事自己的工作，在空暇时间帮助村民化解矛盾纠纷。正是因为专职人民调解员与

① 徐永伟：《关于建立专职人民调解员制度的思考》，《中国司法》2009 年第 6 期。

推选人民调解员存在上述区别，通过政府“购买”方式产生专职人民调解员才有助于提升农村人民调解员队伍的专业素质，政府在“购买”服务过程中可以从受教育程度、工作经验、是否具有法学学科背景等方面对“购买”情形下的专职人民调解员提出要求，只有满足这些基本要求，并在“购买”服务过程中脱颖而出的人员才能成为专职人民调解员，弥补农村人民调解员队伍专业素质普遍不高的缺陷。

将专职人民调解员的产生方式安排为政府“购买”的主要理由是专职人民调解员工资报酬需要一笔较大的经费，由农村人民调解委员会负担不具有现实可行性，而且农村人民调解委员会的经费也主要来源于政府，如果将购买服务任务交由农村人民调解委员会，经费其实也需要政府给予支持。此外，该情形下农村人民调解委员会购买服务也难以取得政府“购买”人民调解服务的成效，毕竟农村人民调解委员会的影响力等有限，且2015年财政部发布的《政府购买服务管理办法（试行）》中明确将人民调解服务纳入政府购买服务的指导性目录中，这说明由政府“购买”人民调解服务于制度有据。

这里需要重申的是政府“购买”人民调解服务并非将政府原有职能转移出去，而是对社会组织发展的一种支持和帮助，促进社会组织茁壮成长。政府“购买”专职人民调解员服务有两种方式，一种是直接将人民调解员作为“社会公益性”岗位进行招考，招考条件中在学历、工作经历等方面设置各类指标，即岗位基本要求，对农村人民调解员队伍结构进行调整，另一种是向专业性人民调解委员会购买服务，通过公开招标方式与专业性人民调解委员会签订合同，至少包括确立需求、立项、宣传、招标与签订合同、评估及监督等环节[①]，由

① 孙萍、何阳：《政府购买：创新发展人民调解的有效形式——以公共物品供给理论为视角》，《当代经济管理》2016年第7期。

专业性人民调解委员会安排人士与推选人民调解员共同解纷，而专业性、行业性人民调解委员会的兴起与发展是未来趋势，国家司法部门领导人多次强调推动专业性、行业性人民调解委员会建设。

实施跨区域配置专职农村人民调解员的主要理由有以下几点：其一，倘若一个村人民调解委员会配置一名专职人民调解员，这对专职人民调解员的需求量势必会剧增，短时间内根本找不到如此多的专职人民调解员，故此举不现实；其二，一个村人民调解委员会配置一名专职人民调解员缺乏必要性，毕竟行政村的空间范围相对较小，人数有限，民间纠纷发生的频次和复杂性尚不足以要求都配置一名专职人民调解员，何况兼职人民调解员可以协助工作，缓解专职人民调解员的解纷压力；其三，专职人民调解员与兼职人民调解员在性质上不同，他们从事解纷工作需要领取报酬，倘若将经费供给责任完全转嫁给政府，公共财政现状并不足以承担此笔额外开销。

对于一名专职人民调解员究竟应当负责多少行政村，需要根据行政村内发生的民间纠纷数量和复杂性决定，先以正常解纷工作数量为标准，再以地区内民间纠纷的发生数量为依据，给专职人民调解员安排行政村数量，倘若管辖范围内行政村民间纠纷发生数量少，可以安排一名专职人民调解员负责整个乡镇的人民调解工作，反之，倘若管辖范围的某个地域内经常性地发生民间纠纷，且这些民间纠纷处理非常复杂，像城乡接合部的这种征地纠纷多发区域，可能一名专职人民调解员仅能负责几个行政村，甚至也不排除只负责一个行政村的情形，毕竟节约成本的前提和基础是做好解纷工作，而不是毫无条件地节约成本，影响服务质量。

三　落实农村人民调解员培训工作

后期提高农村人民调解员专业素质主要依靠落实农村人民调解员

培训工作的方式，因为培训过程就是农村人民调解员的学习过程，即便农村人民调解员前期不了解法律法规和调解技能技巧，通过对这个群体开展培训活动，他们可以从中学习相关知识，继而实现提高人员队伍的专业素质目标。《人民调解法》第十四条第二款规定“县级人民政府司法行政部门应当定期对人民调解员进行业务培训”，这便意味着县级人民政府司法行政部门承担着对农村人民调解员的业务培训任务，受到法律保护，由县级人民政府司法行政部门承担农村人民调解员的业务培训工作在本质上也属于政府对人民调解工作的支持范畴，并非将人民调解服务供给责任由人民调解委员会转移到政府，人民调解委员会依然是农村人民调解服务供给主体，农村人民调解依然具有民间性特征。这也不阻碍人民调解委员会自身组织培训活动，对农村人民调解员展开培训，但前提条件是人民调解委员会经费较为充足或者具有免费培训机会，毕竟人民调解委员会力量有限。

落实农村人民调解员培训工作需要将《人民调解法》第十四条第二款规定通过政府内部制度进行细化。如可以根据现实需要将县级人民政府司法行政部门对农村人民调解员的培训时间直接规定为一年四次，县级人民政府司法行政部门在每个季度中的适当时间针对农村人民调解员开展培训活动。由于农村人民调解员人数较多，将全县人民调解员组织到一起进行培训并不具有现实可行性，或者说成本很高，因而，可采取由培训师到每个乡镇对该乡镇农村人民调解员展开培训的方式进行，既定时间内要求所有人民调解员到乡镇政府处接受培训，培训工作人员可以由司法行政部门工作人员担任，如县级人民政府司法行政部门的工作人员、司法所所长及获得较高级别表彰的模范人民调解员、获得国家级“模范人民调解员”称号的人士，他们长期从事相关业务，对法律法规和调解技能技巧相对熟悉，而各司法所所长可以相互到其他乡镇从事培训工作，即某地司法所所长并非只能在该地培训农村人民调解员，也可以到并非自身工作地开展培训活动，县级人民政府司法行政部门负责统筹、协调所有培训事项。由这些人士对农村人民调解员进行培训并不需要支付额外经费，属于工作职责范畴事务，在实现预期目标的前提下有助于节约培训成本。

为落实县级人民政府司法行政部门按时保质地对农村人民调解员进行培训，可以针对此内容建构责任机制和举报制度，在制度中明确县级人民政府司法行政部门出现违规行为的责任，从制度中明确违规行为的责任具有两个作用，一个是发挥预防作用，县级人民政府司法行政部门可能畏于承担违规责任而不出现违规现象，另一个是方便后期按照规定进行处罚，使得处罚于制度有据，完全在制度范畴内进行，避免人为因素干涉过多。举报县级人民政府司法行政部门违规行为的利益相关者更多的为人民调解员，因为倘若培训工作未能按期进行，人民调解员则难以从培训中获得自我提升，故需要在人民调解员队伍中宣传举报方式，倘若县级人民政府司法行政部门未能按照规定办事，出现培训工作中断或者缺失现象，则可向有关单位反映情况。

第五节　构建政府评估人民调解绩效制度

解决农村人民调解服务供给监督不力问题，需要完善农村人民调解服务监督体系，从制度设计和具体操作上规范主体行为，但应处理好监督的范围和强度问题，否则，尽管初衷良好，但难免会带来难以预料的负面影响，使人民调解的监管变味[①]。可通过细化服务供给过程监督规则，公开人民调解委员会的经费收支及引入政府评估服务供

① 梁宏辉：《人民调解的监管机制研究》，湘潭大学博士学位论文，2013。

给实效三种方式强化农村人民调解服务供给监督。

一　细化服务供给过程监督规则

细化服务供给过程监督规则是保证程序合法的重要举措，程序合法与实体合法在法治社会建设中都扮演重要角色，应改变以往重实体轻程序的误区，这有利于解决对农村人民调解服务供给过程监督不力的问题，而细化服务供给过程监督规则可从以下方面展开。

首先，关于监督农村人民调解服务提供过程中“偏袒一方当事人”和“侮辱当事人”的情形，由于这类情形完全发生在服务供给过程中，即与整个矛盾纠纷的化解相伴随，是从语言上违反法律规定，因而，需要对整个矛盾纠纷的化解过程进行监督，只有把整个矛盾纠纷化解过程的语言保留下来，才能更好地取证，否则，在没有证据的情形下，农村人民调解员完全可以不承认自身存在上述现象，而缺乏证据，即便农村人民调解员在提供人民调解服务过程中存在上述现象，农村人民调解委员会也难以对人民调解员进行处罚。

对该类情形进行监督主要有两种思路，第一种思路是专门安排人员跟踪整个矛盾纠纷化解过程，即农村人民调解员在化解矛盾纠纷过程中，需要独立的第三方人士在场，由独立的第三方人士对整个服务过程进行监督，第三方人士作为证人存在：第二种思路是采用录音方式对农村人民调解员在农村人民调解服务供给过程中是否存在“偏袒一方当事人”和“侮辱当事人”的情形进行监督，录音完全可以把整个矛盾纠纷化解过程中的语言保留下来，从而形成证据，这两种思路中采用录音方式更佳。

究其原因，安排第三方人士对农村人民调解员进行监督，这里势必会牵涉经费问题，是否需要给予第三方人士一定的经费补贴，如果需要，则对农村人民调解服务供给经费的要求较高，而农村人民调解服务的供给经费经常处于缺乏状态，并不足以支付费用，但采取录音方式则更为便捷、低廉，当前手机通常都带有录音功能，农村人民调解员在化解矛盾纠纷过程中只需利用手机则可完成录音任务，采用后者监督形式对该类情形展开监督不会增加农村人民调解服务成本，符合节约型理念。

其次，关于监督农村人民调解员在提供人民调解服务过程中“索取、收受财物或者牟取其他不正当利益”和“泄露当事人的个人隐私、商业秘密”的情形。这类情形的发生与上述情形完全不同，上述情形更多的是语言方面的，而此处情形更多的是行为方面的，行为具有隐蔽性特征，它往往发生在事件的背后，纠纷当事人难以直接获得证据，因为这些情形明显有违法律规定，倘若调解民间纠纷过程中被发现存在这些情形，需要承担法律责任，对农村人民调解员及其整支队伍的声誉等都会带来恶劣影响。因此，要监督此类情形，只有纠纷当事人收集相关证据，对农村人民调解员不法行为进行举证，农村人民调解委员会根据纠纷当事人举证信息的真伪决定对农村人民调解员是否进行处罚。

二　公开人民调解委员会的经费收支

人民调解委员会作为社会组织，其整个运作需要一定的经费支持，否则，难以为纠纷当事人提供满意的人民调解服务。既然存在经费收入与使用之说，对社会组织经费收支的监督则需要引起高度重视，众多研究均表明社会组织的经费状况扑朔迷离，谁也不了解社会组织究竟如何使用经费，并将此作为社会组织发展存在的重要问题之一。公开人民调解委员会的经费收支乃社会组织发展的大势所趋，可在一定程度上保障经费使用的合理性与正当性，只有农村人民调解委员会经费公开，村民及其他相关主体才能对人民调解委员会的经费来源与使用情形有清晰认识，才可以审视人民调解委员会的经费使用是否符合有关规定，继而对农村人民调解委员会在经费获得与使用方面形成监督，安排政府和村民对农村人民调解委员会的经费使用情形进行监督从理论上讲更合理，毕竟人民调解委员会的经费来源途径有政府和村民两类，为了不支付更多的支持经费，了解人民调解委员会的经费使用状况是前提条件，在这些多元主体监督下，农村人民调解服务供给经费更易处于正常收支状态，降低人民调解委员会挪用经费的可能。

构建农村人民调解委员会经费公开制度从两个方面展开，即包括人民调解委员会经费来源状况公开与人民调解委员会经费使用状况公开。关于人民调解委员会的经费来源状况公开，需要将人民调解委员会的经费来源途径及从这些途径处获得了多少经费进行公开，为确保经费来源信息公开的真实性，应当将来源途径中组织和人员的确认信息共同公示，比如，人民调解委员会的部分经费来源于地方政府，则要求地方政府在经费来源信息公示资料上盖章，如果有些人民调解委员会从企业处获得了经费支持，则要求企业在经费来源信息公示资料上盖章，只有获得政府和企业确认的经费来源资料公开才具有效力，否则，可视为无效公开，唯有此，才能保证人民调解委员会经费来源信息的真实性，防止人民调解委员会少报经费收入。关于人民调解委员会的经费使用状况公开，这时不仅需要附上人民调解委员会的收入总数，而且需要将人民调解委员会如何对这些经费进行使用逐一公示，如购买办公文具、纸张、笔记本等的消费状况，都需列在公示信息栏中。如此，村民和政府便可以一目了然地了解人民调解委员会的经费状态，既定时间内人民调解委员会是否存在经费结余，以及是否按照规章制度等对经费进行支配。

对于人民调解委员会的经费使用状况，给予其经费支持的主体都有知情权，以农村人民调解服务供给经费来源为例，农村人民调解服务供给经费可能来源于政府、企业、村民委员会及其他人士，因此，人民调解委员会的经费使用应当向这些主体公开。而针对不同的主体，应采取不同的经费使用公开方式，对于向政府和企业公开，可以将经费使用公开资料直接传递，人民调解委员会派工作人员将这些信息以材料形式递送给政府和企业，供政府和企业监督，而关于向村民委员会及其他人士公开则可以采取在村民委员会活动中心公示材料的方式供村民及其他人士监督，倘若经费支持方对于公示信息有疑问，则需要人民调解委员会在规定时间内做出说明，如果存在挪用人民调解服务经费的现象，挪用人员应受到相应处罚，可要求其将挪用的经费归还人民调解委员会，并剥夺其调解矛盾纠纷的资格。

三　引入政府评估服务供给实效

引入政府评估农村人民调解服务供给实效是指要求政府对农村人民调解服务供给实效开展系统性的评估活动，即定期或者不定期地评估农村人民调解服务供给效果，从而更好地审视农村人民调解服务价值，为是否需要及采取何种方式支持农村人民调解发展提供决策依据。这里需要明确农村人民调解服务供给主体是人民调解委员会，这意味着供给责任由社会组织承担，而要求政府对农村人民调解服务供给实效进行评估的合理性在于《人民调解法》明确规定县级以上地方人民政府应当从多个方面对人民调解工作进行支持，这揭示了政府对于农村人民调解委员会的发展需要承担支持责任，政府支持人民调解发展则属于基层社会治理中的政社互动范畴，政府与社会组织协作共治，是对“共建共治共享”社会治理格局建设理念的响应。而政府支持人民调解委员会发展不能盲目地选择支持方式，应当对整个服务的供给实效有所了解，并在此基础上选择采取何种支持方式，并且可以根据农村人民调解服务供给实效结果安排支持措施，继而对供给主体进行激励。供给效果理想的农村人民调解委员会则可获得来自政府的更多支持，反之，对于供给效果不想理的农村人民调解委员会政府则相对地减小支持力度。

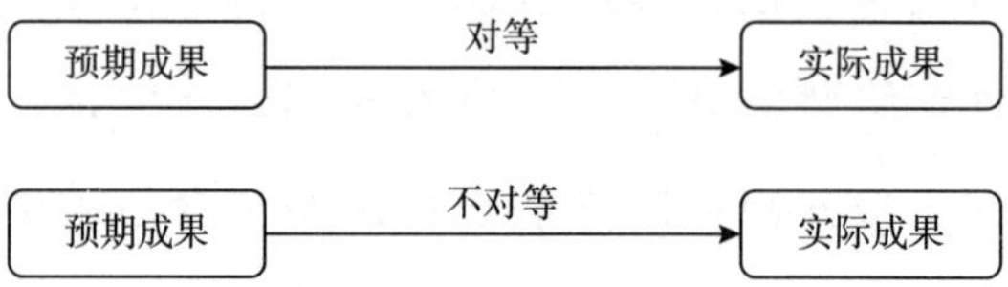

图 7.1　人民调解绩效评估的两种结果

关于政府认定人民调解的预期成果问题，我们可以简单地理解为政府在支持人民调解过程中提出的现实要求，对人民调解行业寄予的期待或者政府引导人民调解发展的方向，而政府认定人民调解的预期成果主要应从服务过程、服务结果和服务满意度三个维度展开，究其原因，人民调解属于非诉讼纠纷解决机制，非诉讼纠纷解决机制充分强调结果正义，但又对程序正义提出一定的期待，而且属于具有非排他性特征与非竞争性特征的公共服务，同时公共服务强调公民满意度。

首先，人民调解是非诉讼纠纷解决机制。非诉讼纠纷解决机制作为一个概念形成于美国，其本意是指 20 世纪 70 年代以来逐步发展起来的各种诉讼外纠纷解决方式，目前已经引申为对世界各国普遍存在的、民事诉讼机制以外的非诉讼纠纷解决程序或机制的总称[①]。人民调解作为具有中国特色的纠纷解决机制显然属于非诉讼纠纷解决机制范畴，毕竟中国的就是世界的。非诉讼纠纷解决机制与诉讼机制作为化解矛盾纠纷的“两条腿”，具有相似之处的同时也存在些许差异，相似之处在于化解矛盾纠纷强调依法化解、文明化解，即无论非诉讼

① 范愉：《非诉讼纠纷解决机制（ADR）与法治的可持续发展——纠纷解决与 ADR 研究的方法与理念》，《法制现代化研究》2004 年第 7 期。

纠纷解决机制还是诉讼机制都强调处理结果必须严格按照法律规定办事，合乎法律法规，只有处理结果符合法律规定，才能受到法律保护，否则，解决方案不具有合法性，不具有合法性的解决方案则无法通过国家强制力执行，继而难以有效地保障纠纷当事人权益。并且我国正处于法治国家、法治政府和法治社会建设进程中，将法治国家、法治政府和法治社会建设作为全面深化改革的抓手①，以期将法治渗透到我国各行各业，用法治理念引领国家事务和公民生活，要求服务结果满足法律规定显然与时代发展背景相吻合，故服务结果是否符合法律规定是评估人民调解绩效的一个指标维度。服务结果是否符合法律规定可作为一个独立评估指标，即仅需在后期审视矛盾纠纷与化解矛盾纠纷方案在法律规定中的契合性。

但与诉讼等纠纷解决机制不同之处在于非诉讼纠纷解决机制并不对程序正义做出硬性规定，而诉讼等纠纷解决机制必须符合程序正义原则，只有同时符合程序正义和结果正义，整个矛盾纠纷处理行为才具有正当性，受到法律保护。非诉讼纠纷解决机制不对程序正义做出硬性规定主要缘于其包含众多类型，它是调解、仲裁、协商等不同纠纷解决方式的集合体，而法律对调解、仲裁和协商等纠纷解决方式在程序上的要求未能统一，像国家对司法调解、行政调解及人民调解的过程均做出了明确规定，而像一些协商行为过程则未有法律进行指导，国家更多赋予当事人自由，由当事人随机应变地处理矛盾纠纷，以免使非诉讼纠纷解决机制与诉讼机制相同而陷入规定过于刚化的尴尬际遇，保持非诉讼纠纷解决机制的灵活性优势，但这并不影响我们对人民调解提出程序正义的要求，正如前文所言国家在《人民调解法》中对人民调

① 陈金钊、宋保振：《法治国家、法治政府与法治社会的意义阐释——以法治为修辞改变思维方式》，《社会科学研究》2015 年第 5 期。

解的程序做出了详细规定，期望以此规范人民调解过程，故服务过程是否符合法律规定是评估人民调解绩效的另一个指标维度。

服务过程是否符合法律规定可围绕《人民调解法》对人民调解员的行为规范与调解程序规定展开，究其原因，一方面人民调解员的行为规范与调解程序发生于服务过程，另一方面以法律作为指标设计依据具有一定的权威性，是全面推进依法治国、严格依法办事的体现。第一，《人民调解法》对人民调解员行为规范的规定集中体现在第十五条，提出了人民调解员应受到批评教育、罢免及解聘的情形，这些情形在人民调解服务过程中应当尽量规避，故应成为评估人民调解服务过程的指标，它们依次为是否偏袒一方当事人，是否侮辱当事人，是否索取、收受财物或者谋取其他不正当利益，是否泄露当事人的个人隐私、商业秘密；第二，《人民调解法》对人民调解员调解程序方面的规定集中体现在第四章，附带小部分规定在第五章调解协议部分，共计 15 条法规，可以作为评估指标的主要有是否主动提出调解矛盾纠纷要求，是否及时调解民间纠纷，是否就地调解民间纠纷，是否有选择或者接受人民调解员的权利，是否有接受调解、拒绝调解或者要求终止调解的权利，是否有要求调解公开进行或者不公开进行的权利，是否有自主表达意愿、自愿达成调解协议的权利，是否对有可能激化的纠纷采取了针对性的预防举措，是否及时向公安机关报告可能引起治安案件、刑事案件的纠纷，是否告知调解不成功的当事人可以依法通过仲裁、行政、司法等途径维护自己的权利，是否记录调解情况，是否将调解登记、调解工作记录、调解协议书等材料立卷归档，是否主动询问当事人是否出具调解协议书以及是否对调解协议的履行情况进行监督。

其次，人民调解具有公共服务属性。从物品类型说角度看，凡是具有非排他性特征的物品都是公共物品，而在此基础上，如果一个物品既具有非排他性特征又具有非竞争性特征则说明该物品为纯公共物品，反之，如果一个物品仅具有非排他性特征但不具有非竞争性特征则说明该物品为准公共物品，人民调解则是满足既具有非排他性特征又具有非竞争性特征标准的纯公共物品。究其原因，一方面人民调解没有使用任何排他性手段，不收取任何费用，只要人民群众遇到矛盾纠纷，都可以求助辖区范围内人民调解委员会，由人民调解委员会派遣工作人员无偿为人民群众排忧解难；另一方面人民调解不存在消费的竞争性之说，当人民调解委员会规模足够大，一些人对人民调解服务的使用并不会减少其他人对人民调解服务的使用，消费者之间并不存在竞争现象。但有必要明确的是人民调解这项公共服务的供给主体并非政府，而是人民调解委员会这个群众性自治组织，它在本质上不属于基本公共服务体系范畴。既然人民调解具有公共服务属性，而学界关于公共服务评估问题早已在服务满意度上达成共识，这受到服务型政府建设的影响，正如胡伟等学者所言，“衡量服务型政府建设的好坏，最终的标准还是看人民群众是否满意，以及人民群众是否有表达权、评价权和选择权”①，故服务满意度是评估人民调解绩效的重要指标维度。

服务满意度测量可借用顾客满意指数模型 ACSI，它是被广泛运用于美国的较为成熟的满意度测量模型（见图 7.2）。在此模型中，总体满意度被置于因果系统中，顾客满意度是最终所求的目标变量；顾客期望、感知质量和感知价值是顾客满意度的原因变量，顾客抱怨和顾客忠诚是顾客满意度的结果变量②，它主要包括 15 个观测变量与 6 个

① 胡伟、柳美玲：《服务型政府、公众满意度与民意调查——基于中国 32 个城市公共服务民调的研究》，《江苏行政学院学报》2014 年第 1 期。

② 刘武、朱晓楠：《地方政府行政服务大厅顾客满意度指数模型的实证研究》，《中国行政管理》2006 年第 12 期。

结构变量。

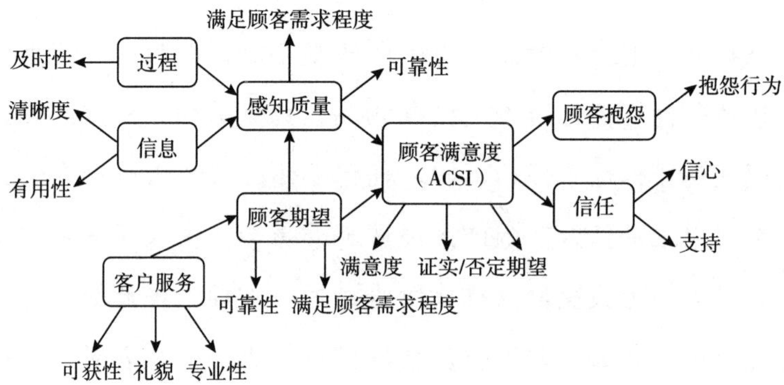

图 7.2　顾客满意度指数模型（ACSI）

资料来源：ACSI 官方网站 . http：//www. theacsi. orf，2004。

基于 ACSI 模型，需要将民众对人民调解服务的满意度作为一级指标，二级指标是 ACSI 模型所蕴含的潜在的变量，即顾客期望、感知质量、感知价值、顾客满意、顾客忠诚、顾客抱怨，三级指标则就是在二级指标方向性指引下针对人民调解实际情况而展开的具体设计（见表 7.2），四级指标是体现在问卷设计中的问题，如对人民调解服务总体期望的观测即通过设计问题“您对人民调解服务的总体期望如何”实现，对人民调解服务满足需求程度的观测即通过设计问题“您对人民调解服务满足需求程度的评价如何”实现。

表 7.1　人民调解服务顾客满意度指数测评的二、三级指标

潜在变量	观测变量	潜在变量	观测变量
顾客期望	人民调解服务的总体期望	感知价值	总价值感知
	对人民调解服务满足需要的程度的期望	顾客满意	总体满意度
	对人民调解服务质量稳定性的期望		感知与期望的比较

续表

潜在变量	观测变量	潜在变量	观测变量
感知质量	对人民调解服务满足需求程度的评价	顾客忠诚	重复使用人民调解服务的频率
	对人民调解服务质量可靠性的评价	顾客抱怨	对人民调解服务的正面评价
	对人民调解服务环境的评价		对人民调解服务的负面评价

而要实现政府对人民调解服务供给绩效的评估，应当采取赋予政府评估人民调解绩效之权力、构建政府评估人民调解绩效制度及要求服务过程签订人民调解协议书等措施。

第一，赋予政府评估人民调解绩效之权力是开展政府评估人民调解绩效活动的起点，受到推进依法行政、加快建设法治政府顶层设计的影响。从方式方法创新来看，依法行政、加快建设法治政府就是“强化法治思维、法治方式和法制措施、法律手段在行政管理中的地位和作用”[①]，严格遵循“法无明文规定即禁止”的行动准则，将政府行为完全规制在法律调控范围内，因而，要使政府评估人民调解绩效行为具有合法性与正当性，首先便应从法律层面赋予政府评估人民调解绩效之权力。从法律层面赋予政府评估人民调解绩效之权力可通过将相关内容纳入《人民调解法》的方式得以实现，当前《人民调解法》第五条确立了政府对人民调解具有指导功能，即“国务院司法行政部门负责指导全国的人民调解工作，县级以上地方人民政府司法行政部门负责指导本行政区域的人民调解工作”，建议直接在指导功能基础上加入考评功能，将《人民调解法》第五条修改为“国务院司法行政部门负责指导和考评全国的人民调解工作，县级以上地方人民政府司法行政部门负责指导和考评本行政区域的人民调解工作”，此举不仅实现了赋予政府评估人民调解绩效权力的初衷，而且有助于降低立法成

① 马洁、肖金明：《依法行政新命题与创新进路》，《中国行政管理》2015 年第 9 期。

本，毕竟《人民调解法》是围绕人民调解这个特定对象而制定的，将政府评估人民调解绩效纳入此法符合法律定位。这里应明确无论政府指导人民调解工作还是政府考评人民调解绩效都建立在坚守人民调解民间性本质的基础上，人民调解是群众自治性的民间活动，人民调解组织并不隶属政府机构，两者之间并非领导与被领导关系。

第二，构建政府评估人民调解绩效制度是保障整个评估活动有效开展的基础，对于政府评估人民调解绩效制度的设计有两种思路，一是政府对人民调解绩效展开评估，二是政府委托第三方评估机构对人民调解绩效展开评估，我们分别将之命名为政府评估模式与第三方评估模式。两种不同思路所建构出的政府评估人民调解绩效制度显然存在一定的区别，如第三方评估模式相较于政府评估模式需要政府额外支付评估费用，但第三方评估机构在人民调解绩效评估上可能更加专业、客观。政府评估模式则由县级人民政府司法行政部门统筹安排绩效评估工作，由司法局派出机构负责评估所辖区域内人民调解绩效，将评估结果最终汇总到县级人民政府司法行政部门，关于对人民调解过程和结果的评估，可以与法院协作共同完成，因为对人民调解过程和结果的评估在专业性上要求较高，司法局派出机构工作人员未必都积累了丰富的法律知识和具有较高的法律素养，而法院工作人员可以有效地弥补此缺陷，产生“1+1>2”的协同效应；第三方评估模式的组织者依然是县级人民政府司法行政部门，但具体执行过程则通过竞标方式委托给了第三方评估机构，县级人民政府司法行政部门仅需要与第三方评估机构明确权利与义务关系，按照合约开展人民调解绩效评估工作。但要保证政府评估人民调解绩效不流于形式，无论是政府对人民调解绩效展开评估，还是政府委托第三方评估机构对人民调解绩效展开评估，均须厘清责任主体与追责规则，对整个评估工作形成有效监督。

第三，要求服务结束签订人民调解协议书是政府评估人民调解绩效的前提，究其原因，政府对人民调解从服务过程、结果及满意度方面进行评估必然需要反映服务过程、服务结果及服务满意度的素材，只有收集并掌握了反映相关情形的素材，才能对人民调解绩效进行合理评估，确保评估结果真实有效。相较于后期对化解矛盾纠纷服务过程及结果进行回忆取证，在矛盾纠纷化解过程中对服务过程和结果素材展开收集显然更为合理，而在矛盾纠纷化解过程中对服务过程和结果素材展开收集的规范化方式则是要求服务过程签订人民调解协议书，人民调解协议书中应包括矛盾纠纷缘起、纠纷当事人、人民调解员、人民调解过程、人民调解结果及人民调解满意度等信息，矛盾纠纷缘起、人民调解过程及人民调解结果方面都需要纠纷当事人进行当场确认，只有纠纷当事人确认后的素材才可以作为评估材料，此举意在利用纠纷当事人对人民调解活动展开监督，而纠纷当事人对人民调解的满意度则由县级人民政府司法行政部门定期内对纠纷当事人进行回访获得，避免因人民调解员和纠纷当事人的熟人关系而引发现场信息失真现象。要求服务过程签订人民调解协议书需要对《人民调解法》第二十八条和第三十条做出修改，直接废除关于“口头协议”方面的规定，虽然废除关于“口头协议”方面的规定可能对调解的便捷性造成一定影响，但无疑有助于增强调解的规范性，关于人民调解协议书是否具有法律效力及人民调解协议书的司法确认等问题仍然按照既有法律规定执行[①]。

---

① 何阳、汤志伟：《政府评估人民调解绩效的发生机理与政策回应》，《理论月刊》2019 年第 11 期。

第八章　结论与展望

农村人民调解服务供给问题研究是一项兼具理论意义和现实意义的重要选题，它符合党中央、国务院创新社会治理方式的顶层设计要求，有助于发展与完善公共服务供给理论和人民调解理论。此外，解决好农村人民调解服务供给问题，为化解农村民间纠纷提供了有效途径，对推进乡村振兴战略实施也有所裨益，即可将乡村振兴过程中的矛盾纠纷化解于初现端倪之际，防止矛盾纠纷扩大化，从而为乡村振兴创造一个和谐、稳定的社会环境[①]。经过系统且科学的研究，我们虽从中受益匪浅，但整个研究因个人学识、思维、能力和条件的局限必然会存在一些不足之处，有待于后期继续追踪和完善，下文将紧紧围绕既有收获、不足之处及未来展望进行论述，以期为整个研究画上完美句号。

第一节　基本结论

本书对象是农村人民调解服务，研究议题是供给问题，以供给问题为切入点对农村人民调解服务进行全景式的检视与剖析，探讨农村

① 何阳、孙萍：《“三治合一”乡村治理体系建设的逻辑理路》，《西南民族大学学报（人文社科版）》2018 年第 6 期。

人民调解服务供给历史、现状、问题及诱因与解决思路，以期提升服务供给质量，满足群众现实需要。通过研究，主要得出以下五点结论。

一　农村人民调解实质上是一种免费公共服务

公共物品判断依据可谓众说纷纭，不少学者围绕此话题展开探讨。本书认为可从物品是否具有“公共性”属性判断该物品是否为公共物品，即如果一个物品具有“公共性”属性，则是公共物品，反之，如果一个物品不具有“公共性”属性，则不是公共物品。而“公共性”属性主要从两个方面表现出来，一个是物的规定性，即该物品是否具有非竞争性、非排他性、不可分割性及共享性特征，另一个是价值追求，即该物品供给是否追求可及性、公平性、公正性和均等化价值。农村人民调解服务无论从物的规定性还是从价值追求看都满足“公共性”属性，从物的规定性看，农村人民调解服务具有非竞争性、非排他性、不可分割性及共享性特征，它不会因为一个人或者一些人消费人民调解服务而减少其他人对人民调解服务的消费，并且法律规定农村人民调解服务提供方式为无偿性，不收取纠纷当事人任何费用，无偿性则为农村人民调解服务的普惠性提供了广阔空间，任何村民发生矛盾纠纷，都可以使用农村人民调解服务，不存在使用排他技术将服务对象分离开来的情形；从价值追求看，农村人民调解服务始终追求可及性、公平性、公正性和均等化价值，非竞争性与非排他性的物品特征决定了它的价值追求，因而，农村人民调解服务与“公共性”属性相契合，本质上是公共服务，且调解民间纠纷过程不收取任何费用，可将之认定为免费公共服务。但有必要明确的是农村人民调解服务的供给主体不是政府，而是群众性组织，属于社会化供给范畴，受到国家法律保护，但政府在支持农村人民调解服务供给中发挥重要作用。

二 农村人民调解服务供给演变呈现多种特征

农村人民调解服务是一项由群众性组织供给的公共服务，这是我国《宪法》和《人民调解法》做出的明确规定，因而，农村人民调解服务供给是一项民间性行为。纵观 1954 年以来农村人民调解服务供给的演变历程，可以发现，农村人民调解服务供给主要呈现四种演变特征，分别是供给目的层面由多功能向单功能转变，供给主体层面由乡人民调解委员会向村人民调解委员会转变，供给经费层面由无保障到有保障，供给范围层面由以乡为单位到以村为单位。具体言之，供给目的层面，农村人民调解服务起初需要承担多项功能，除化解矛盾纠纷功能之外，还要承担政治宣传功能、政治动员功能等其他功能，但《人民调解法》改变了功能设置，将人民调解服务供给目的确立为化解矛盾纠纷，实现功能单一化；供给主体层面，农村人民调解服务供给主体起初是乡人民调解委员会，由乡人民代表大会推选人员组成人民调解委员会，但 1982 年《宪法》修订后，将农村人民调解服务供给主体转变为村人民调解委员会，由村民委员会设立人民调解委员会供给农村人民调解服务；供给经费层面，农村人民调解服务起初没有任何供给经费，随着《人民调解组织条例》的出台，农村人民调解委员会才开始有经费来源途径，供给经费日渐有保障，且后期经费来源途径由村民委员会扩大到政府和村民委员会；供给范围层面，由供给主体负责整个乡的人民调解服务供给转变为由供给主体只负责村的人民调解服务供给，地域范围缩小。这些演变特征的出现与社会环境的改变、制度环境的变迁和法治建设的强化密切相关。

三 农村人民调解服务供给强调多元主体的参与

农村人民调解服务供给问题解决路径设计依托治理理论，强调主体的多元性，以期利用多元主体之间的优势共同应对既有问题。首先，提出了农村人民调解服务供给主体多元化发展主张，在保留村人民调解委员会的基础上，鼓励激发乡村内生动力和通过政府外部扶持方式建立其他调解组织，使其他调解组织与农村人民调解委员会之间形成竞争、合作关系，继而共同应对日益复杂化的农村民间纠纷；其次，强调经费来源途径的多元性，从多元主体处获得经费支持，践行“不要把鸡蛋放在同一个篮子里”的经济学原理，除了要求将部分人民调解经费纳入政府财政预算，保证专款专用之外，还主张发展集体经济增加村委会收入及采用各类募捐形式获得经费支持，尽可能地拓宽经费来源途径，获得更多经费保障，因为经费保障在有效供给农村人民调解服务上发挥着基础性作用；最后，推荐引入异体评估方式强化对农村人民调解服务实效的监督，毕竟第三方更能站在公正、专业的立场对村人民调解委员会化解民间纠纷实效做出评估①，评估结果可以作为政府支持人民调解委员会发展及表彰人民调解员的重要依据，倘若在评估中获得良好成绩，可以给予人民调解委员会更多支持，给予人民调解员一定的奖励，相反，倘若在评估中获得的成绩不佳，则可以适当地缩小支持力度，以此促使人民调解委员会和人民调解员形成竞争关系，而引入第三方评估人民调解服务供给实效也是一种多元主体参与形式。

四　农村人民调解服务供给应实现供给方式创新

农村人民调解服务供给面临供给能力不足的现实困境，即当前农村人民调解员不能妥善地解决好所有民间纠纷，使一些民间纠纷无法

① 崔月琴、龚小碟：《支持性评估与社会组织治理转型——基于第三方评估机构的实践分析》，《国家行政学院学报》2017 年第 4 期。

得以有效解决而对社会稳定造成危害，故需要针对此问题提出应对之策。本书认为要解决此问题除鼓励乡村贤能人士积极参与并落实对人民调解员培训之外，还应实现供给方式创新。究其原因，乡村贤能人士通常为行业内精英或者当地具有威望的人，在一定程度上可以弥补农村人民调解员专业素质不高的缺陷，且落实对农村人民调解员的培训可以在一定程度上弥补人民调解员自身素质偏低的缺陷，但这些都不足以保障农村人民调解员队伍有能力完全应对所有农村民间纠纷，毕竟当前民间纠纷较为复杂，除传统矛盾纠纷外，还形成了土地纠纷、医疗纠纷、环境纠纷、扶贫纠纷等对专业性要求较高的民间纠纷类型，这便需要专业人员参与，即便是乡贤，如果以往没有从事过调解民间纠纷工作，不熟悉相关法律法规及调解技能技巧，也并不能妥善处理这些新型矛盾纠纷，因而创新供给方式乃大势所趋。创新供给方式可以充分利用“购买”服务引入专职人民调解员提供人民调解服务，改变以推选人民调解员为主的人民调解服务供给方式，即向专业人士或者专业性人民调解委员会“购买”服务，此群体长期从事民间纠纷调解活动，对待复杂民间纠纷会更加专业、从容。专职人民调解员与推选人民调解员最大差别在于产生方式、是否从化解矛盾纠纷中领取工资报酬与工作方式，专职人民调解员主要是聘任的，需要全职坐班，需要领取工资报酬，因此，这类人士以化解矛盾纠纷为生，在“购买”服务过程中应设置准入条件。

五　农村人民调解服务供给须高度重视制度建设

农村人民调解服务供给问题的诱因较多涉及制度层面，比如，激励制度具有一定局限、监督体系设计存在缺陷等，正是这些制度的不完善、不科学导致农村人民调解服务供给出现问题。此外，国家治理现代化应以制度作为基本保障，只有实现了制度现代化，国家治理现代化才指日可待，因为“制度好可以使坏人无法任意横行，制度不好可以使好人无法充分做好事，甚至走向反面”；“制度问题不解决，思想作风问题也解决不了”①，因此农村人民调解服务供给须高度重视制度建设。基于这样的现实，本书在路径设计中高度重视从制度建构和完善方面消解农村人民调解服务供给存在的现实困境。首先，主张将人民调解经费纳入政府财政预算，保障政府对农村人民调解服务的经费支持，使得政府经费做到专款专用，为农村人民调解服务提供稳定的经费来源途径；其次，设计人民调解员等级评审制度，依据人民调解员解决农村民间纠纷的数量、复杂性、质量及工作年限，对农村人民调解员进行等级评定，将人民调解员的等级划分为助理调解员、初级调解员、中级调解员、高级调解员及特级调解员，要求县人民调解员协会定期开展人民调解员级别评审工作；再次，构建调解组织经费公开制度，要求人民调解委员会将经费来源及其使用情况定期向利益相关者公开，并对人民调解委员会的经费使用形成监督；最后，构建政府评估制度对农村人民调解服务供给实效进行监督，要求地方政府介入农村人民调解服务供给实效测评，一方面缘于无偿性考虑，不需缴纳评估费用，可以缩减人民调解服务方面的经费开支，另一方面政府作为经费来源的重要途径，可以依据评估结果对经费支持力度进行调适，在农村人民调解委员会和人民调解员间营造充分的竞争氛围。

第二节　未来展望

任何研究都存在一定局限性，不可能完美无缺，农村人民调解服务供给问题研究也不例外，下文则将论述本书的研究不足与未来展望。

---

① 《邓小平文选（第二卷）》，人民出版社，1994。

本书主要从研究方法和研究内容两个方面归纳总结不足之处，具体表现为以下两个方面。

第一，研究方法上，本书主要采用实证相关研究法揭示农村人民调解服务供给问题，继而在实证分析基础上提出解决农村人民调解服务供给问题的原则、目标和对策。但众所周知，实证研究不可能将所有地区的资料搜集完整，因而，只能选择有代表性和典型性的地方进行分析。回归到农村人民调解服务供给问题研究，研究对象是农村人民调解服务，依照法律规定，每个行政村都设立人民调解委员会，每个行政村都涉及农村人民调解服务供给，但我国农村地域范围广阔，由于个人能力限制，无法搜集所有行政村人民调解服务供给需求状况，故只能采用调研多个地区的方式揭露农村人民调解服务供给与需求现状。调研地选择上充分尊重我国农村具有不同类型的事实，以徐勇的农村类型划分为基础，并将地域分布、经济发展情况、人口流动情况及民间纠纷发生数等情况综合考虑在内，从全国范围选择七个行政村进行调研，尽个人最大能力保证调研地的代表性和典型性，但这与搜集全国行政村农村人民调解服务供给与需求现状的资料展开研究之间依然存在一定距离，研究结果显然没有后者更具说服力。

第二，研究内容上，本书提倡农村人民调解服务供给主体朝多元化发展，在保留村人民调解委员会的基础上，以激发乡村内生动力和通过政府外部扶持方式建立其他调解组织，并对如何激发乡村内生动力和实施政府外部扶持进行详细论述，以便村民之间发生矛盾纠纷，可以求助多个人民调解委员会，减少村民在化解民间纠纷过程中对村人民调解委员会的依赖，继而以竞争机制促使各调解委员会不断提升自身解纷质量，给村民一个更好的解纷软环境。随着人民调解委员会数量的增加，彼此之间除了竞争关系外，还可以形成合作关系，即充分利用各自优势共同帮助村民化解民间纠纷，如村人民调解委员会对于本地人较为了解、熟悉，会针对纠纷当事人的不同性格等调解矛盾纠纷，但在解纷专业素质上可能欠缺，而政府扶持的人民调解委员会可能在解纷专业素质上较高，但缺乏对村民的了解，将两者结合在一起化解矛盾纠纷，更容易实现解纷过程中法、理、情三者的有机融合，提升人民调解服务质量，而本书并未涉及如何实现农村人民调解服务供给主体合作问题。

解决农村人民调解服务供给问题对于满足群众化解矛盾纠纷现实需要、提升农村人民调解服务供给质量有所裨益。而农村人民调解服务作为化解民间纠纷的第一道防线，促进整个服务供给实效提升更利于彰显这朵“东方一枝花”的魅力，继而为农村社会塑造一个和谐、安宁的环境，毕竟我国是一个拥有几亿农业人口的大国，“三农”问题是关系国计民生的根本性问题，必须始终把解决好“三农”问题作为全党工作的重中之重。虽然本书通过实证调研发现当前农村人民调解服务供给存在的现实问题，并针对这些现实问题从诱因和政策建议上展开详细探讨，但限于个人能力和学识，所提应对之策并不一定是最佳选择。此外，农村人民调解服务供给尚存在诸多其他问题有待解决，而且事物总是处于变化发展中，只要农村人民调解服务始终存在，它的供给便会遇到新情况、新形势，如党的十九大报告指出“加强社会治理制度建设，完善党委领导、政府负责、社会协同、公众参与、法治保障的社会治理体制，提高社会治理社会化、法治化、智能化、专业化水平”，这说明未来的社会治理与公共服务需要朝智能化方向发展，在此趋势下，农村人民调解服务供给也应朝“智能+”“智慧+”发展，构建智慧调解系统，希望更多学者加入此话题的探讨，创新发展农村人民调解，使之更好地服务于民众。

附　录

附录1　访谈对象基本信息

村庄	身份	性别	年龄（岁）	学历	政治面貌	村里任职	从事调解工作年限（年）
BS村	人民调解员	男	35	中专	中共党员	村副主任	2
	人民调解员	男	54	小学	群众	委员	15
	人民调解员	女	57	初中	中共党员	委员	12
	人民调解员	男	45	初中	群众	委员	16
	村民	男	49	小学	群众	无	
QJW村	人民调解员	男	55	高中	中共党员	村支书兼村主任	18
	人民调解员	女	55	小学	群众	委员	12
	人民调解员	男	55	初中	中共党员	委员	16
	人民调解员	男	52	小学	群众	委员	13
	人民调解员	男	58	小学	群众	无	20
	村民	男	50	小学	群众	无	
TGZT村	人民调解员	男	45	初中	中共党员	村副主任	5
	人民调解员	女	48	小学	群众	无	9
	人民调解员	男	58	初中	群众	无	15
	村民	男	63	小学	群众	无	
CJY村	人民调解员	男	50	初中	中共党员	村支书	18
	人民调解员	男	54	小学	群众	委员	12
	村民	女	57	小学	群众	无	

续表

村庄	身份	性别	年龄（岁）	学历	政治面貌	村里任职	从事调解工作年限（年）
WY村	人民调解员	男	52	大专	中共党员	村支书	10
	人民调解员	男	46	初中	中共党员	委员	6
	人民调解员	女	53	初中	中共党员	委员	15
	人民调解员	男	42	初中	群众	委员	7
	村民	女	55	小学	群众	无	
XBL村	人民调解员	男	59	高中	中共党员	原村支书	7
	人民调解员	男	55	高中	中共党员	村支书	5
	人民调解员	男	62	高中	中共党员	原村支书	15
	村民	男	49	初中	中共党员	无	
HL村	人民调解员	女	36	大专	中共党员	村支书	6
	人民调解员	男	41	初中	中共党员	村主任	7.5
	人民调解员	男	55	小学	中共党员	委员	7
	村民	男	48	初中	群众	无	

附录2　访谈纲要

一　针对农村人民调解员的访谈纲要

尊敬的被访者：

您好！由于博士学位论文选题为农村人民调解，为撰写博士学位论文收集与农村人民调解相关素材，特需要向您了解一些农村人民调解方面的信息。本人保证充分尊重被访者隐私，秉承诚信原则，相关信息仅作为博士学位论文素材，且不透露调研地和您的个人信息。

（一）基本信息

姓名：　　　　性别：　　　　年龄：

学历：　　　　村里任职：　　　　政治面貌：

从事人民调解工作年限：

（二）主要内容

1. 我们村提供人民调解服务的组织主要是哪些？除了村人民调解委员会之外，还有其他组织提供人民调解服务吗？您认为村里是否有必要成立新的人民调解组织？其理由是什么？您是否有构建其他人民调解组织的想法？我们村有没有群众提出设立其他人民调解组织的建议？

2. 我们村共有多少名人民调解员？村干部兼任人民调解员有多少人？人民调解员是推选产生的吗？

3. 我们村是否有群众找人民调解员解决纠纷？您认为为什么群众会找人民调解委员会解纷？

4. 我们村去年通过人民调解方式解决纠纷的数量大概有多少？这些纠纷的分布情况怎样？（传统纠纷有多少，土地纠纷有多少，环境纠纷有多少……）转移给基层政府处理的矛盾纠纷有多少？

5. 我们村每年人民调解工作经费大概有多少？这些经费是如何使用的？是否满足既有工作需要？您认为村人民调解委员会的经费需求主要有哪些？

6. 我们村人民调解工作经费是否做到经费公开？如果没有公开，有群众对此有疑问吗？您认为是否应当做到经费公开？

7. 我们村人民调解工作经费主要来自哪里？（如果有多个主体，各承担多少？）

8. 法律规定政府和村民委员会都应当给予一定的经费支持，我们村人民调解委员会是否获得了相关经费支持？

9. 您从人民调解工作中获得过经费补贴吗？如果有，大概是怎么补贴的？

10. 你们从事人民调解工作的原因是什么？您认为村里人民调解

员从事人民调解工作是否有积极性？如果没有工作积极性，你们通常会怎么表现出来？您觉得自己的积极性主要受到哪些因素影响？您认为农村人民调解员是否应当具有高度的积极性提供农村人民调解服务？

11. 请您对人民调解员的解纷能力做出评价，人民调解员的解纷能力属于强、一般、弱还是其他？能力不足通常表现在哪些方面？您认为农村人民调解员的能力在哪些方面还有待于进一步完善？

12. 在依法调解情境下，你们在解纷过程中是否做到了依法解纷？解纷过程中有法律依据吗？群众是否会要求从法律角度处理纠纷？如果要求，你们一般怎么处理？

13. 你们在解纷过程中有没有出现过无法从容应对纠纷的情形？这种情形一般发生在哪类纠纷上？

14. 我们村是否对人民调解存在监督？如果有监督，人民调解过程中出现不正当现象，一般怎么处理？有没有群众反映，主要向谁反映情况？处理时间大概需要多久？

15. 我们村是否对人民调解委员会解纷过程是否合法及解纷实效如何有过监督？如果有，通常是如何监督的？您认为对解纷过程和解纷实效是否有监督的必要性？

16. 我们村里发现调解存在错误情形，一般怎么处理？

17. 如果从金钱或者其他方面对解纷进行奖励，是否可以提升您的积极性？

18. 我们村人民调解员是否接受过相关培训？如果有，主要是培训哪些内容？您从培训中收获到什么？

19. 您法律方面的知识掌握程度如何？是否有学习相关知识的动力？

20. 您调解技能方面的知识掌握如何？是否想获得更多的调解技巧？

21. 我们村由人民调解委员会调解的纠纷是否出具调解协议书？调解协议书是否正规？人民调解解纷结果一般以口头协议为主还是以书面协议为主？

22. 您是否因在调解工作上的突出表现而受到过政府奖励？您是否听说周围有调解员受到过政府奖励？

23. 你们认为人民调解服务是否有存在的必要性？如果有，你们认为存在的理由是什么？

24. 您对解纷专业化如何看待？您觉得是否有专业化的必要？

25. 你们处理的纠纷一般是什么类型的？是村民主动要求解纷，还是你们自己介入的？

26. 您在调解过程中有没有发生过较为有趣的事例？能否讲述一下？

访谈人：

年　月　日

二　针对普通村民的访谈纲要

尊敬的被访者：

您好！由于博士学位论文选题为农村人民调解，为撰写博士学位论文收集与农村人民调解相关的素材，特需要向您了解一些农村人民调解方面的信息。本人保证充分尊重被访者隐私，秉承诚信原则，相关信息仅作为博士学位论文素材，且不透露调研地和您的个人信息。

（一）基本信息

姓名：　　　　　　　　　　年龄：

性别：　　　　　　　　　　政治面貌：

（二）主要内容

1. 我们村提供人民调解服务的组织主要是哪些？除了村人民调解

委员会之外，还有其他组织提供人民调解服务吗？您认为除村人民调解委员会之外，还需要建立其他人民调解组织吗？原因是什么？

2. 我们村共有多少名人民调解员？村干部兼任人民调解员大概有多少人？人民调解员是推选产生的吗？

3. 我们村是否有群众找人民调解员化解矛盾纠纷？如果您遇到纠纷，是否愿意找人民调解员化解矛盾纠纷？理由是什么？

4. 您是否有构建其他人民调解组织的想法？我们村有没有群众提出设立其他人民调解组织的建议？

5. 我们村人民调解委员会是否有经费投入？人民调解员是否有经费补贴？您认为是否应当满足人民调解委员会及其成员必要的经费支出？

6. 我们村人民调解委员会是否做到经费公开？你们了解人民调解委员会的经费使用情况吗？

7. 我们村人民调解员能力如何？在处理矛盾纠纷中能否严格按照法律规定？您是否希望人民调解员提供专业性的解纷服务？你认为人民调解员能力不足通常表现在哪些方面？你对农村人民调解员的能力有哪些要求？

8. 我们村里哪类纠纷比较多？邻里家庭纠纷、土地纠纷、环境纠纷、医疗纠纷或者其他纠纷？这些纠纷主要是依靠人民调解委员会解决，还是基层政府出面解决？

9. 我们村人民调解员是否有工作积极性？当发生矛盾纠纷，能否做到及时调解矛盾纠纷？如果缺乏积极性，主要有哪些表现？您希望农村人民调解员在提供服务的过程中展现出怎样的积极性？

10. 政府和村民委员会是否对村人民调解委员会给予经费支持？如果有，大概是多少？

11. 我们村人民调解员是否会主动调解纠纷？据您观察，人民调解员主动调解矛盾纠纷的情形与纠纷当事人主动求助调解矛盾纠纷的情形哪个更多？

12. 在解纷过程中有没有出现过无法从容应对纠纷的情形？这种情形一般发生在哪类纠纷上？

13. 我们村及其周边是否有人民调解员因工作出色而获得表彰？您认为是否应当给予人民调解员一定的奖励？怎样奖励比较好？

14. 我们村对人民调解委员会的经费使用和解纷过程是否存在监督？如果有，采取了哪些监督方式？您认为是否有必要加强对经费使用和解纷过程的监督？

15. 我们村对人民调解员调解矛盾纠纷的实效是否存在监督？如果人民调解员在调解矛盾纠纷过程中存在徇私枉法现象，调解结果未按照事实进行，一般怎么处理？当事人会举报该名人民调解员吗？如果有举报现象发生，通常向谁举报？后期一般怎么处理？您认为是否有必要加强对解纷实效的监督？

16. 我们村人民调解解纷结果一般以口头协议为主还是以书面协议为主？

17. 您认为人民调解服务是否有存在的必要性？如果有，你们认为存在的理由是什么？

访谈人：

年　月　日

后　记

本书是在我博士学位论文《农村人民调解服务供给侧改革研究》基础上修改而成的，选择农村人民调解作为研究对象，主要缘于个人接受过法学和管理学的跨学科教育。农村人民调解作为一种具有中国特色的矛盾纠纷解决机制，曾在解决我国社会矛盾纠纷中发挥着重要作用，民众以争当人民调解员为荣，遗憾的是 20 世纪 90 年代以后农村人民调解解纷实效日渐呈现衰落趋势，近年来解纷实效虽然有所提升，但离黄金期相差甚远。2016 年 5 月 17 日习近平总书记在哲学社会科学工作座谈会上指出："在解读中国实践、构建中国理论上，我们应该最有发言权，但实际上我国哲学社会科学在国际上的声音还比较小，还处于有理说不出、说了传不开的境地。"这意味着构建中国特色哲学社会科学话语体系成为时代命题，我不禁思考被西方社会誉为"东方一枝花""东方经验"的人民调解，具有高度的中国特色属性，是构建中国特色哲学社会科学话语体系的重要内容，应当适应日益变化的民间纠纷、调解环境等因素创新变革农村人民调解制度，从制度上推动农村人民调解解纷实效再创新高。

书稿的完成来之不易。首先，感谢我的博士生导师孙萍教授，您严谨的学风、干练的形象、爽快的性格及无微不至的关爱给我留下了深刻印象，我很荣幸成为您的学生，结下这段珍贵的师生情，尤其是博士学位论文撰写阶段，总是在百忙之中给我提出宝贵的修改意见。

您对待学术精益求精的态度，让我懂得了好的作品不能一蹴而就，研究人员应当完美地诠释“工匠”精神，只有倾注更多心血，认真“雕琢”，才能产生好的作品。我深知博士学位论文虽然顺利通过了盲审，但在质量方面离您对我的期待存有距离，这成为我读博期间的遗憾，也成为我不断完善博士学位论文的动力，正是在此动力支撑下，才有了今天的书稿。

其次，感谢娄成武教授、张康之教授、魏淑艳教授、史万兵教授、李芬教授等老师与社会科学文献出版社皮书出版分社社长邓泳红女士、责任编辑宋静女士针对书稿提出了宝贵的修改意见，你们一丝不苟地浏览书稿，从全文逻辑、用词规范上给予指导，以期让书稿质量更上台阶，很庆幸能与你们相识，获得你们无私的帮助。

再次，感谢调查团队成员，主要成员有陈建、易柳、林誉、刘婉洁等，正是有你们无私地在工作和学习之余帮忙调研农村人民调解服务供需现状，我才能及时有效地获得这些宝贵的一手资料，继而更加从容地撰写书稿。

最后，感谢我的妻子、朋友和博士舍友。妻子的理解与支持，是我求学工作中坚持理想的不竭动力，将兴趣与学业结合，而且您总是将好的书籍和思想及时分享给我，总是在我最无助的时候给我前进的信心，总是害怕影响到我学习工作而选择一个人默默地为家庭付出；朋友的关心与睿智，是我求学工作中化解烦恼的一味良药，使我能够及时排解忧愁、越挫越勇、勇往直前；博士舍友的陪伴和体贴，是我求学工作中消除孤寂的有效方式，彼此相互鼓励、共享信息、共同进步，诠释了友谊万岁之真理。

《公共服务视域下农村人民调解供给》是处于而立之年的我独立完成的首部书稿，我深知囿于自身学识思维的局限性，尽管获得了多方帮助，书稿质量依然存有较大提升空间，烦请学界同人批评指正！

此外，我想以歌曲《少年》的旋律为我难忘的博士生活和辛勤撰写的书稿画上句号，为未来的教研之路奠定基调，希望自身不管年龄多大，始终不忘初心、砥砺前行，归来仍是少年，“我还是从前那个少年，没有一丝丝改变，时间只不过是考验，种在心中信念丝毫未减；眼前这个少年，还是最初那张脸，面前再多艰险不退却，Say never never give up……”

何 阳

2021 年 7 月于成都沙河畔

图书在版编目（CIP）数据

公共服务视域下农村人民调解供给 / 何阳著. -- 北京：社会科学文献出版社，2021.7
ISBN 978 - 7 - 5201 - 8183 - 9

Ⅰ.①公… Ⅱ.①何… Ⅲ.①民事纠纷 - 调解（诉讼法）- 研究 - 中国 Ⅳ.①D925.114.4

中国版本图书馆 CIP 数据核字（2021）第 055062 号

公共服务视域下农村人民调解供给

著　　者 / 何　阳

出 版 人 / 王利民
责任编辑 / 宋　静

出　　版 / 社会科学文献出版社 · 皮书出版分社（010）59367127
地址：北京市北三环中路甲 29 号院华龙大厦　邮编：100029
网址：www.ssap.com.cn
发　　行 / 市场营销中心（010）59367081　59367083
印　　装 / 北京玺诚印务有限公司

规　　格 / 开　本：787mm × 1092mm　1/16
印　张：16.75　字　数：217 千字
版　　次 / 2021 年 7 月第 1 版　2021 年 7 月第 1 次印刷
书　　号 / ISBN 978 - 7 - 5201 - 8183 - 9
定　　价 / 98.00 元